Kosmos Familienbuch Natur

Kremer/Fischer

Kosmos Familienbuch Natur

Franckh-Kosmos

Umschlaggestaltung von Atelier Reichert, Stuttgart, unter Verwendung von 8 Farbfotos von Bokelberg/Gruner & Jahr (Familie), W. Layer (Siebenschläfer, Tagpfauenauge), W. Willner (Leberblümchen, Laubfrosch), J. Vogt (Siebenpunkt-Marienkäfer), A. Limbrunner (Flußlandschaft), M. Pforr (Zitronenfalter) und einer Zeichnung von J.-Chr. Rost.

Mit 298 Farb- und 5 Schwarzweißfotos sowie 165 Farb- und 13 Schwarzweißillustrationen.

Bildnachweis

Farbfotos:
D. Aichele (S. 23 or, 96, 102, 113 l, 165 ur), A. Bärtels (S. 116 r), H. Bellmann (S. 7 l, 23 ur, 30, 31 Mr, ur, 37 r alle, 43 ol, Mr, 59 l beide, 72 o, 88 l, 100 l, 112 r, 115 o, 121 ur, 125 M, 137 l), M. Danegger (S. 24 or, ur, 26 o, 65, 99 or, 172 l, 187), M. Deckart (S. 29 o), J. Diedrich (S. 7 ur, 24 Mr, 26 u, 51 or, 69 u, 149 o, 168, 178 M), O. Ehrmann (S. 57 u), Elfner/Angermayer (S. 176), G. Ewald (S. 68 M, 142, 143 l, 150, 161), H. Fürst (S. 13, 54 Mr, 122 u, 137 r), R. Groß (S. 54 or), R. Hess (S. 166 ul), L. Hinz (S. 23 l, 73 o, 79 l, 87 Ml), T. Hofmann (S. 139), K.-H. Jacobi (S. 46 u, 87 Mr, 103 o, 113 r, 126 M), K. Janke (S. 10 ol, r, 141 l, ur, 157, 163 M, 182 r), R. König (S. 104 r, 108 r, 112 M, 124, 147 o, M, 152 r, 159, 163 o), B. P. Kremer (S. 8 Mr, 15 u, 17 or, ul, ur, 19 r, 34, 35 beide, 41 Mr, 48 ol, ul, 49 alle, 63 r beide, 69 M, 74 alle, 77 u, 85 u, 95, 109, 114, 115 l, u, 144 u, 145, 146, 151 u, 152 l, 156, 162), F. Labhardt (S. 5 l, 29 ul, 79 ur), H. E. Laux (S. 5 o, 7 uM, 9 ur, 11 Mr, 14, 40, 48 M, r, 51 l, 68 o, 112 l, 126 l, 141 or, 180 ol, or), W. Layer (S. 19 l, 140, 144 o), Leica, Heerbrugg (S. 16 ur), A. Limbrunner (S. 6 ol, or, 11 or, 39 u, 54 u, 83, 87 or, 97, 100 r, 110, 111 l, 122 o, 125 o, 169 r, 172 r, 179 ur), H. Limbrunner (S. 92 o, 135 o), T. Marktanner (S. 6 ul, 58, 87 ur, 88 r, 177), G. Moosrainer (S. 8 or), D. Nill (S. 5 r, 64 ol, u, 105, 121 l, 170), Optolyth, Weigendorf (S. 16 l), Pfletschinger/Angermayer (S. 36, 57 M, 61, 71 u, 110, 111 o, r, u), E. Pforr (S. 166 ur), M. Pforr (S. 9 l, 27 beide, 43 or, 51 ur, 68 u, 69 o, 71 o beide, 72 u, 73 u, 78, 79 or, 80, 84, 85 M, 87 ol, ul, 92 u, 119, 126 r, 128 u, 164, 171 beide, 180 u, 182 l), Reinhard Tierfoto (S. 6 u, 8 l, 37 l, 50, 52, 53, 76, 89, 116 l, 185), Sahara, Stuttgart (S. 21, 41 o, 63 o, 147 u, 151 o), A. Schatter (S. 22), H. Schneider (S. 125 u, 128 l, r, 129 beide), M. Schneiders (S. 169 u), T. Schneiders (S. 2/3, 9 or, 98, 120), P. Schönfelder (S. 103 u), G. Synatzschke (S. 43 u, 99 ur, 134 alle, 135 u (v. l. n. r.), 137 o), J. Vogt (S. 31 or, 54 ol, 57 o, 77 o, 99 l, 104 u, 118, 121 or, 166 o), J. Weber (S. 149 M), L. Werle (S. 185), K. Wernicke (S. 10 M beide, 143 u, 149 r, 153, 158, 163 u, 179 Mo, Mu), W. Willner (S. 12 u, 41 ur, 46 o, 62, 64 Ml, 85 o, 86, 87 M, 103 M, 108 l, 126 u, 130 r, 165 or), K. Wothe (S. 11 M, 130 l, 165 l, 178 l, Nachsatz), P. Zeininger (S. 8 ur, 12 o, 24 ul, 123, 131, 173, 178 r, 179 or, ul), Zeiss, Oberkochen (S. 15 o, 17 ol), W. Zepf (S. 7 M, 31 o, 39 o, 59 r).

Schwarzweißfotos:
Archiv (S. 29 Randspalte).

Farbillustrationen:
Archiv (S. 161 o), G. Brehm (S. 39), M. Golte-Bechtle (S. 40, 102, 150/151, 153, 178/179), nach I. Engelhardt (S. 125), nach Vorlage von B. P. Kremer (S. 143), M. Kremer (S. 21, 147), U. Müller (S. 90/91, 106/107), J.-Chr. Rost (S. 28, 30, 32/33, 34, 35, 38, 42, 46/47, 52, 53, 55, 56, 58, 59, 60, 61, 65, 70, 75, 77, 80/81, 83, 85, 87, 88/89, 92, 93, 94, 97, 104, 105, 108 u, 113, 114/115, 116, 117, 118, 119, 127, 135, 136, 150, 156, 160/161 Randspalten, 162, 167, 168, 171 u, 177, 179, 181, 183), P. Ziegler (S. 25, 44/45, 57, 66/67, 68/69, 95, 101, 108/109, 111, 123, 132/133, 138, 139, 145/146, 148, 157, 159, 160, 170/171, 173), B. Zwickel-Noelle (S. 96).

Schwarzweißillustrationen:
S. Haag (S. 16, 18), J.-Chr. Rost (S. 84/85), H. Streble (S. 129), B. Zwickel-Noelle (S. 124).

Grundlayout und Layout S. 5-11: Atelier Reichert, Stuttgart
Scribble der Doppelseiten: Prof. A. Rissler, Heidelberg

Die Deutsche Bibliothek - CIP-Einheitsaufnahme

Kosmos-Familienbuch Natur/Kremer; Fischer. - Stuttgart: Franckh-Kosmos, 1995
ISBN 3-440-06593-6
NE: Kremer, Bruno P.; Fischer, Nora

ISBN 3-440-06593-6
Lektoratsleitung: Jutta Hamberger
Lektorat: Anne-Kathrin Janetzky, Anja Flehmig
Herstellung, Satz: p.m.e. GmbH, 97270 Kist bei Würzburg
Printed in Great Britain/ Imprimé en Grande Bretagne
Druck und buchbinderische Verarbeitung: Butler & Tanner Ltd., Frome und London

Die Autoren
Dr. Bruno P. Kremer (geb. 1946) und **Dr. Nora Fischer** (geb. 1951) interessierten sich schon immer für die Natur und machten ihr Hobby zum Beruf. Dr. Kremer studierte Biologie, Chemie und Geologie, Dr. Fischer Biologie. Beide arbeiten an der Universität Köln. Dr. Kremer ist bekannt als Autor zahlreicher Zeitschriftenbeiträge und Naturbücher (u. a. im Franckh-Kosmos Verlag). Er ist im ehrenamtlichen Naturschutz tätig; Dr. Fischer engagiert sich für die Umwelterziehung an Schulen.

Der Großteil der Farbillustrationen stammt von Johannes-Christian Rost und Peer Ziegler.
J.-Chr. Rost (geb. 1955) studierte Grafik an der Kunsthochschule Berlin-Weißensee. Er arbeitet für verschiedene Zeitschriften und hat bereits etliche Jugend- und Sachbücher mit Themenschwerpunkten Naturkunde, Naturschutz und Gartenbau illustriert.
Peer Ziegler (geb. 1965) studierte Grafik-Design an der Fachhochschule für Gestaltung in Mannheim. Er ist auf wissenschaftliche Illustration spezialisiert und u. a. für verschiedene Verlage und Werbeagenturen tätig.

Inhalt

Natur – zum Wundern schön 12
Erfahren, erkunden, erleben – was wir alles brauchen 14

Unfaßbar schön: voll erblühte Färberdistel

Rund ums Haus

Wer glaubt, das Haus hat als Biotop nichts zu bieten, hat sich getäuscht: Vom wuseligen Innenleben im Joghurt über seltsame Doppelwesen auf dem Dach bis zum glitzernden Kristall am Fenster – gehen wir auf Entdeckungsreise in unseren heimischen vier Wänden!

Vogeltreffpunkt Futterhaus 24
Eiskalte Kunststücke 28
Seidenzarte Netzbauwerke 30
Nachwuchs vom Nachtisch 32
Kleine Welten 34
Das Wunder der Verwandlung 36
Mit Pflanzen färben 40
Vielbeinige Hausgenossen 42
Minidschungel in der Flasche 46
Rätselhafte Doppelwesen 48

Gefiederter Panzerknacker: Kernbeißer (oben)

Nichts ist so einfach gesponnen – Spinnennetz im Gegenlicht (links)

Haus mit bunten Bändern: Garten-Schnirkelschnecke

Entdeckungen im Garten

Was sich so alles in unserem Garten tummeln kann, ist wirklich erstaunlich: Emsige Erdbewohner, raschelnde Igel, geheimnisvolle Falter bei Nacht, dazu das bunte Farbenspiel der Blätter – machen wir uns auf, den Garten kennenzulernen!

Heimlich auf Naschtour: Siebenschläfer

Gärtnern macht auch Kindern Spaß 52
Vögel im Garten 54
Nützliche Untergrundbewegung 56
Nachtleben im Garten 58
Auf feuchten Sohlen 60
Hingeblättert – aufgelesen 62
Paradies der kleinen Tiere 64
Kleine Baumschule 68
Kleinstgeflügel zu Besuch 70
Wintertracht und Frühjahrskleid 74
Bunt Gemischtes einfach trennen 76

Auffälliges Äußeres: Stachelbeerspanner (oben)

Das kleine Paradies: Sommerbunter Blumengarten (rechts)

Streifzüge in Wiesen und Ackerland

Auch Feld und Flur haben Spannendes zu bieten: Spurenlesen wie ein Indianer, Ballonflieger im Pflanzenreich, wie die Biene zur Blüte kommt – ein Streifzug durch wogende Felder und blühende Wiesen lohnt sich immer!

Fertig zum Abheben: Bocksbart-Fruchtfallschirme (unten)

Feingeschupptes Ornat: Widderchen (oben)

Putzig: Feldhase in der Morgensonne (unten)

Spuren in Schlamm und Schnee 80
Wie Pflanzen in die Ferne schweifen 84
Lebensraum in langen Streifen 86
Alle paar Wochen ein neues Kleid 88
Kleine Tiere – große Baumeister 92
Bunter Blickfang Blüte 94
Früchte des Feldes 96

Musik in den Flügeln, Gehör in den Beinen: Grünes Heupferd (oben)

Löst die Samen aus der Klemme: Fichtenkreuzschnabel

Unterwegs im Wald

In Rübezahls Reich gibt es viel zu entdecken: Hexenringe, Bäume mit Gallen, Ameisenburgen – und wer „fegt" im Herbst die Blätter aus dem Wald? Viele Abenteuer warten auf uns!

Filigranes Muster: ein Blattskelett (unten)

Frühstück mit Trommelwirbel: Buntspecht (oben)

Auferstehen aus Ruinen: Begrünter Baumstubben

Baumstumpf frei für Untermieter 100
Bodenschätze des Laubwaldes 102
Zahn um Zahn 104
Auch Bäume haben manchmal Gallen 108
Wimmelnde Welt 110
Moosrasen – Dickichte im Kleinstformat . 112
Leben in der Laubstreu 114
Bäume wie im Bilderbuch 116
Rund um die Pilze 118

Forschen im feuchten Element

Das feuchte Element ist enorm vielgestaltig und gibt oft Anlaß zum Wundern: Warum ertrinken Tiere und Pflanzen im Wasser nicht? Gibt es auch Lebewesen in einem winzigen Wassertropfen? Warum laufen Frösche und Kröten im Frühjahr als „Doppeldecker" herum? Eine Forschungsreise durch Bach und Weiher beschert uns viele spannende Erlebnisse!

Vögel auf dem Wasser 122
Was ist los am Gartenteich? 124
Pflanzen auf Tauchstation 126
Leben im Wassertropfen 128
Vom Laich zum Lurch 130
Leicht beschwingt und große Augen 134
Stiller Weiher – rauschender Bach 136

Verlockend und verheißungsvoll: der Weiher (rechts)

Ganz schön aufgeblasen: Kleiner Teichfrosch (oben)

Ein Juwel: Weiße Seerose (rechts)

Meer erleben – Küsten kennen

Arme mit Füßen: Seestern

Strand und Küste sind Lebensräume ganz besonderer Art: Krebse leben in fremden Schalen, Algen leuchten bei Nacht, und das Meer ist vielerorts nur einen halben Tag zu sehen – die Bewohner von Wasser, Strand und Watt haben uns viel zu bieten!

Spitzes Mundwerk, lange Beine: Großer Brachvogel (oben)

Welt aus Wind und Wellen: Sandküste (oben)

Tierisch schön: Seßhafte Wachsrose (rechts)

Gezeiten – ein himmlisches Kräftespiel . . . 142
Schatzsuche am laufenden Band 144
Strandläufer und Steinwälzer 148
Aus Neptuns bunten Wassergärten 152
Wattweich oder felsenfest 154
Leben unter den Füßen 156
In Düne und Salzwiese 158
Schaufenster zum Meeresgrund 160
Ausgeleert und weggeworfen 162

Die Bergwelt erobern

Die monumentale Knautschzone zwischen der Afrikanischen und Eurasiatischen Kontinentalplatte entstand vor mehr als 40 Millionen Jahren. Diesen Lebensraum prägen die Extreme: Fließendes Eis, Bonsai-Bäume, Hühner, die bis zu den Zehen Federn haben, ein zweites Sibirien – und wo sonst kann man ein ganzes Jahr an einem Tag erleben?

Neugieriger Gelbschnabel: Alpendohle (oben)

Spitzenleistung: Alpensteinbock auf schmalem Grat

Leckere Nüsse aus hölzernem Zapfen: Zirbel-Kiefer (oben)

Wolken, Wind und Wetter **166**
Lebensräume in Etagen **168**
Was der Bergwald so verzapft **170**
Tierische Alpinisten **172**
Ein ganzes Jahr an einem Tag **174**
Vom Adler bis zum Birkenzeisig **176**
Streichholzkurze Strauchbestände **180**
Zerschlagen, verschoben, verschliffen . . . **182**

Worterklärungen **184**
Zum Weiterlesen **185**
Register **186**
Adressen und Bezugsquellen

Natur – zum Wundern schön

Ein Star am neuen Eigenheim: Reviermarkierung mit Gesang (ganz oben).

Fast schon im Abseits: Blüte der selten gewordenen Kornrade (oben).

Auf den ersten Blick scheint nichts einfacher als festzulegen, was Natur denn eigentlich ist. Schon bei kurzem Nachdenken erweist sich Natur jedoch als recht schwierige Materie. Dichter und Philosophen haben sich darüber Gedanken gemacht und mancherlei Empfindungen oder Einsichten in gefühlvolle Verse, kluge Sentenzen oder philosophische Erörterungen gefaßt. Sie betonen einerseits, daß der Mensch selbst ein Stück Natur sei, verweisen aber auch darauf, daß Kultur den Versuch des Menschen darstelle, sich aus den Zwängen der Natur schrittweise zu befreien.

Aber lassen wir einmal alle Natur-Philosophie beiseite und lauschen ganz unvoreingenommen in uns hinein. Vielleicht finden wir Antworten, die ein viel unmittelbareres Naturverständnis zum Ausdruck bringen. Für den einen ist Natur schlichtweg gleichbedeutend mit Wildnis, völlig unberührt von der lenkenden, ordnenden Hand des Menschen und ein Abbild paradiesischer Urzustände. Für den anderen stellt sein Fleckchen Garten hinter dem Haus den Inbegriff erlebenswerter Natur dar. Recht sollen sie alle haben.

Natur ist fast immer etwas Großartiges – ob es nun die eindrucksvolle Szenerie des Hochgebirges, die ewig unruhige Brandung an der Kliffküste, der stille Wiesenbach oder das schillernde Farbenspiel eines bunten Schmetterlingsflügels ist. Das Abenteuer Natur und Naturerlebnis umfaßt so vieles – vom ganz Großen bis zum Winzigkleinen. Natur ist auf vielen Ebenen wunderschön oder besser – zum Wundern schön.

Zum Bewundern braucht man Augen, die beim Sehen nichts für selbstverständlich nehmen. Man braucht aber auch Ohren zum Hören, die Nase zum Riechen und die Finger zum Fühlen. Allerdings ist es damit noch nicht getan. Was man auf diese Weise wahrgenommen und erlebt hat, soll man auch weitererzählen. Denn Erzählen kann Neugier wecken und etwas Besonderes auslösen – nämlich Begeisterung und Faszination. So soll in diesem Buch viel erzählt werden. Überall wollen wir Natur in ihren unterschiedlichsten Erscheinungsformen aufspüren – angefangen bei unserem täglichen Lebens- und Erfahrungsraum rund ums Haus, dann aber auch in der weiteren Nachbarschaft bunter Gärten oder Parks, in offenem Acker- und Wiesenland, im geheimnisvollen Wald, an Tümpeln, Weihern und Bächen und schließlich auch in den Ferienlandschaften der Küste und der Alpen, deren Pflanzen- und Tierwelt uns gerade deshalb so anziehend und fremdartig erscheint, weil wir sie nicht täglich vor Augen haben.

Die Möglichkeit, diese Vielfalt zu erleben und Unterschiede zu erkennen, läßt uns unsere Umwelt sehr viel gründlicher wahrnehmen. Es gibt nicht nur *die* Grille und *den* Falter, *das* Gras und *den* Frosch, sondern viele verschiedene Arten mit höchst unterschiedlichen Verhaltensweisen und Lebensraumansprüchen. Über sie besser Bescheid zu wissen, ist nicht nur anregend und spannend, sondern auch notwendig. Wie sonst könnte man den Zustand unserer Umwelt bewerten, wenn man nicht weiß, welche Arten überhaupt noch vorkommen und welche bereits fehlen?

Jeder Lebensraum ist eine richtige und dazu erstaunlich vielgestaltige „Beziehungskiste". Alle Pflanzen und Tiere, dazu die Pilze und Mikroorganismen stehen darin als Einzelglieder in vielseitiger Beziehung zu anderen, über die Nahrungsketten, über Stoffkreisläufe oder über Gemeinsamkeiten ihres Lebensraumes. Vom Wachsen und Werden über Reifen, Absterben, Abbauen und Zersetzen zeigt jeder Lebensraum ein sich ständig wiederholendes Spiel des Miteinander, Gegeneinander und Füreinander. Auch darüber will dieses Buch berichten. Und es will noch mehr – nämlich hinauslocken vor Ort, auf die Wiese, an den Teich oder in den Wald, ausgerüstet mit offenen Sinnen und einem Kopf voller Ideen zum Selbertun. Mit kleinen Experimenten und manchmal schon ganz wenigen Hand-

Farbtupfer im Gerstenfeld: Kornblumen und Klatsch-Mohn.

griffen können wir Geheimnisse entdekken, Abläufe sehen, Zusammenhänge erkennen und tages- oder jahreszeitliche Rhythmen ergründen.

Natürlich muß man sich zu Beginn mit bestimmten Verhaltensregeln vertraut machen. Eingriffe können die sehr sorgsam aufeinander abgestimmten Gefüge der Lebensgemeinschaften empfindlich stören. Die in diesem Buch vorgeschlagenen Beobachtungen und Einzelprojekte respektieren die Natur. Sie leiten nicht zum Stören oder gar zum Zerstören an, sondern betonen die Achtung vor den Lebensstätten und ihren Arten. Wir fangen keine Tiere, um sie zu töten, zu präparieren und in irgendwelchen Sammlungen verschwinden zu lassen. Wir wollen die Natur zwar genauer kennenlernen, aber um sie schätzen und besser schützen zu können. Wir verstehen alle ihre Geschöpfe deshalb nicht als technisch-seelenlose Umwelt, sondern als erhaltenswerte, lebendige Mitwelt. Je vertrauter wir mit den kleinen und großen Geheimnissen der verschiedenen Lebensräume werden, je stärker wir der einzigartigen Faszination Natur erliegen, um so weniger werden wir Gefahr laufen, darin als Störenfriede aufzutreten.

Natur ist fast immer in Reichweite – auch mitten in der Stadt. Blumentöpfe, Balkonkästen, Mauerfugen oder Gehwegränder sind Kleinlebensräume, die sich für eine erste Erkundung geradezu anbieten. Der Weg zum Stadtpark, zu einer Wiese oder einem Acker ist manchmal auch nicht allzu weit. Wenn wir die Asphalt- und Betonlandschaft hinter uns lassen und etwas entferntere Ziele aufsuchen, ist der beste Weg zur Natur immer noch der Fußpfad. („Die Autos stehen, sooft wir gehen"). Bahnen und Busse sind weitaus umweltfreundlicher als Hunderte von Autos im Freizeitstau, und meist ist auch das Fahrrad ein sehr empfehlenswertes Vehikel.

Manchmal ist es wichtig, nicht vieles in wenigen Augenblicken erhaschen zu wollen, sondern wenige Details um so intensiver wahrzunehmen. Nur wer sich vom Kleinen und Verborgenen in der wunderschönen Natur verzaubern läßt, versteht Reiz und Reichtum unserer Mitwelt. Und mehr noch: Bewundern kommt fast immer vor Bewahren.

Erfahren, erkunden, erleben – was wir alles brauchen

Erleben und Erlernen hat etwas mit Begreifen, Erfassen, Durchdringen, Ergründen, Behandeln oder Bewegen und allerhand anderen praktischen Verrichtungen zu tun. Mit ein paar einfachen und sinnvollen Hilfsmitteln ist die Freude doppelt groß.

Natürlich kann man sich einfach in den Garten, an ein Bachufer, an den Strand oder auf einen Berggipfel setzen, in die Runde schauen und die umgebende Natur in ihrer Pracht so genießen, wie sie sich gerade darbietet. Manchmal ist das zum Auslüften von Kopf und Seele auch genau der richtige Weg. Schöner, spannender und inhaltsreicher wird das Naturerleben jedoch, wenn man zusätzlich verborgene Einzelheiten sieht, unerwartete Abläufe wahrnimmt oder überraschende Zusammenhänge erkennt. Meistens erschließt sich der Zugang zu den kleinen und großen Geheimnissen der Natur aber nicht von selbst. Man muß Fragen an die Natur richten, Versuche anstellen, Vergleiche ziehen oder vieles einfach viel besser in den Blick rücken.
Ein paar Ausrüstungsgegenstände sind für die praktische Arbeit in oder mit der Natur sehr nützlich. Man braucht sie nicht unbedingt und schon gar nicht allesamt, um mit diesem Buch seine besondere Freude zu haben, aber sie eröffnen doch viele interessante, vor allem neue Aktions- und Erfahrungsfelder.

Manchmal beginnt es ziemlich haarig: Knospen und Blüten vom Boretsch.

Wahrnehmen

Wir erfahren die Natur zwar mit allen Sinnen, nehmen sie häufig aber nur sehr ausschnitthaft wahr. Sehen wir uns doch einmal eine Pflanze an und machen wir uns klar, welche unterschiedlichen Erfahrungsbereiche ein wundervolles Gewächs tatsächlich anspricht. Am wenigsten entgehen uns die wunderschön gestalteten Blüten mit ihren kräftigen Farben – sie fallen uns förmlich ins Auge. Der Blütenduft hingegen spricht eine völlig andere Wahrnehmungsebene an. Wieder ganz anders ist oft das Aroma von Blättern oder Früchten. Auch der Tastsinn muß nicht zu kurz kommen. Manche Pflanzen haben glatte oder behaarte, andere sehr weiche oder ziemlich lederige Blätter. Der Stengel kann biegsam oder holzig, kantig oder drehrund sein. Sehen, riechen, schmecken, tasten – eine Pflanze vermittelt außerordentlich unterschiedliche „Gefühlswerte" – wenn man gezielt darauf achtet, Besonderheiten bewußt wahrnimmt und immer wieder Vergleiche anstellt. Man kann Pflanzen – zumindest zeitweise – auch zuhören: Blüten öffnen sich knisternd, Blätter säuseln im Wind, und Samen rascheln in ihren Trockenkapseln.
Die meisten Informationen aus der Umwelt gewinnen wir mit den Augen. Das Gehör trägt uns zwar verräterische Geräusche von Tieren zu, die man zunächst nicht sieht, aber die Augen vermitteln uns die Gesamt-

heit eines Lebensraumes rascher und detailreicher. Der Mensch ist ein Augenwesen und – darin hat Goethe wieder einmal recht – zum Sehen geboren, zum Schauen bestellt. Gleichzeitig erfahren wir aber auch immer wieder die Begrenztheit des Sehens. Vom Nadelbaum, der weit entfernt ist, erkennt man bestenfalls die Kronenform und vielleicht ein paar Äste, aber nicht mehr die Einzelheiten der Benadelung. Andererseits kann man die Dinge aus der Umwelt auch nicht beliebig nahe an die Augen heranführen. Vom vergrößernden Wassertropfen auf einem taubenetzten Blatt und damit von der Natur lernend, haben es die Menschen seit ungefähr 500 Jahren verstanden, sich leistungsfähige optische Hilfen zu bauen und diese immer weiter zu verbessern. Wir können sie für unsere Zwecke natürlich ebenfalls sehr vorteilhaft einsetzen.

Fernglas: Es gibt verschiedene Geräte, die den Abstand Auge – Objekt scheinbar verringern und weit Entferntes damit in greifbare Nähe rücken. Ein Fernglas überbrückt die räumlichen Distanzen sehr gekonnt und ist für die Erkundungen draußen ein sehr wichtiges, fast schon unentbehrliches Hilfsmittel. Man beobachtet damit nicht nur Tiere wie die Vögel im Flug, sondern verwendet es auch zum Botanisieren – beispielsweise im Gebirge, wenn man die Pflanzen an unzugänglichem Wuchsort näher inspizieren möchte.

Fern sehen und nah erleben – Ferngläser sind für viele Zwecke unentbehrlich (oben).

Die Natur macht es vor – der Wassertropfen wirkt als Lupe (links).

Einschlaglupen sind praktisch und leicht mitzunehmen (rechts).

Ferngläser gibt es in vielen Größen und entsprechenden Preislagen. Es muß kein teures und schweres Nachtglas mit extrem hohen Lichtstärken sein, eine einfachere Ausführung genügt in den meisten Fällen. Handlichkeit, geringes Gewicht und zufriedenstellende optische Leistung sind die wichtigsten Gesichtspunkte, nach denen ein Instrument ausgewählt werden sollte. Ein Fernglas in der Ausstattung zwischen 8 × 40 (Vergrößerung/Frontlinsendurchmesser) und 10 × 50 reicht für die meisten Beobachtungen völlig aus. Stärkere Vergrößerungen verkleinern das Gesichtsfeld und erschweren die rasche Orientierung oder Zielfindung. Außerdem macht sich dann zunehmend die Handunruhe als Störfaktor bemerkbar.

Auch große Entfernungen leicht überwinden: Spektive sind sehr nützlich für die Tierbeobachtung.

Nur für die anspruchsvollere Beobachtungspraxis, beispielsweise für die eingehende Vogelbeobachtung am Meer, empfiehlt sich auf Dauer ein Spektiv (eventuell mit Zoom-Okular), das fest auf einem Stativ montiert ist.

Lupe: Andere optische Hilfsgeräte übersetzen gerade das Kleine oder gar das Winzige in größere Dimensionen und erweitern damit unseren Erlebnisbereich beträchtlich. Außerordentlich reizvoll ist es daher, die Dinge aus der unbelebten oder belebten Natur einmal genauer unter die Lupe zu nehmen und den Kontrast zwischen Groß und Klein oder Gesamtheit und Detail zu erleben.

Für erste Annäherungsversuche an die Welt des Kleinen sind sogenannte Vergrößerungsgläser, wie man sie auch zum Betrachten der Briefmarkensammlung verwendet, schon recht hilfreich. Etwas leistungsfähiger ist eine kleine Handlupe (Vergrößerung mindestens 10fach, besser 12–15fach), die man an einer Schnur um den Hals trägt und immer griffbereit hat. Bei Einschlaglupen kann man verschiedene Linsen kombinieren und unterschiedliche Vergrößerungsstufen erreichen. Fadenzähler leisten ebenfalls hervorragende Dienste. Zum genauen Betrachten hält man die Lupe immer ganz dicht am Auge und führt dann das Untersuchungsobjekt soweit heran, bis man es scharf sieht.

Eine empfehlenswerte Erweiterung der optischen Ausstattung, die viele spannende Einblicke verspricht und richtig sehsüchtig machen kann, ist eine Stereolupe – ein größeres und etwas teureres Gerät, das man vor allem zu Hause benutzt, um Sammelgut zu sichten und zu bewundern.

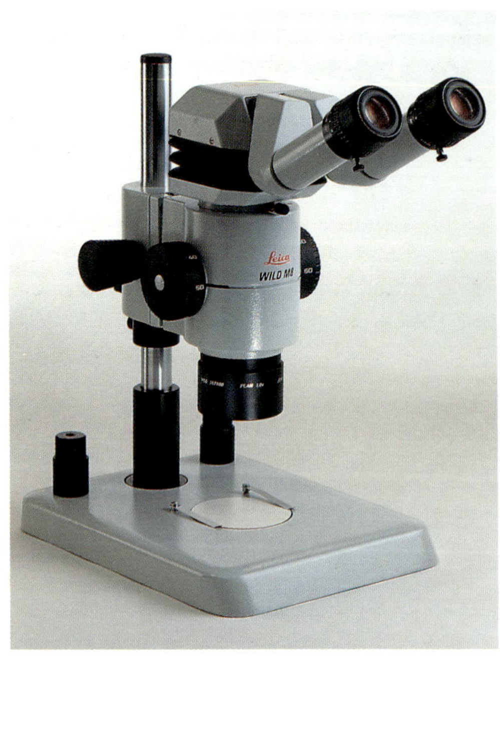

Der erste Schritt zum Mikrokosmos: Die Stereolupe entführt in zauberhafte Welten (rechts).

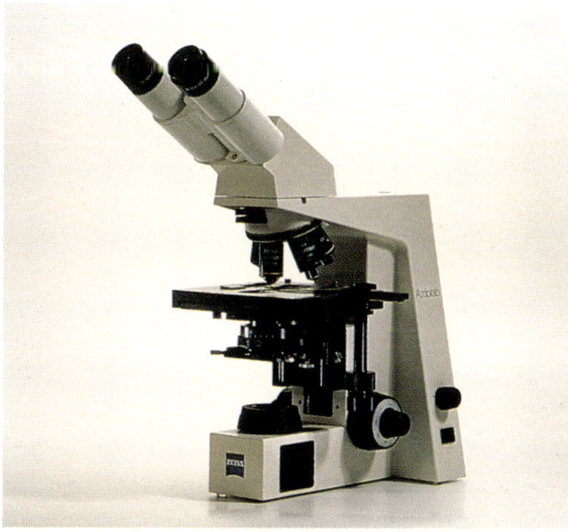

Eintauchen in die Welt des sehr Kleinen: Forschen, Sehen und Bewundern mit einem modernen Hochleistungsmikroskop (links).

Pflanzenzellen unter dem Mikroskop: Deutlich erkennbar sind grüne, linsenförmige Zellstrukturen (Chloroplasten, unten links).

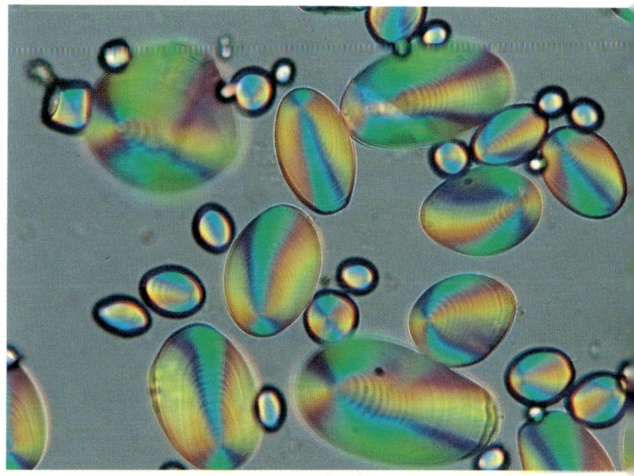

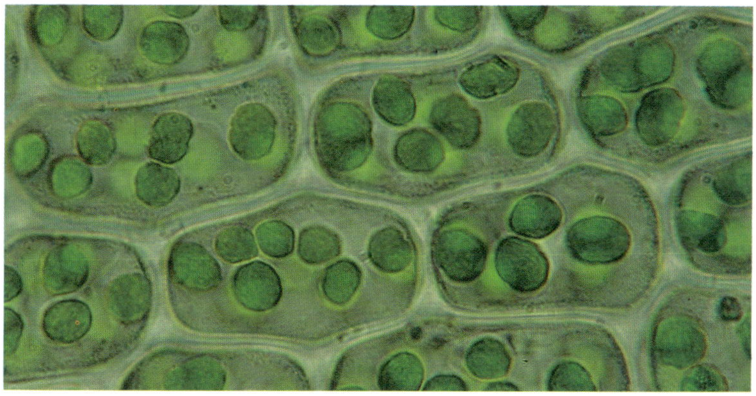

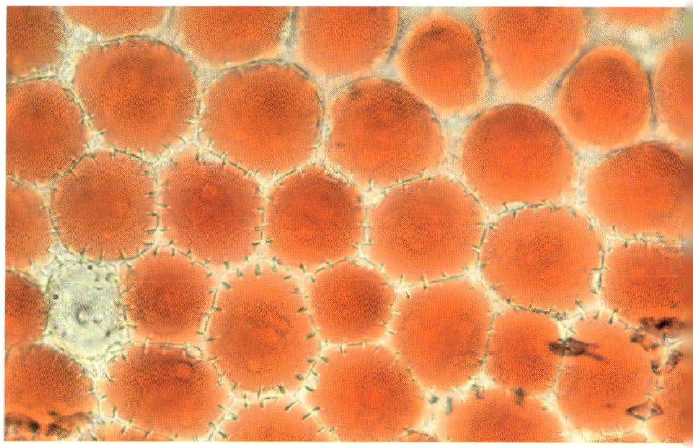

Mikroskop: Fernrohr und Teleskop haben unseren Erfahrungsbereich bis weit in den Weltraum hinein vergrößert. Das Mikroskop kehrt dagegen die Blickrichtung um und erschließt die Bereiche des sehr Kleinen, den Mikrokosmos, der zugleich fremd und faszinierend ist. Gerade für wissensdurstige Hobbyforscher ist Naturerfahrung ohne Mikroskop wie Trockenschwimmen. Das Eindringen in die verborgenen Welten weit unterhalb der normalen Sehgrenzen führt nicht nur einen hinreißenden Formenzauber vor Augen, sondern ermöglicht Beobachtungen von ganz außergewöhnlichen, fast ans Wunderbare grenzenden Vorgängen. Mikroskopieren ist ein grenzenloses Spiel mit Farben und Strukturen; man kann auch noch viele Entdeckungen machen, denn längst nicht alles, was die mikroskopische Untersuchung mit verhältnismäßig einfachen Mitteln theoretisch zugänglich macht, ist tatsächlich auch schon betrachtet und entdeckt worden.

Ein leistungsfähiges Mikroskop mit gut auflösender Optik ist zwar etwas teurer, aber durchaus nicht unerschwinglich. Billigstangebote aus dem Warenhaus halten in den seltensten Fällen, was die Verpackung verspricht. Ein ausbaufähiges Markenmikroskop sollte es daher schon sein. Viele marktgängige Modelle von verschiedenen namhaften Anbietern lassen sich stufenweise um interessante, spezielle Beobachtungsverfahren (Polarisation, Phasenkontrast) erweitern, sind aber auch schon in der Grundausstattung vielseitig einsetzbar und damit Ausgangsbasis für ein Jahre oder Jahrzehnte währendes, sehr schönes Hobby.

Für die praktische mikroskopische Arbeit benötigt man außer dem Instrument selbst

Kartoffel einmal anders: Stärkekörner (Kartoffelmehl) mit dem Mikroskop im polarisierten Licht betrachtet (ganz oben).

Das Mikroskop offenbart die unterschiedliche Farbbeladung einzelner Zellen – so entstehen Blütenmuster (oben).

nur wenige zusätzliche Hilfsmittel – eine spitze Pinzette, ein oder zwei Präpariernadeln, eine feine Pipette, ein paar Objektträger und einen Vorrat Deckgläser. Tips für erste eigene Untersuchungen geben einzelne Projekte in diesem Buch. Für weitere Schritte auf dem Weg zu den interessanten Dingen, die man sonst nicht sieht, und als Hilfe in die überhaupt nicht schwierige Einarbeitung in die gesamte mikroskopische Untersuchungstechnik (Schneiden, Färben, Einbetten) gibt es sehr gute Literatur, die im Anhang aufgeführt ist. Übrigens gibt es in vielen größeren Städten Arbeitsgemeinschaften von Hobbymikroskopikern, in denen gemeinsam bestimmte Themen bearbeitet, neue Untersuchungstechniken erprobt oder viele Erfahrungen ausgetauscht werden.

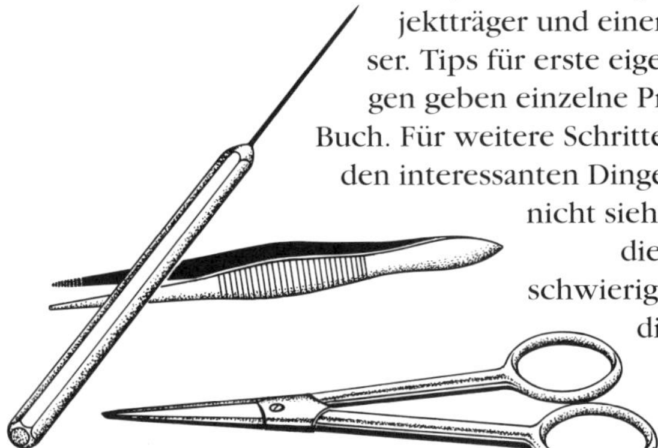

Bei sorgfältiger Handhabung ungefährlich: wichtige Werkzeuge für die erste Naturforschung.

Beobachtungstagebuch: Vieles von dem, was die Beobachtungspraxis draußen ergibt oder was man zu Hause beim genaueren Nachschauen findet, ist sicherlich wert, genauer festgehalten zu werden, auch wenn die Inhalte alltäglich oder banal erscheinen mögen. So kann man beispielsweise aufschreiben,

- wann und wo man zum ersten Mal eine bestimmte Pflanzen- oder Tierart gefunden hat,
- welche bemerkenswerten Pflanzen- und Tierarten in einem bestimmten Lebensraum (z. B. am Urlaubsort) vorkommen
- welche „merkwürdigen" Standorte oder Vorkommen bestimmter Arten (seltenere Blütenpflanzen, besondere Pilze, interessante Tiere) man entdeckt,
- wann im Jahreslauf bei Pflanzen und Tieren besondere Lebenserscheinungen zu beobachten sind (Blühbeginn bei Schneeglöckchen, Forsythien, Obstbäumen usw., Eintreffen von Zugvögeln wie Bachstelze, Gartengrasmücke, Hausrotschwanz, Mauersegler, Schwalben),
- wie das Wetter und der Witterungsverlauf zu allen Jahreszeiten sind (Minimal-/Maximaltemperaturen, besondere Wettererscheinungen wie Sturm, Gewitter im Winter, Regenbogen),
- welche Aufnahmeumstände für besondere Fotos galten (Ort, Datum, Film, Filter, Objektiv, Verschlußzeit).

Ein regelmäßig geführtes Beobachtungstagebuch wird mit seinen laufenden Eintragungen nach und nach zu einem unglaublich reichen und wertvollen Erfahrungsschatz, den man immer wieder zu Rate ziehen kann. Eine etwas dickere Kladde im Format DIN A6 mit angebundenem (nicht verlierbarem) Stift, die bequem in die Anorak- oder Parkatasche paßt, wäre die richtige Lösung für die eigene Datenbank.

Sammeln

Dinge aus der Umwelt zusammenzutragen und zu horten ist wohl eine Grundleidenschaft des Menschen. Zu Beginn seines kulturellen Aufstiegs beschränkte er sich auf unmittelbar notwendiges und verwertbares Sammelgut wie Nahrung oder Rohstoffe. Aber schon wenig später richtete sich das Interesse auch auf vergleichsweise unnütze, weil nur schöne oder besonders bunte Dinge, die ihm in seinem Umfeld auffielen. Diese Passion ist ungebrochen. Die meisten Menschen sammeln irgendetwas – alte Münzen, ausgefallene Briefmarken, Fingerhüte aus der Biedermeierzeit oder verbrauchte Designer-Telefonkarten. Gerade die Natur hält für leidenschaftliche Sammler eine nahezu unerschöpfliche Fülle schöner und interessanter, zudem nicht alltäglicher Objekte bereit. Gesteine und Mineralien, Fossilien und Federn, Schneckenhäuser und Muschelschalen, aber auch Flechten, Algen oder Zapfen werden zu umfangreichen Sammlungen zusammengetragen.

Muscheln sammeln am Strand – etliche Arten, zahlreiche Formen, vielerlei Farben.

Aus gelöcherten Sägezähnchen kann man originelle Muschelketten basteln (oben).

Früher sammelte man auch lebende Tiere: Käfer und Schmetterlinge wurden gefangen, getötet, auf Nadeln gespießt oder sonstwie präpariert und in Kästen gesteckt. Solcher Umgang mit der lebenden Natur ist heute schon aus Artenschutzgründen nicht mehr angesagt. Zusehen, wie ein bunt schillernder Schmetterling an der nächsten Blüte Nektar tankt, ist viel aufregender als der flüchtige Blick auf ein eingetrocknetes, starr aufgespanntes Exemplar in einer verstaubten Kollektion. In Feld und Flur finden sich genügend faszinierende, aber tote Materialien, die man mitnehmen kann, ohne den Lebensgemeinschaften Schaden zuzufügen. Auch ist sicher nichts dagegen einzuwenden, wenn man ein paar blühende Wiesengräser oder andere häufige Pflanzen pflückt (soweit sie nicht als Einzelarten geschützt sind), um sie in der Pflanzenpresse zu schönen Herbarstücken herzurichten. So regt dieses Buch immer wieder zum Sammeln interessanter Objekte an (etwa leere Schneckenhäuser, Muscheln oder anderer Spülsaumanwurf), die die Natur selbst als Abfall behandelt. Nimmt man solche Objekte mit, schädigt man auch das Ökosystem nicht.

Wie man die aufgelesenen Stücke aufbereitet, ist sicherlich nicht gleichgültig. Ein kunterbunt zusammengewürfeltes Sammelsurium aller möglichen Zufallsfunde mag ja durchaus seinen besonderen Charme haben. Der eine oder andere sammelt die Dinge aus der Natur nicht nach systematischen Gesichtspunkten und vielleicht nur aus gewissen dekorativen Gründen - und warum auch nicht? Nicht jede private Sammlung muß museumsreif sein. Schöner und wertvoller ist die eigene Sammlung natürlich, wenn die einzelnen Objekte in gewissem Umfang geordnet, mit Namen oder weiteren Angaben zu Herkunft, Funddatum und Bedeutung versehen sind. Das steigert ihren Anschauungs- und Erinnerungswert beträchtlich.

Je nach Projekt braucht man draußen das eine oder andere Hilfsgerät, das man sich auch einfach selbst zusammenbasteln kann, beispielsweise

- ein feinmaschiges Gazenetz, um Planktonproben aus dem Wasser zu schöpfen,
- ein Absaugglas, um kleine Insekten von der Baumrinde aufzulesen,
- einen kleinen Sedimentbohrer, um Bodenproben zu nehmen,
- ein Tüllnetz, um die Insekten an Wiesenpflanzen abzustreifen,
- einen Kescher, um dem Gezeitentümpel auf den Grund zu gehen.

Bei solchen Aktionen gehen lebende Tiere ins Netz – Wasserwanzen oder Libellenlarven aus dem Teich, Garnelen oder Krabben aus dem Strandtümpel, Heuhüpfer und Käfer aus der Wiese.
„Sammeln" heißt in diesem Fall nicht Finden, Aufheben, Eintüten und Mitnehmen, sondern nur Anschauen, Beobachten und Zurückgeben in den Lebensraum. Für die etwas eingehendere Betrachtung benötigt man eine flache (am besten weiße) Schale (etwa 10 × 10 × 3 cm), z. B. eine Gefrierdose, ein leeres Marmeladenglas oder, bei sehr kleinen Objekten, auch Tablettenröhrchen verschiedener Größen aus Glas. Wasserproben für die mikroskopische Untersuchung zu Hause transportiert man in verschraubbaren Plastikflaschen (100 – 250 ml Inhalt). Was nach der Safari im Mikroskop übrigbleibt, kommt nicht in den Ausguß, sondern in ein Aquarium oder in den Gartenteich.
Für anderes erlaubtes Sammel- und Mitnahmegut braucht man ein paar verschieden große Plastiktüten, kleinere Dosen für die Tiefkühltruhe oder kleine Pappschachteln. Taschenmesser und Spatel sollte man draußen ebenfalls dabei haben.

Selbermachen

Beobachten, Hinschauen, Zusehen und mit den Augen genau verfolgen verspricht viele eindrucksvolle Naturerlebnisse. Experimente, mit denen man die Natur gezielt befragt und auf die sie – wenn man es richtig anstellt – meist auch eine brauchbare Antwort gibt, zeigen uns weitere faszinierende Vorgänge und Zusammenhänge. Viele Einzelprojekte, zu denen dieses Buch anregt, sehen kleine, mit bescheidenem Aufwand durchzuführende Experimente oder Versuche vor.

Die dafür notwendigen Hilfsmittel, beispielsweise Gläser, Flaschen, Siebe oder Blumentöpfe, sind entweder ohnehin im Haushalt vorhanden oder (wie Petrischalen, ein paar spezielle Chemikalien, Chromatographiepapier, Schlauchstücke) über Apotheken, Drogerien, den Lehrmittelhandel oder den KOSMOS-Service zu beziehen. Die für die einzelnen Experimente und Anregungen erforderlichen Arbeitstechniken werden jeweils schrittweise geschildert. Sie sind so ausgewählt und angelegt, daß sie gefahrlos durchzuführen sind.
Ergebnisse und Erkenntnisse schreibt man natürlich im schon erwähnten Beobachtungstagebuch auf. Es gibt aber noch weitere Möglichkeiten, wie man Funde und Befunde festhalten und dokumentieren kann – in einer kleinen Zeichnung oder im Foto.

Zeichnen und Malen: Zu allen Zeiten haben sich Hobbykünstler und Profis ihre Anregungen und Motive aus der Natur geholt. Wer die Augen richtig aufmacht und auf die vielen Kleinigkeiten rechts und links vom Weg achtet, wird in der Blattknospe, im trockenen Distelkopf, in der Mauerflechte, im winzigen Moosrasen oder in tausend anderen Dingen lohnende Objekte finden, die man noch genauer betrachten und im Bild festhalten kann. Eine kleine Skizze oder Zeichnung (im Beobachtungsbuch) ist dazu das richtige Mittel. Es ist überhaupt nicht schwierig, eine Blattkontur nachzuziehen, einen Blütenumriß zu entwerfen, Form und Muster eines Käferflügels oder andere Ausstattungsstücke kleiner Welten zeichnerisch herauszuarbeiten. Zwei oder drei Bleistifte

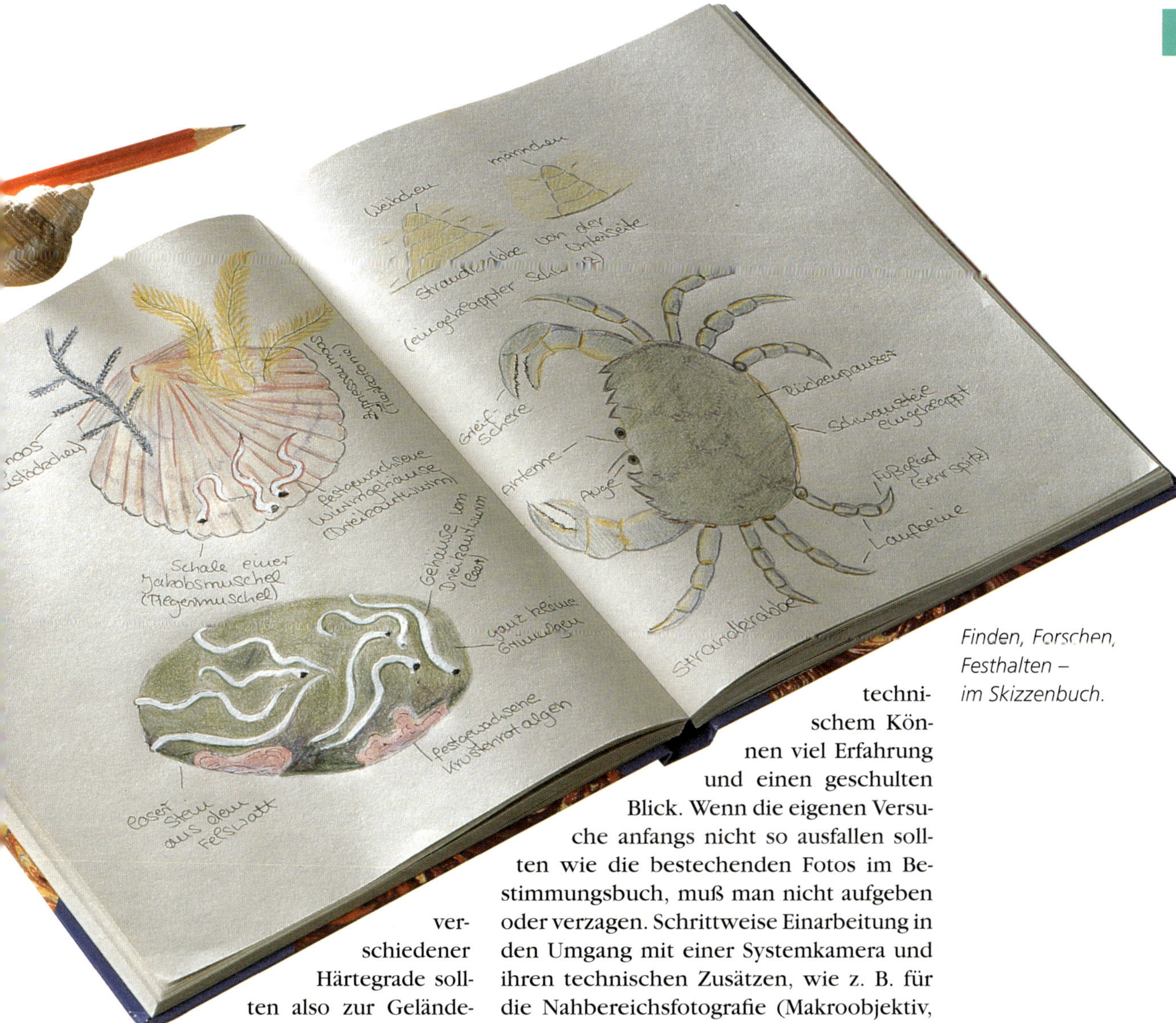

Finden, Forschen, Festhalten – im Skizzenbuch.

verschiedener Härtegrade sollten also zur Geländeausrüstung gehören. Zu Hause kann man Skizzen in Tusche nacharbeiten oder Entwürfe in aller Ruhe ausgestalten. Auch tiefere Einblicke, die uns Lupe oder Mikroskop gewähren, hält man am besten immer zeichnerisch fest. Das Anlegen eines Skizzenbuches ist hier empfehlenswert.

Fotografieren: Eine Kamera hat man als forschender Naturliebhaber grundsätzlich immer dabei - lieber sie einmal umsonst mitnehmen und ohne lohnendes Motiv nach Hause kommen, als sie einmal vergessen, und dann von Bildideen nur so überrollt zu werden.
Der praktische Umgang mit der Spiegelreflex- oder Videokamera schafft besonders viel Kontakt zur Natur. Der erstbeste Schnappschuß liefert aber nicht immer ein tolles Bilddokument. Naturfotografie will gelernt sein und erfordert neben etwas technischem Können viel Erfahrung und einen geschulten Blick. Wenn die eigenen Versuche anfangs nicht so ausfallen sollten wie die bestechenden Fotos im Bestimmungsbuch, muß man nicht aufgeben oder verzagen. Schrittweise Einarbeitung in den Umgang mit einer Systemkamera und ihren technischen Zusätzen, wie z. B. für die Nahbereichsfotografie (Makroobjektiv, Zwischenringe, Balgengerät), wird nach einigen Anfangsproblemen sicher schon bald zu überzeugenden Ergebnissen führen. Experimentieren schafft Erfahrung. Auf jeden Fall auch einmal ungewöhnliche Blickwinkel, größere Nähe zum Objekt, Gegenlicht statt Streiflicht, Aufnahmen aus der Bauchlage oder andere Möglichkeiten erproben! Auch Familienmitglieder in voller Aktion am Bach, am Waldteich, auf einer Blumenwiese oder im Gebirge sind sehr viel spannendere Motive als das gestellte, steife Gruppenfoto auf der Bank im Stadtpark.

Alle erwähnten Hilfsmittel, vom einfachen Sammelgerät bis zum leistungsfähigen optischen Instrument, dazu auch alles für die mikroskopische Arbeit, bieten Fachhandel und spezielle Versandfirmen an (s. S. 189).

Rund ums Haus

Auch wenn es zunächst nicht so aussieht – ein Wohnhaus in Dorf oder Stadt ist nun einmal ein fester Bestandteil von Landschaft und Natur. Es bleibt keine leblose Insel, sondern wird langsam, aber unaufhaltsam von der Natur erobert. Die ersten Siedler kommen weitgehend unbemerkt mit dem Regenwasser: Kleinstalgen finden sich ein, Moospflänzchen setzen sich fest, und irgendwann sind auch Flechten da. Ein Haus ist für Flechten ein Haufen geordneter Steine und damit genauso Siedlungsfläche wie eine beliebige Gesteinsflanke. Auch sehr berühmte städtische Baudenkmäler wie der Kölner Dom oder das Münchener Rathaus sind ökologisch betrachtet nichts anderes als besonders große Kunstfelsen. Die vielen Winkel und Nischen eines Hauses sind natürlich auch eine Einladung an viele sympathische Kleintiere, die ebenso auf Wohnungssuche sind wie die Menschen.

Reichblütiges Schmuckstück: Färberkamille (ganz oben).

Siebenpunkt-Marienkäfer: ein eifriger Blattlausjäger (oben).

Nur die Männchen sind kräftig gelb: Zitronenfalter.

Vogeltreffpunkt Futterhaus

Frost- und Schneetage sind für Vögel eine harte Zeit, weil die Nahrung knapp ist. Futterstellen am Haus oder im Garten sind jetzt eine wichtige Lebenshilfe.

Rechts: Bergfink, Goldammer und Rotkehlchen (von oben nach unten) finden sich am Futterplatz ein.

Wenn Lebkuchen, Printen und Weihnachtsmänner aus Schokolade in den Warenhausregalen auftauchen, wird meist auch Winterfutter für die Vögel angeboten. Vom Futterring über Meisenknödel und Haferflocken bis zur fertigen Körnermischung steht eine umfangreiche Palette bereit, mit denen Vogelfreunde den bedrängten Gefiederten an den ärgsten Wintertagen über die Runden helfen können. Vögel haben gerade an kalten Tagen einen erhöhten Energiebedarf. Da ihre Körpertemperatur bei etwa 40 °C und damit wesentlich höher liegt als bei uns, müssen sie bei Dauerfrost ungleich mehr Nahrung aufnehmen. Meisen verlieren dabei in einer einzigen Winternacht bis zu einem Zehntel ihres Körpergewichts. Von daher versteht es sich, daß die Tiere nicht unnötig weite Strecken für die Nahrungssuche zurücklegen sollten, weil ihnen damit noch mehr Energie verlorengeht. Ein Futterhaus auf dem Balkon oder im Garten ist also genau die richtige Maßnahme, um den Vögeln wirksam zu helfen.

Kaum ist die Futterstelle eingerichtet und gut gefüllt, kommen die hungrigen Gäste auch schon an – oftmals sogar in Scharen. Rund 20 verschiedene Vogelarten, die zur Überwinterung nicht (weiter) in den warmen Süden ziehen, sind ziemlich regelmäßig vertreten. Man kann sie, da sie besonders nah ans Haus kommen, aus dem sicheren Versteck hinter der Fenstergardine jetzt besonders gut beobachten. Mitten in der Stadt, am Stadtrand oder in einer dörflich-ländlichen Umgebung wird die Besucherschar jeweils unterschiedlich zu-

Der Kernbeißer kann mühelos Steinobstkerne knacken.

Futterhaus im Eigenbau

Viele käufliche Futterhäuser sind teuer, sehen zwar besonders schick aus, sind aber enorm unpraktisch. Eifrige Bastler bringen leicht eine tauglichere Lösung zuwege: Besonders raffiniert und empfehlenswert ist z. B. ein Silofutterhaus (Abbildung rechts). Sein Boden besteht aus zwei dachförmig geneigten Brettchen, auf denen das Futter automatisch in die nässegeschützte Futterrinne nachrutscht. Nur so viele Sonnenblumenkerne oder Hanfsamen rutschen aus dem größeren Vorrat nach, wie die hungrigen Besucher unten weggepickt haben. Die Nahrungsvorräte bleiben trocken und sauber.

Hochbetrieb am Silofutterhaus: Frisches Futter rutscht von innen automatisch nach.

Winterfütterung – aber richtig

Manche Fachleute halten die Winterfütterung für einen gefährlichen Eingriff in die natürlichen Verhältnisse, weil Frost und Kälte in unseren Breiten eine Zeit der notwendigen Auslese sind und für gesunde, starke Bestände sorgen. Winterfütterung verringert die normale Wintersterblichkeit vor allem der Kleinvogelarten, so daß im nächsten Frühjahr die Brutreviere viel dichter besetzt werden. Sie verschiebt das Verhältnis zwischen Stand- und Zugvögeln, weil bereits eine starke Konkurrenz vor Ort ist, wenn die ziehenden Arten aus dem Süden zurückkehren. Außerdem kommt die Fütterung ohnehin nur Arten zugute, die im Bestand nicht bedroht sind. Andererseits kann man die häufigsten heimischen Vogelarten aber gerade im Winter besonders gut kennenlernen und ihr Verhalten beobachten. Eine sinnvolle Winterfütterung kann manchmal auch bewirken, daß sich Vogelarten in der warmen Jahreszeit in Hausnähe ansiedeln.

Die Fütterung muß allerdings mit Bedacht erfolgen. Folgende Regeln sollten unbedingt beachtet werden:

- Singvögel sind keine Abfallverwerter. Küchenabfälle, Brotstücke, scharf gewürzte oder gesalzene Speisereste sind ungeeignet.
- Gefüttert wird nur bei Dauerfrost oder Schneebedeckung, nicht an milden Wintertagen und schon gar nicht bis in den Frühsommer.
- Das Futter darf auf keinen Fall mit Vogelkot in Berührung kommen und muß stets trocken bleiben, damit sich darin keine gefährlichen Krankheitserreger vermehren.
- Futterstellen sollten immer so eingerichtet werden, daß sich Katzen nicht unbemerkt anschleichen können.

Futterstellen führen eine bunt gemischte Gesellschaft mit Dompfaff, Haussperling und Grünfink zusammen (ganz oben).

Wasservögel sammeln sich an den wenigen offenen Stellen. Futter für so viele ist knapp (oben).

sammengesetzt sein. Ein vogelfreundlicher Garten mit Sträuchern und Bäumen oder vertrockneten Samenstauden vom Sommer wirkt natürlich besonders einladend. Aber auch in der Neubausiedlung, wo die Gärten erst noch angelegt werden müssen, ist bestimmt etwas los. In besonders strengen Wintern kommt eventuell Besuch aus Nord(ost)europa und sogar aus Sibirien – Bergfinken, Seidenschwänze oder Tannenhäher streifen dann auf der Suche nach ergiebigeren Nahrungsräumen bis zu uns.

Wie der Schnabel gewachsen ist

Es gibt kein Einheitsfutter für alle Vogelarten, sondern jede braucht ihre besondere Diät. Nach der Ernährungsweise kann man die heimischen Singvögel im wesentlichen zwei Gruppen zuordnen – den Körnerfressern und den Weichfutterfressern.

Körnerfresser erkennt man an ihrem kräftigen, dicken Schnabel (Zangenschnabel). Dazu gehören neben den Sperlingen Grün-, Buch- und Distelfinken, aber auch Goldammern und Kernbeißer. Sie ernähren sich normalerweise von Wildkrautsamen oder Dreschabfällen. Am Futterhaus erhalten sie eine Körnermischung, in der meist Mohn- und Hanfsamen sowie Sonnenblumenkerne enthalten sind.

Weichfutterfresser haben dagegen einen längeren, meist auch wesentlich dünneren Schnabel (Pinzettenschnabel), wie Drosseln, Rotkehlchen, Zaunkönig oder Star. Auf ihrem Speiseplan stehen gewöhnlich Insekten, deren Larven oder andere Kleinsttiere. Ihr Winterfutter kann aus Rosinen, getrockneten Wildbeeren, gefetteten (in heißem Öl getränkten) Haferflocken oder aufgeschnittenen Äpfeln und Birnen bestehen. Manche Weichfutterspezialisten wie Meisen, Kleiber und Spechte sind ausgesprochen flexibel und stellen sich im Winter auf energiereiche Körnernahrung (vor allem Sonnenblumenkerne) um.

Futtersuche außer Haus

Manche Vogelarten wie Rotkehlchen, Heckenbraunellen, Buchfinken oder Drosseln begeben sich nicht besonders gerne in Futterhäuschen, sondern picken ihre Nahrung direkt vom Boden auf – oft sogar die Portionen, die Grünfinken oder Meisen im Umkreis eines Silohauses verstreuen. Für diese Vögel kann man in einer geschützten Gartenecke eine einfache, überdachte und gegen die Wetterseite geschlossene Bodenfutterstelle einrichten, die man seitlich mit etwas Maschendraht oder Zweigen (z. B. vom Rosenschnitt) gegen Katzen sichert.

Für Kleiber und Spechte hängt man in einen Obstbaum eine Schnur mit aufgereihten Walnüssen oder Erdnüssen. Spechte kann man mit ausgelegten Nüssen sogar bis auf die Fensterbank locken.

Was man alles sehen kann

An der Futterstelle fliegen uns spannende und interessante Begebenheiten buchstäblich zu. Wenn man sich hinter dem Fenster oder der Balkontür ruhig verhält und die Vögel nicht unnötig aufstört, kann man eine Menge über ihr Verhalten erfahren. Es lohnt sich bestimmt, ein Beobachtungstagebuch zu führen:

- Wie viele Vögel welcher Arten kommen zu Besuch?
- Zu welchen Tageszeiten finden sie sich ein?
- Gibt es einen Zusammenhang mit der Witterung?
- Wer kommt einzeln, wer in gemischten Trupps?
- Tauchen auch besondere (seltenere) Arten auf?
- Vertragen sich die verschiedenen Arten untereinander?
- Welche Arten bevorzugen welches Futter?
- Wie gelangen Meisen an den ölreichen Kern der Sonnenblumensaat?
- Welche Vögel fressen direkt im Futterhaus, und welche fliegen mit dem Korn davon, um es woanders zu verzehren?

Die praktische Futterglocke

Wer nicht Knödel, Meisenringe oder andere Fertigprodukte aus dem Fachgeschäft aufhängen möchte, kann ohne größeren Aufwand einen Blumentopf zur Futterglocke umfunktionieren. Man schmilzt in einem Topf ungesalzenen Rindertalg, gibt je Kilogramm zwei Eßlöffel Speiseöl hinzu, rührt Haferflocken oder Sonnenblumenkerne hinein und gießt die erkaltende Masse in einen Blumentopf. Durch dessen Bodenloch steckt man einen Zweig, der an beiden Enden etwa 10 cm hervorschauen sollte. Mit Bindedraht oder Hanfschnur befestigt man die gefüllte Futterglocke an einem Ast, an der Hauswand oder am Balkongeländer.

Star auf seinem Nistkasten. Spätestens zur Zeit der Nistplatzwahl muß die Fütterung aufhören.

Sonnenblumenkerne sind für Körnerfresser richtige kleine Kraftpakete.

Eiskalte Kunststücke

Eine Schneedecke sieht nur aus der Entfernung aus wie ein weißes Bettlaken. Aus der Nähe betrachtet wird sie zu einer glitzernden Pracht aus Tausenden kunstvoller Lichtpünktchen.

Auf der Wetterkarte im Fernsehen sind sie ebenso zu sehen wie auf Hinweisschildern auf Glättegefahr - vielarmige Eiskristalle sind längst zum Symbol für Winter, Schnee und Frost geworden. Schon in einem massiven Eiszapfen, auf der vereisten Fensterscheibe und selbst im Rauhreif auf dem Geäst der Sträucher ist der Zauber des Wassers, das zum Wunderwerk Kristall erstarrte, zu erkennen - wenn auch nur ansatzweise.

Ungleich eindrucksvoller zeigt sich die kalte Schönheit, wenn Eiskristalle ohne festen Kontakt zu einer Oberfläche wachsen können, etwa bei niedrigen Temperaturen hoch in der Lufthülle entstehen und als Schnee buchstäblich aus allen Wolken fallen. Noch im Herabsinken geht das Kristallwachstum weiter - gefrorenes Wasser wird beim Rieseln zur kleinen oder größeren Schneeflocke.

Flockig und wunderschön

Mit bloßem Auge ist der Formenzauber eines Eiskristalls in der Schneeflocke allerdings kaum zu sehen. Erst die Betrachtung mit einer Lupe bringt uns die vergängliche Filigranstruktur näher, ehe der nächste warme Atemzug die Pracht augenblicklich in sich zusammensinken läßt. Bindet man sich dagegen den Schal um Mund und Nase etwas fester oder hält für ein paar Momente den Atem an, kann man die Schönheit der kurzlebigen Schneeflocken schon länger bewundern.

Die Form bewahren

Einzelne Schneeflocken, die man bei ein paar Graden unter Null (am besten kälter als -4 °C) auf einer sehr kalten Oberfläche auffängt, kann man nun nicht nur unter Gefriertruhenbedingungen bewundern, sondern auch dauerhaft festhalten. Mit einem einfachen Trick lassen sich ihre Formen tatsächlich so konservieren, daß man sie nachher im warmen Zimmer stundenlang betrachten kann: Das Verfahren heißt Lackabdruck.

Man benötigt dazu ein paar normale mikro-

Schnee zum Ausschneiden.

Vielfalt festhalten

- Viele verschiedene Flockentypen (Lackabdrucke) sammeln und Grundmuster vergleichen.
- Eingefangene Schneeflocken oder deren Lackabdrücke zeichnen.
- Schneeflockengestalten selbst erfinden und zeichnen.
- Schneeflocken-Modelle durch Ausschneiden von Sechseckfiguren (Abbildung links) entwickeln.
- Mehrere Sechseckmuster mit Schablone übereinander zeichnen und Schnittflächen farbig ausmalen.
- Kristallmuster auch im Rauhreif aufsuchen.

Mit einem Lackabdruck läßt sich vergängliche Schönheit festhalten (links).

Jede einzelne Schneeflocke ist ein kleines Kunstwerk (unten).

skopische Objektträger, ein Fläschchen Zaponlack oder das Einbettungsmittel Eukitt, das in der Mikroskopie verwendet wird. Zaponlack verflüssigt man mit Nitro-Verdünnung, Eukitt mit Xylol – beide Lösungsmittel sind giftig; nur im Freien verwenden und Dämpfe nicht einatmen! Alle genannten Chemikalien erhält man in der Drogerie oder im Farbengeschäft.

- Ein Vorratsfläschchen Lack und ein paar Objektträger läßt man rechtzeitig auf Außentemperatur abkühlen.
- Bei Schneefall gibt man einen Tropfen Lackflüssigkeit auf das Ende eines Objektträgers, verstreicht ihn mit einem zweiten und läßt auf die lackierte Oberfläche ein paar Schneeflocken sinken.
- Nach etwa einer Stunde ist der Lack gehärtet. Eiskristalle, die auf die halbflüssige Schicht gefallen sind, haben hier bleibende Eindrücke hinterlassen. Was sonst darauf geschneit ist, stört nicht, denn es schmilzt spurlos ab. Die Abdruckbilder kann man unter dem Mikroskop anschauen.

Rauhe Köpfe (links).

Seidenzarte Netzbauwerke

Perfektes Design – Bau eines Radnetzes (oben).

Der taufrische Morgen bringt es an den Tag: Zwischen Stengeln und Ästen, an Zäunen und in Hauswinkeln haben Webspinnen ihre fadenfeinen Fangwerkzeuge aufgehängt.

Meist sieht man sie gar nicht und spürt sie erst, wenn sie an Haut und Haaren hängenbleiben: Die Seidenwerke der heimischen Webspinnen sind tatsächlich so fein gesponnen, daß ihnen auch der Mensch unversehens ins Netz geht. Für die Spinne, der damit nicht nur das Fanggerät, sondern oft auch noch die Wohnung verlorengeht, ist das allerdings keine Katastrophe, denn sie muß ohnehin öfter einmal renovieren. Spätestens alle zwei bis drei Tage erneuert sie ihr Netzbauwerk.

Die spinnt ja

Die großen Radnetze, wie sie die häufige Garten-Kreuzspinne aufhängt, sind ungemein pfiffige Konstruktionen. Die gekonnte Spinn- und Webarbeit beginnt damit, daß die Spinne einen hauchfeinen, aus bis zu 600 Einzelfäden bestehenden Seidenstrang aus den Spinndrüsen ihrer Hinterleibsspitze auspreßt, diesen von einem Lufthauch erfassen und in der Nachbarschaft anheften läßt. Danach eilt sie nach Hochseilartistenmanier in die Fadenmitte, seilt sich ab und befestigt das freie Fadenende an einem dritten Haltepunkt. Damit ist eine Y-förmige Figur entstanden – es sind die ersten drei Speichen des radförmigen Netzes. Bald folgen rundherum starke Rahmenfäden und

Radnetze gelten als besonders ausgereifte Konstruktionsleistungen.

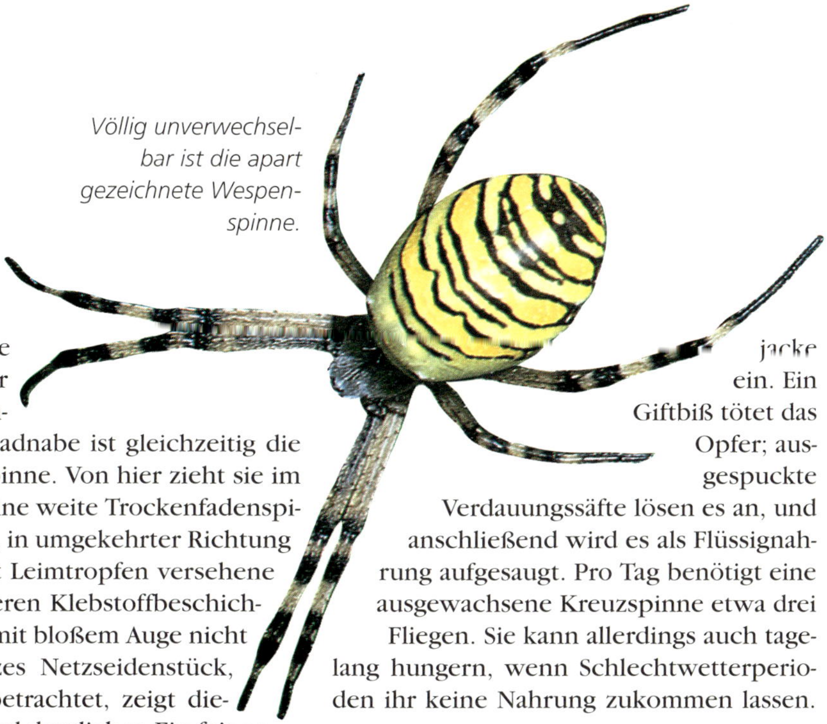

Völlig unverwechselbar ist die apart gezeichnete Wespenspinne.

etwa 30 weitere Speichen, in der Mitte zusammengeknüpft: Die Radnabe ist gleichzeitig die Sitzwarte der Spinne. Von hier zieht sie im Uhrzeigersinn eine weite Trockenfadenspirale nach außen, in umgekehrter Richtung eine engere, mit Leimtropfen versehene Klebespirale. Deren Klebstoffbeschichtung kann man mit bloßem Auge nicht sehen; ein kurzes Netzseidenstück, im Mikroskop betrachtet, zeigt dieses Fadenmerkmal deutlicher. Ein feiner Ölfilm auf den Spinnenfüßen verhindert übrigens, daß sich die Baumeisterin gleichsam selbst auf den Leim geht. Nach knapp einer Stunde ist das Radnetz fertig. Die Spinne hat etwa 20 Meter Fadenmaterial von nur drei Zehntausendstel Millimeter Durchmesser verbraucht und ruht sich erst einmal aus.

Automatische Fliegenfalle

Windstöße, die das Netz erschüttern, oder unsachgemäße Berührungen, die einzelne Fäden zerreißen, bringen die wartende Kreuzspinne nicht aus der Ruhe. Zappelt allerdings eine unglückliche Fliege im Netz, eilt die Spinne augenblicklich herbei und wickelt die Beute in eine seidene Zwangsjacke ein. Ein Giftbiß tötet das Opfer; ausgespuckte Verdauungssäfte lösen es an, und anschließend wird es als Flüssignahrung aufgesaugt. Pro Tag benötigt eine ausgewachsene Kreuzspinne etwa drei Fliegen. Sie kann allerdings auch tagelang hungern, wenn Schlechtwetterperioden ihr keine Nahrung zukommen lassen.

Nützliche Vielseitigkeit

Das Radnetz der für uns völlig ungefährlichen Kreuzspinne ist nur eine von vielen Möglichkeiten. Andere heimische Spinnenarten verwenden stärker abweichende Netzbauten, um Beute zu machen. Außerdem setzen viele Spinnen ihre Seidenproduktion auch für andere Zwecke ein. Wasserspinnen bauen sich aus feinem Seidengewebe eine Art Taucherglocke, mit der sie einen gewissen Luftvorrat unter Wasser halten können. Andere spinnen einen schützenden Vorhang für ihre Gelege oder eine Kinderstube. Schließlich dienen dichte Gespinste auch als Frischhaltebeutel für Nahrung, die allzu reichlich ins Netz gegangen sein sollte.

Spinnen auf der Spur

Spinnennetze sind nicht nur wirre Fadengebilde, sondern faszinierende technische Problemlösungen. Die genauere Beobachtung läßt uns Aussehen und Aufgaben besser verstehen.

- Besorge dir eine Stimmgabel, laß sie schwingen und halte sie vorsichtig an einen der Rahmenfäden des Radnetzes. Wie wird die Besitzerin der Anlage reagieren?
- Netze, die man kaum erkennt, kann man besser sichtbar machen: Sprühe sie mit Wasser aus einem Zerstäuber (z. B. für Zimmerpflanzen) an. Man kann auch etwas trockenes Kreidepulver oder Mehl von der flachen Hand auf das Netz pusten.
- Einzelne, frei aufgehängte Netze kann man auch mit Farblösung (rote oder blaue Tinte) ansprühen und von rückwärts auf hellen Karton auffangen. Anschließendes Besprühen mit einem Fixiermittel (z. B. Haarspray) hält das Netzbild in Form.
- Vergleiche mehrere Netze der gleichen Spinnenart miteinander, indem du sie zeichnest oder (besonders im Gegenlicht mit anhaftenden Wassertröpfchen) fotografierst. Wie stark unterscheiden sie sich voneinander?
- Vergleiche die Netzarten verschiedener Spinnenarten miteinander. Sind die unterschiedlichen Baupläne klar erkennbar?

Die Garten-Kreuzspinne ist einer der bekanntesten Radnetzbauer (unten).

Baldachinnetze nennt man die von unten verspannten Gespinstteppiche (oben Mitte). Kunstvolle Tunnelnetze stammen von Trichterspinnen (oben).

Nachwuchs vom Nachtisch

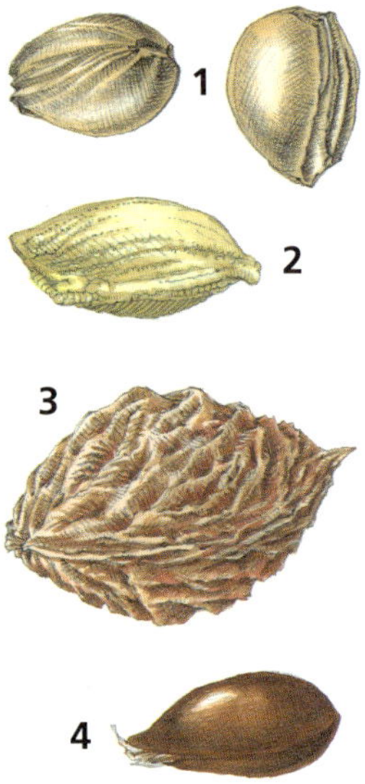

Kerne von
1 Kirsche
2 Zitrone
3 Pfirsich
4 Apfel

Nahrung besteht nicht nur aus Gekochtem und Gebackenem. Pflanzen essen wir auch als Rohkost. Manche Pflanzenteile sind das Startkapital für die Fensterfarm.

Auch wenn man es zunächst nicht sieht – die saftige Melone, die reife Tomate oder der verführerische Apfel sind immer noch quicklebendig, wenn man sie auf dem Markt oder im Lebensmittelladen einkauft. Was davon in der Küche übrigbleibt oder aussortiert wird, ist oft gerade das Richtige für unsere Kleingärtnerei auf der Fensterbank. Mit Samenkernen oder auch mit Abschnitten von verschiedenem Wurzelgemüse kann man nämlich eine nützliche Nachzucht starten, die nach einiger Zeit sogar zu sehr schmucker Konkurrenz für die anderen Zimmerpflanzen heranwächst.

Ist die Kartoffelpflanze im Glas herangewachsen, kommt sie in einen größeren Topf mit Erde (rechts).

Kinderstube vorbereiten

Die eigene Miniaturgärtnerei kommt mit sehr wenig Material aus. Ein paar Blumentöpfe aus Ton (6, 9 oder 13 cm Durchmesser), ein paar Untersetzer, Bleistift und Teelöffel als „Ackergeräte" sowie eine kleine Blumengießkanne reichen aus.
Anzucht- oder Pflanzerde gibt es in der Gärtnerei auch in kleinen Portionen. Es genügen aber auch ein paar Hände voll Acker- oder Gartenerde. Torfprodukte verwenden wir aus Naturschutzgründen nicht. Sollte die vorhandene Pflanzerde zu fest und schwer sein, kann man sie gut mit Kaffeesatz und etwas Sand auflockern.

Kuriose Kandidaten

- Auch Avocado-Kerne kann man mit viel Geduld zum Keimen bringen. Einen frischen Steinkern legt man zwei Tage lang in Wasser und trocknet ihn zwischendurch immer mal gründlich ab. Anschließend kommt er – Spitze nach oben – so auf ein passendes, wassergefülltes Marmeladenglas, daß die runde Bauchseite gerade noch im Wasser sitzt. Eine übergestülpte Plastiktüte erzeugt eine förderliche Treibhausatmosphäre. Nach Wochen spaltet der Keimling den Kern und schiebt sich heraus. Sobald er einige kräftige Wurzeln hat, kann man ihn eintopfen (der halbe Kern schaut dabei aus der Pflanzerde heraus).
- Eine Kartoffel mit Augen setzt man so auf ein geeignetes Glas, daß ihr unteres Ende das Wasser gerade berührt. Was passiert in den nächsten Wochen?

Kern-Probleme lösen

Je nach Jahreszeit ergibt die gezielte Suche in Küche oder Kühlschrank die verschiedensten Früchte, die verwendbare Samenkörner enthalten. Apfelsine, Clementine, Grapefruit, Mandarine oder Zitrone gibt es zum Glück nicht nur kernlos. Auch Gemüsepaprika, Gurken, Melonen oder Tomaten sind aussichtsreiche Kandidaten, ebenso Äpfel, Birnen, Kirschen, Pfirsiche, Pflaumen oder Weintrauben. Nur die Bananen kann man vergessen – sie sind nämlich völlig steril und samenlos.

- Alle Samenkerne werden vorsichtig aus dem Fruchtfleisch gelöst, sorgfältig gewaschen und ein paar Tage lang auf Zeitungspapier getrocknet. Nur Tomatenkerne sollte man etwas länger liegen lassen. Pfirsichkerne knackt man mit dem Nußknacker ganz vorsichtig an, um dem späteren Keimling den Durchbruch zu erleichtern. Alle anderen kann man ohne weitere Vorbehandlung verwenden.
- Die Blumentöpfe füllt man bis etwa Fingerbreite unter den Rand mit Anzuchterde und drückt diese fest.
- Dann werden die Samenkerne eingedrückt – höchstens zwei oder drei der gleichen Sorte und nicht wesentlich tiefer, als sie selbst groß sind. Ein eingestecktes Pappschildchen mit dem Namen des Pflanzgutes und dem Saatdatum hilft gegen Verwechseln oder Vergessen.
- Nun noch kräftig angießen, nicht in die volle Sonne stellen, in der nächsten Zeit immer gut feucht halten und … abwarten. Abdecken mit einer Klarsichtfolie verhindert zu rasches Austrocknen.

Der Garten im Teller

Die blattnahen Schnittenden (etwa 1,5–3 cm lang) von Mohrrübe, Steckrübe, Radieschen, Rettich, Roter Bete oder Sellerie legt man mit der Schnittfläche auf sehr feuchten bis nassen Sand in eine Pflanzschale. Die Zwischenräume werden mit kleinen Kieselsteinen als Schmuck und Verdunstungsschutz aufgefüllt. Was passiert? Bilden die ergrünenden Häupter vielleicht auch neue Wurzeln? Übrigens: Auch die Ananas ist einen Versuch wert!

5 Weintraube
6 Paprika
7 Melone
8 Tomate

Frisches Grün aus alten Köpfen: Kohlrabi, Mohrrübe, Ananas, Rettich (v. l. n. r.).

Kleine Welten

Lebewesen kann man nur wahrnehmen, soweit das Auge reicht. Aber auch bei den Mikroben weit unterhalb der Sichtbarkeitsgrenze geht es äußerst munter zu.

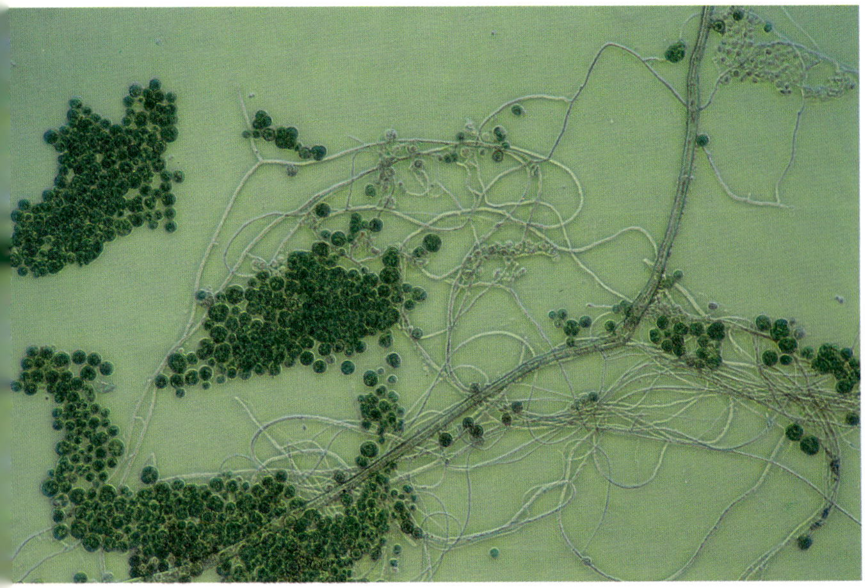

Aus einer Erdprobe ankultivierte Algengesellschaft (oben).

In Petrischale (rechts) oder Blumentopf (S. 35) kann man leicht Bodenalgen kultivieren.

Wenn sich die Erde im feuchten Blumentopf mit feinem grünem Filz überzieht, das Wasser in der Blumenvase trübe wird oder auf den Kellerwänden schwärzlicher Belag auftritt, sind Kleinstlebewesen gerade dabei, einen Lebensraum zu erobern und artenreiche Lebensgemeinschaften aufzubauen. Davon sehen wir mit bloßem Auge bestenfalls das fertige Ergebnis. Die kleinen Akteure selbst bleiben uns zunächst verborgen. Aber auch an anderen Stellen ist etwas los: In der Buttermilch und Sauren Sahne, auf der Oberfläche vom Weichkäse, ja sogar im Sauerkraut und bei den eingelegten Gurken herrscht ein Gewimmel wie in einer Disco – vom Joghurt mit seiner quicklebendigen Mikroflora ganz zu schweigen. Und das alles ist völlig normal und sogar notwendig!

Leben auf dem Trockenen

Mikroalgen besiedeln erstaunlich unterschiedliche Lebensräume: Vom alpinen Firn bis zur feuchten Astgabel im tropischen Regenwald sind sie praktisch allgegenwärtig. So verwundert es auch nicht, daß sie zu den besonders zahlreichen Bodenbewohnern gehören und sogar in Blumentöpfen gedeihen.

Um ein Bild der Arten- und Besiedlungsdichte zu bekommen, kann man die Bodenalgen sehr einfach ankultivieren:

- Dazu füllt man eine Petrischale etwa 1 cm hoch mit einer Bodenprobe aus einem Blumentopf (oder mit Gartenerde verschiedener Herkunft), durchfeuchtet mit destil-

Farbenfrohe Gesellschaft

- Nicht alle Bodenproben liefern das gleiche Formenspektrum. In nährstoffreicher und ständig gut durchfeuchteter Gartenerde findet man viele Kieselalgen, deren glasklare Schalen an Geigenkästen oder Damenhandtaschen erinnern.
- Grünalgen sind fast immer die artenreichste Gruppe. Sie gedeihen besonders gut in den sauren Böden von Nadelwäldern.
- Blaualgen (Cyanobakterien) entwickeln häufig Schleimhüllen, die sie vor Austrocknung schützen. Manche Arten können Luftstickstoff binden und damit biologischen Stickstoffdünger herstellen. Sie sind für die Lebensgemeinschaften des Bodens besonders wichtig.

liertem Wasser, glättet die Erde ein wenig und drückt einen sauberen Objektträger (oder ein paar Deckgläser) an.

- Die Petrischale wird mit dem Deckel verschlossen und an einem hellen Fensterplatz ohne direktes Sonnenlicht aufgestellt.
- Schon nach einer Woche haben sich die ersten Algen auf der Unterseite der Objektträger oder Deckgläser angesiedelt. Die mikroskopische Kontrolle zeigt meist verschiedene Formen von Cyanobakterien (Blaualgen), Gelbgrünalgen, Goldalgen, Grünalgen und Kieselalgen.

Safari zwischen den Zähnen

Werfen wir doch auch einmal einen Blick auf die weniger willkommenen Besiedler von Zahnfleischwinkeln und Zahnoberflächen:

- Mit einem Streichholzende schabt man ein wenig Zahnbelag ab, verrührt ihn auf dem Objektträger mit etwas Zeichentusche und streicht die Mischung mit einem Deckglas glatt aus.
- Wenn das letzte Zähneputzen schon ein paar Stunden zurückliegt, ist die Mundhöhle zur Heimstatt zehntausender Bakterien geworden. Man erkennt sie im Tuschepräparat als hell leuchtende Punkte, Striche oder Spiralen auf dunklem Hintergrund.

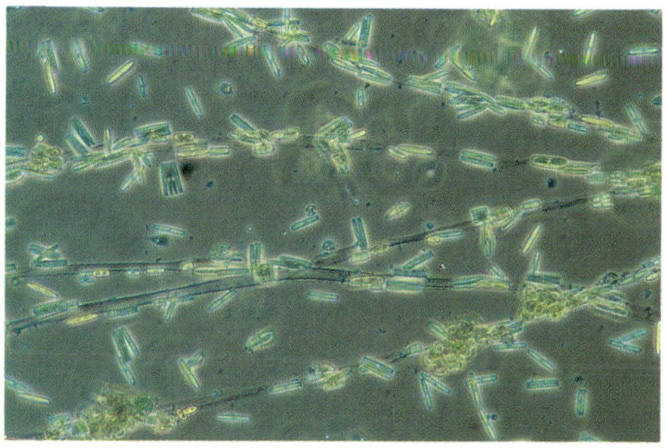

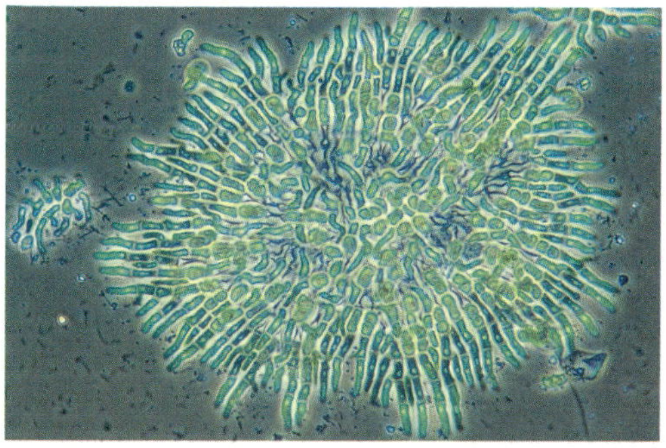

Bakteriengestalten (von oben nach unten): stabförmige Bazillen, schraubige Spirillen, kommaförmige Vibrionen, kugelige Kokken.

Kieselalgen findet man häufig in Erdkulturen (links oben).

Die Grünalge Coelochaete wächst auf dem Deckglas als flaches Scheibchen (links Mitte).

Große Augen machen

Da die gewöhnliche Lupe nicht ausreicht, um die Kleinstorganismen vor Ort zu sehen, kommt das Mikroskop zum Einsatz. Wir benötigen ferner 2–3 feine Pipetten, ein paar Objektträger und Deckgläser sowie Färbereagenzien (Methylenblau und gewöhnliche Zeichentusche).

Die mikroskopische Untersuchung von Joghurt, Sauermilch oder Magerquark ist denkbar einfach:

- Mit der Pipettenspitze entnehmen wir etwas von der Flüssigkeit, die sich oben auf dem Milchprodukt befindet, bringen einen Tropfen davon auf einen Objektträger, verrühren ihn mit wenig Methylenblau-Lösung und decken mit einem Deckglas ab.
- Bei stärkerer Vergrößerung erkennt man im Mikroskop zwischen den vielen rundlichen Fett-Tröpfchen oder Proteinflöckchen der untersuchten Milchprodukte zahlreiche sehr kleine, dunkelblau oder schwärzlich gefärbte Gestalten von Stäbchenform – es sind Milchsäurebakterien, die mit ihren Stoffwechselprodukten das Milcheiweiß gerinnen ließen und Joghurt, Kefir, Sauermilch oder Weichkäse auch gleich noch einen besonderen Geschmack verliehen.

Das Wunder der Verwandlung

Bei Blattläusen sehen die Jungtiere aus wie kleine Erwachsene. Dagegen verändern Schmetterlinge vom Ei zum Falter ihr Aussehen gleich viermal.

Die höher entwickelten Insekten wie Libellen, Köcherfliegen, Hautflügler, Käfer und Schmetterlinge sind wahre Verwandlungskünstler. Im Laufe eines Sommers, oft sogar innerhalb weniger Wochen, verändern einige Arten mehrfach ihre Gestalt. Am Anfang steht ein gut getarntes Ei in einem Gelege, das mit bloßem Auge nur selten zu entdecken ist. Daraus schlüpfen Larven (Raupen), die sich von der Blattsubstanz einer oder mehrerer Futterpflanzen ernähren. Sie wachsen schubweise, weil sie sich in regelmäßigen Abständen häuten und nach der Häutung immer ein wenig größer sind als vorher. Schließlich verpuppt sich die Raupe. Sie zieht sich an einen geschützten Ort zurück und verwandelt sich in eine (fast unbewegliche) Puppe. Im Sommer dauert die an ein Wunder grenzende Umwandlung nur wenige Wochen. Raupen, die erst im Herbst verpuppungsreif werden, überwintern in diesem Zustand – tief im Boden, versteckt in der Laubstreu, hinter Baumrinden oder in unzugänglichen Winkeln am Mauerwerk. Der Schlüpfvorgang ist für das Tier recht anstrengend. Seine Puppenhülle reißt auf, und mit eng anliegenden Flügeln zwängt sich der Falter aus seinem bisherigen schützenden Behältnis. Erst nach Stunden sind die anfangs noch sehr weichen Flugorgane voll entfaltet und soweit ausgehärtet, daß sie die Luft unter sich nehmen können: Der fertige Falter segelt davon.

Die Raupe des seltenen Totenkopfschwärmers wird fast 15 cm lang.

Kultur und die Folgen – Kulturfolger

In der Naturlandschaft waren die Kohlweißlinge relativ selten, weil es dort keine nennenswerten Mengen ihrer Nahrungspflanzen (Kreuzblütengewächse wie Hederich oder Acker-Senf) gab. Erst als der Mensch Gärten einrichtete oder Felder anlegte und neben anderen Kulturpflanzen auch verschiedene Kohlsorten anbaute, stieg das Nahrungsangebot beträchtlich. Jetzt wurden auch die Kohlweißlinge immer häufiger und vermehrten sich so sehr, daß sie sogar zum gefürchteten Schädling wurden. Monokulturen oder artenarmer, aber massenhafter Nutzpflanzenanbau fördern also die Schädlingsprobleme. Der Kulturfolger Kohlweißling ist nicht gefährdet. Solange es genügend Kohl auf den Feldern gibt, braucht man sich um die Erhaltung dieses Falters keine Sorgen zu machen.

Die Augenzeichnung des Tagpfauenauges wirkt täuschend echt.

Stationen im Falterleben: vom Ei- über Raupen- und Puppenstadium bis zum schlüpfenden Schmetterling (Tagpfauenauge, rechts).

Bunt gefärbt und fein beschuppt

Schmetterlinge sind sehr empfindliche Tiere. Ihre herrlichen Flügelfarben und Muster sind nicht unverwischbar festgelegt wie die Farben der Vogelfedern. Vielmehr bestehen sie aus vielen Tausenden winziger Schuppen, die die an sich farblosen Flügel bedecken wie Dachziegel das Regendach – jede ein staubfeiner Farbpunkt, deren Gesamtheit ein hochgeordnetes, auf den Flügelpaaren spiegelbildliches Muster ergibt, an dem man die einzelnen Schmetterlingsarten gut unterscheiden kann. Um das feine Schuppenkleid nicht zu zerstören, sollte man Falter nicht mit den Fingern berühren, sondern sie nur aufmerksam betrachten – wenn sie auf Blüten sitzen oder – noch klamm von der kühlen Morgenfeuchte – auf einem Halm ruhen.

Raupenheim und Puppenstube

Die stationenreiche Verwandlung vom Ei zum flugfähigen Vollinsekt (Imago) ist ein faszinierender Vorgang. Geradezu dramatisch sind die Entwicklungsprozesse während der Puppenruhe – die vollständige Umgestaltung der mehr oder weniger bizarren, langgestreckten, oft auch behaar-

Die Kohlblätter geben wir in ein Glas mit Wasser und stellen es in den Raupenkasten. Damit die Raupen nicht versehentlich ins Wasser fallen und ertrinken, wird die Wasseroberfläche mit Watte bedeckt.

ten, manchmal auch eher unscheinbaren Raupe mit ihren Klammerfüßen am Hinterende in den farbenprächtigen Falter, der seine sechs langen Beine in der vorderen Körperhälfte trägt und im gleichen Abschnitt vier großflächige Flügel besitzt.

Eigentlich ist das Puppenstadium also gar keine richtige Ruhepause. Sie bereitet das Tier auf den größten Umbruch in seinem Leben vor. Als Falter erobert es sich ja nicht nur ein neues Element, sondern stellt auch seine gesamte Ernährung um. Während die Raupe eifrig Blattnahrung knabbert und die Puppe von den angesammelten Reserven zehrt, kann ein fertiger Falter gar nicht mehr beißen oder kauen, sondern nur noch Flüssignahrung aufsaugen. Schmetterlinge sind daher notgedrungen emsige Blütenbesucher, die Nektarquellen ausbeuten. Dabei übertragen sie gleichzeitig Blütenpollen zur Bestäubung.

Es ist äußerst mühsam und fast unmöglich, in der freien Natur den gesamten Entwicklungsgang vom Ei bis zum Schmetterling zu verfolgen. So verwundert es auch nicht,

Entwicklung hautnah miterleben

Aus Naturschutzgründen darf man sich nicht einfach beliebige Schmetterlingsraupen von draußen ins Haus holen, um den spannenden Weg zum Vollinsekt direkt zu beobachten - es sei denn, auf den Kohlpflanzen im Garten hätte ein Kohlweißling sein Gelege abgesetzt. Die auf Kohl lebenden Raupen des Großen Kohlweißlings sind grünschwarz und tragen gelbliche Längsstreifen. Wir holen uns im Garten oder auf einem Feld ein paar Kohlblätter und insgesamt höchstens zwei oder drei daran sitzende Raupen. Eine größere Raupenschar könnten wir kaum ernähren, denn die Tiere entwickeln einen beachtlichen Appetit.

- In einem geräumigen, rundum mit Fliegendraht gesicherten Raupenkasten, der hell, aber nicht direkt besonnt aufgestellt wird, richten wir ein Raupenheim ein, das nach wenigen Wochen zur „Puppenstube“ werden soll.
- Damit die Entwicklung vorankommt, müssen die Raupen immer eine genügende Menge frischer Blattkost vorfinden. Wenn sie weniger fressen und unruhig umherwandern, stellen wir ihnen einen trockenen Zweig in ihr Behältnis. Weißlingsraupen verwandeln sich nämlich in eine Gürtelpuppe, die einen geeigneten Aufhängplatz benötigt.
- Spätestens nach etwa zwei Wochen kontrollieren wir das Gefäß täglich: Die geschlüpften Falter lassen wir sofort frei, nachdem wir an der Flügelzeichnung abgelesen haben, ob ein Männchen (Vorderflügel ohne Flecken) oder ein Weibchen (zwei schwarze Flecken) herangewachsen ist.

daß man vor dem 17. Jahrhundert Raupe und Falter für völlig verschiedene Tierarten hielt.

Umfangreiche Speisekarte

Schmetterlingsraupen sind durchweg Nahrungsspezialisten, die nicht nur eine ganz bestimmte Pflanzenkost bevorzugen, sondern diese auch wirklich benötigen. Manchmal haben mehrere Schmetterlingsarten auch die gleichen Vorlieben, vor allem wenn es sich dabei um sehr häufige und weit verbreitete Pflanzen handelt. So findet man nur an Brennesseln die Raupen vieler wunderschöner Tagfalter vom Landkärtchen bis zum Admiral. Brennesselbestände sollte man deswegen schützen und nicht einfach als Unkraut ansehen, das zu vernichten ist – man würde damit den Raupen vieler heimischer Schmetterlinge, die wir so gern in unseren Gärten sehen, die Nahrung entziehen.

Der Kleine Fuchs ist einer unserer noch häufigen Tagfalter (links oben).

Weibchen des großen Kohlweißlings (links Mitte).

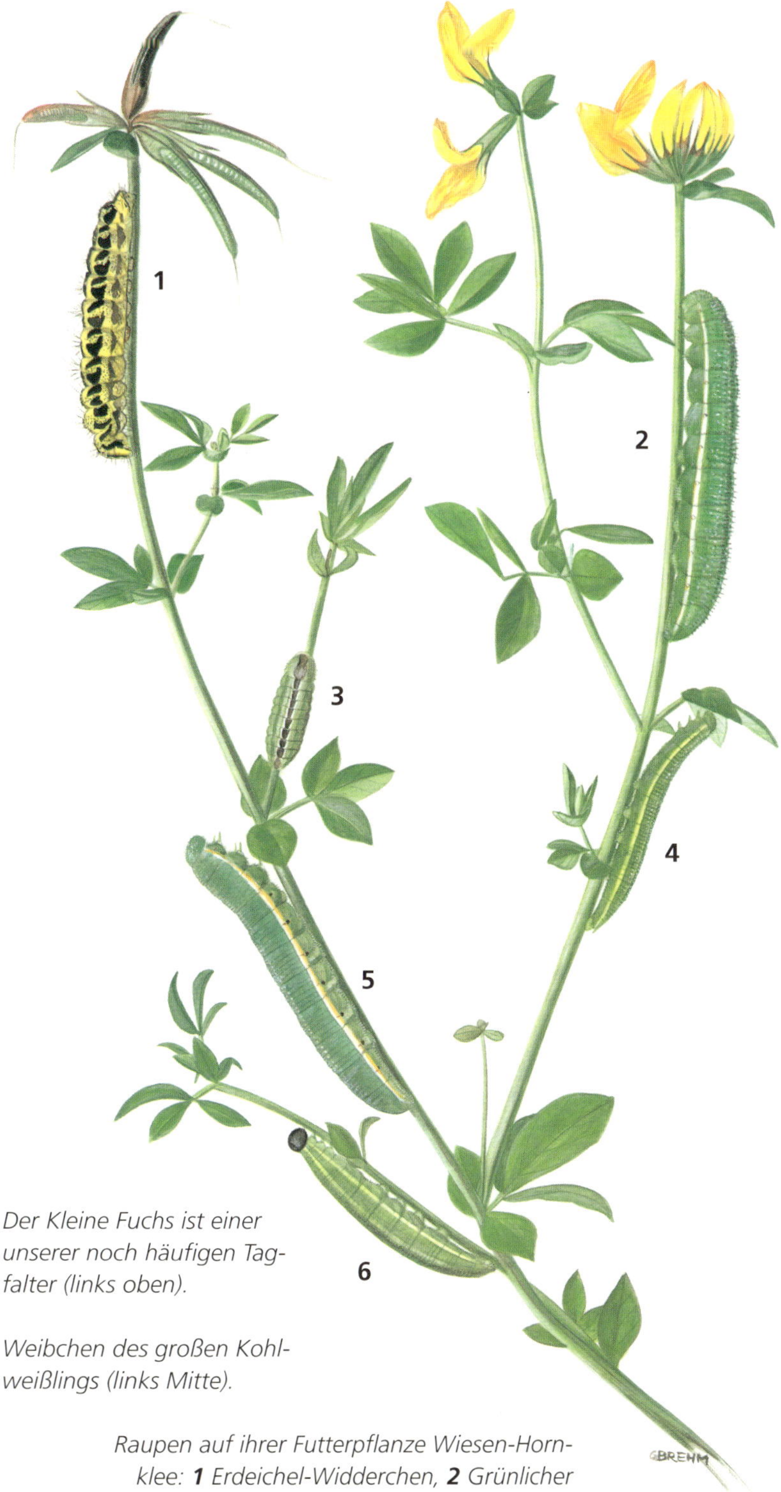

*Raupen auf ihrer Futterpflanze Wiesen-Hornklee: **1** Erdeichel-Widderchen, **2** Grünlicher Heufalter, **3** Geißkleebläuling, **4** Senfweißling, **5** Postillon, **6** Dunkler Dickkopffalter.*

Mit Pflanzen färben

1

2

3

Die Natur ist in ihrer Farbenpracht bunter als ein Malkasten. Nur der Mensch ist ziemlich farblos. So versucht er eben, nachzuhelfen und sich Farbe zuzulegen.

So farbig die Natur sich auch zeigt, so wenig beständig sind die meisten natürlichen Farbstoffe. Das saftige, frische Blattgrün vergilbt beim Trocknen zu trübem Grau, und selbst die üppige Farbigkeit eines Sommerblumenstraußes vergeht beim Welken zu einem schmutzigen Braun. Schon früh haben die Menschen entdeckt, daß Blattgrün seltsamerweise nicht lichtecht ist und sich folglich zum Einfärben von Textilien nicht eignet. Offenbar muß es auch in der lebenden Pflanze durch Neusynthese ständig nachgeliefert werden, damit Stengel und Blätter immer frisch und funktionstüchtig bleiben.
Zum Färben mußte man daher andere Naturstoffe suchen. Man fand sie in bestimmten Mineralien (z. B. Chrom-, Eisen- und Manganoxide) oder in organischen Inhaltsstoffen wie dem berühmten Alizarin (Flaggenrot) aus der Wurzel der Färber-Röte. Oft sind die technisch so wertvollen Textilfarbstoffe in bestimmten Pflanzen als farblose Vorstufen enthalten (wie das Indigoblau für Blue Jeans) oder bilden erst in Verbindung mit einer sogenannten Alaunbeize eine haltbare Farbe wie der schöne Gelbton, den man mit dem Färber-Wau erzielen kann. Die große Zeit der Naturfarbstoffe aus Pflanzen endete, als der chemischen Industrie um die Jahrhundertwende eine geradezu stürmische Entwicklung synthetischer und sehr lichtechter Pigmente (etwa der berühmten Indanthrene) gelang.

*Traditionell genutzte Färberpflanzen: **1** Färber-Ginster, **2** Gelber Wau, **3** Färber-Waid (oben).*

Färberpflanzen und Pflanzenfarben

Nicht alle Textilstoffe lassen sich mit Pflanzenfarbstoffen kräftig einfärben. Dafür ist die chemische Beschaffenheit der verschiedenen Fasern verantwortlich. Satte Töne sind fast nur mit Wolle oder Seide zu erreichen. Baumwolle und Leinen bringen dagegen allenfalls verwaschen wirkende Farbeindrücke zustande. Dafür haben die mit natürlichen Materialien entwickelten Farben den enormen Vorteil, hervorragend zu-

Rechts: Der Safran ist mit dem Krokus verwandt. Farbstofflieferant sind die orangeroten Narben.

Taschentuch und Ostereier

Zum Färben kleiner Proben genügt in den meisten Fällen das folgende Grundrezept. Für weiße T-Shirts oder Wollstränge kann man die Mengen entsprechend abwandeln. Ostereier kocht man 10 Minuten lang im Färbesud oder legt sie nach dem Kochen in die Färbelösung.
Bevor man eine größere Stoff- oder Garnmenge einlegt, sollte man mit kleineren Proben den Farbsud und die Einwirkzeiten erproben.

Grundrezept für Färbeflotten:

- 1 Eßlöffel getrocknete und gründlich zerkleinerte Färberpflanze 3–5 Stunden in 150–200 ml Wasser einweichen,
- anschließend 1–2 Stunden im Wasserbad auskochen, Flüssigkeit (= Färbesud oder Flotte) abseihen,
- Färbegut (Taschentuch, Leinenläppchen o. ä.) in die heiße Flotte einlegen und mehrere Stunden bei erhöhter Temperatur einwirken lassen. Längere Einwirkzeit bringt meist bessere Farbtiefe.

Pflanzlicher Farbkasten folgende Farbtöne kann man erzielen (v.l.n.r.): mit Blütenköpfen der Färber-Kamille Grünbeige, mit Holz der Berberitze Hellgrün, mit Teeblättern Rostbraun, mit Wurzeln der Färber-Röte (Krapp) Rot bis Braun, mit Birkenblättern oder Berberitzenrinde Hellgelb, mit Indigo Blau.

Blätter der Roßkastanie geben mit besonderen Beizen schöne Gelb- und Brauntöne (ganz unten).

Saflor sind die getrockneten Blütenköpfe der Färberdistel (unten).

einander zu passen und fast beliebig kombinierbar zu sein.

Viele von Pflanzen stammende Naturfarbstoffe kann man in Hobbyläden oder Drogerien kaufen. Viel mehr Spaß macht es jedoch, bestimmte Färberpflanzen im Garten selbst anzubauen: Färber-Kamille, Gelber Wau, Färber-Waid, Färber-Röte, Färber-Ginster oder Färberdistel sehen in jedem Blumenbeet ausgesprochen dekorativ aus. Die Anzucht erfolgt wie bei anderen Sommerblumen. Saat- oder Pflanzgut gibt es im Gartenfachhandel.

Blaumachen

Indigoblau aus dem heimischen Färber-Waid oder der tropischen Indigopflanze war jahrhundertelang das wichtigste Blaupigment für die Textilfärbung. Der eigentliche Arbeitsgang zum Blaumachen ist recht aufwendig. Die folgende vereinfachte Abwandlung zeigt nur das Prinzip:

Färber-Waid: Pflanze (Stengel, Blätter) zerkleinern, einige Tage in kaltem Wasser stehen lassen, abseihen; Färbegut einlegen; die blaue Farbe entwickelt sich erst beim Trocknen an der Luft.

Vielbeinige Hausgenossen

Insekten als Untermieter? Da denkt mancher an Wanzen, Flöhe oder Schaben und kriegt gleich eine Gänsehaut. Die meisten Insekten sind jedoch kein Ungeziefer.

Insekten sind die mit großem Abstand artenreichste Verwandtschaftsgruppe aller Lebewesen. In einer schier unglaublichen Arten- und Typenfülle und oft auch in großen Scharen haben sie sich äußerst erfolgreich alle möglichen Lebensräume der Erde erobert. So muß es nicht verwundern, daß sie auch den menschlichen Wohnraum entdeckten und sich hier zumindest zeitweise häuslich einrichten.

Einkehr und Ausflug

Keine einzige Art ist auf unsere Häuser oder Wohnungen direkt angewiesen, aber viele kommen einfach, weil hier verführerisch interessante Nahrungsquellen bereitstehen oder die weniger genutzten Räume ein sicheres Winterquartier bieten. Selbst auf dem zugigen Dachboden eines Hauses ist es während der Wintermonate immer wesentlich trockener und erträglicher als irgendwo draußen im Garten oder in der Flur. Mögen uns auch die winterlichen Temperaturen in der ungeheizten Dachkammer nicht allzu einladend erscheinen, so sind sie doch für die überwinternden Marienkäfer, Tagfalter oder andere Witterungsflüchtlinge genau richtig. Niedrige Temperaturen setzen den Stoffwechsel der Tiere auf Sparflamme und schonen damit die körpereigenen Energiereserven. Deshalb holen wir auch keines dieser Tiere zum Aufwärmen in die beheizte Wohnstube, sondern lassen sie an ihrem kühlen, aber verträglicheren Ruheplatz. Sollte sich dennoch ein geflügelter Wintergast in die wohligen Wärmezonen des Hauses verirrt haben, setzen wir ihn zum weiteren Überwintern vorsichtig in den ungeheizten Dachboden zurück. Die Frühjahrssonne wird die Tiere rechtzeitig aktivieren. Spätestens dann müssen wir nachsehen, ob auch ein Dachfenster für den Ausflug offen steht.

Nicht zu verwechseln – sechsbeiniges Insekt und achtbeinige Spinne. Alle Gliedmaßen sitzen am Brustsegment. Spinnentiere tragen jedoch niemals Flügel.

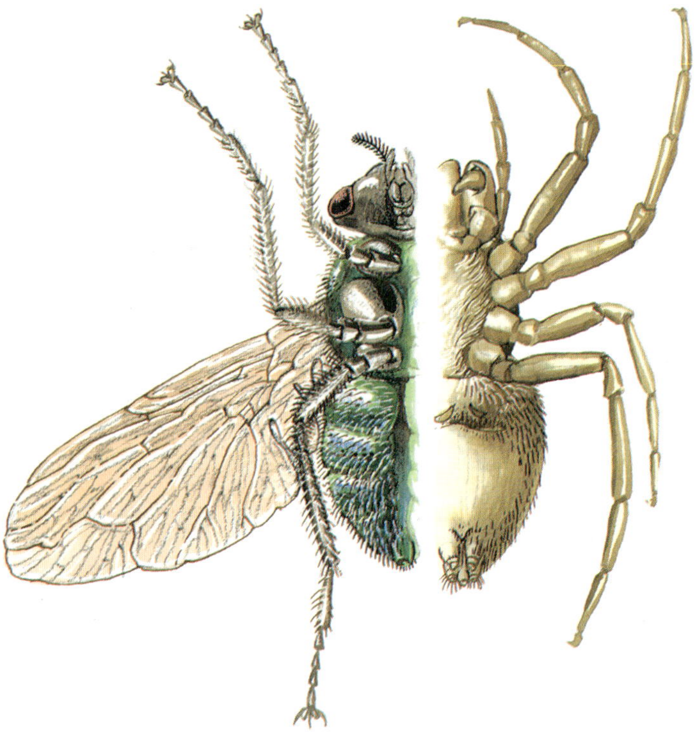

Aus der Nähe betrachtet

Im Keller, auf dem Dachboden, aber ebenfalls auf dem Fensterbrett findet man häufig auch tote Insekten – ideale Objekte für die Betrachtung mit Lupe und Mikroskop.

- Untersuche einen Schmetterlingsflügel und seine erstaunlichen Schuppenmuster. Gibt es verschiedene Schuppenformen?
- Die langen Fühler oder Antennen beherbergen vielerlei Sinnesorgane. Zeichne verschiedene Fühler-Formen und ihre Gliederung auf.
- An einer toten Fliege interessieren der Aufbau ihrer Füße und die kompliziert aufgebauten Mundwerkzeuge. Kann man aus der Form die Funktion erschließen?

Und das nicht nur zur Winterzeit

In der wärmeren Jahreszeit sind eine Menge Insekten unterwegs. Auch ohne lockenden Lampenschein kommen sie gerne ins Haus – z. B. die zartgliedrigen Florfliegen mit ihren glänzenden Goldaugen und dem feinen Flügelnetzwerk. Ihr sanfter, etwas flatternder Flug läßt nur wenig von der Luftakrobatik erkennen, die sie beherrschen – z. B. komplette Überschläge beim Starten. Florfliegen und ihre Larven sind neben Marienkäfern und einigen Schwebfliegen besonders eifrige Blattlausjäger und daher in jedem Garten ausgesprochen nützlich. Im Winter suchen sie gerne Dachböden auf.

Wegen ihrer nächtlichen Lebensweise sieht man manche Mitbewohner des Hauses nur dann, wenn plötzlich eingeschaltetes Licht sie bei ihren Streifzügen überrascht, z. B. die völlig harmlosen und sehr flinken Silberfischchen. Sie gehören zu den Urinsekten, da sie immer flügellos bleiben. Eine feine Körperbeschuppung läßt sie silbrig glänzen. Für süße Naschereien entwickeln sie eine besondere Vorliebe und werden daher auch Zuckergast genannt.

Bauchlandung an der Decke

Stubenfliegen sind unter den Insekten so etwas wie die Kulturfolger schlechthin – weltweit verbreitet und auch in unseren Breiten während des größten Teils des Jahres aktiv. Eigentlich sind es zwei verschiedene, ungefähr gleich häufige Arten, die sich regelmäßig in Wohnräumen einfinden: Die Kleine Stubenfliege (mit länglich-schmalem Hinterleib) ist der unermüdliche Lampenumschwirrer, während die Große Stubenfliege (mit rundlicherem Hinterteil) weniger gern auf Rundkurs geht.

Die fliegerischen Leistungen dieser kleinen Insekten verdienen Bewunderung. Ihr Parademanöver ist die Landung an der Zimmerdecke. Die Fliege steuert dabei mit etwa 45° den anvisierten Aufsatzpunkt an der Decke an. Das vordere Beinpaar, im Streckenflug stets eng an den Körper angewinkelt, streckt sie weit vor und bekommt damit Deckenkontakt. Feinste Greifhaken am Fliegenfuß rasten in winzige Unebenheiten ein und hängen das Tier wie an einem Reck auf. Der vom Anflug mitgebrachte Impuls bringt die übrigen Füße hoch. Die gesamte Landung ist ein halber Salto rückwärts. Eventuell greifen die Vorderbeine noch ein wenig nach, und die Fliege sitzt.

Die Florfliege (oben links) ernährt sich fast ausschließlich von Blattläusen. Mitbewohner des Hauses: Stubenfliege (oben rechts), Silberfischchen (oben) und Siebenpunkt-Marienkäfer (unten).

Vielbeinige Hausgenossen

Verträumte Ecken und Winkel auf dem Dachboden sind die Wohn- und Ruhestatt von allerlei vielbeinigen Kleintieren. Vor allem während der kalten Wochen und Monate finden hier überwinternde Insekten Unterschlupf. Spinnen und Bücherskorpione richten sich hier jedoch eher als Dauermieter ein. Zwischen Gebälk und Gerümpel können wir unter anderem finden:
***1** Puppe des Tagpfauenauges, **2** Wespennest, **3** Florfliege, **4** Zitterspinne, **5** tote Fliege, **6** Bücherskorpion, **7** Staublaus, **8** Siebenpunkt-Marienkäfer, **9** Hausmutter, **10** Zweipunkt-Marienkäfer, **11** Tagpfauenauge, **12** Hausspinne.*

12
11
10
9
3

Minidschungel in der Flasche

Hornzahnmoos mit fast reifen Sporenkapseln (ganz oben).

Der heimische Kleinfarn Mauerraute eignet sich gut für den Flaschengarten (oben).

Immergrüne und dauerfeuchte Tropenwälder strotzen geradezu vor Üppigkeit. Diese wunderbare Welt läßt sich im kleinen Maßstab sehr einfach nachgestalten.

Viele beliebte Zierpflanzen für Blumenbrett und Fensterbank wie Usambaraveilchen, Zwergpfeffer oder Zebrakraut sind in den tropischen Regenwäldern zu Hause. Obwohl sie an einem hellen, nicht direkt besonnten Fenster unter deutlich anderen Bedingungen als in ihrer eigentlichen Heimat leben müssen, gedeihen sie bei richtiger Pflege doch erstaunlich gut. Vielen Zier- und Zimmerpflanzen aus den Tropen kann man in der Wohnung allerdings nicht die gleichbleibend hohe Luftfeuchtigkeit ihres natürlichen Standortes bieten.
In einem Flaschengarten ist das jedoch völlig anders. Er bildet eine abgeschlossene Welt im Kleinen – gleichsam ein Biosphärenmodell, das von außen nur Licht, Luft und ein wenig Wasser benötigt. Er ist außerdem viel pflegeleichter als ein Blumentopf, denn man braucht ihn nicht regelmäßig zu gießen.

Gartenarbeit in der Flasche

Als Flaschengarten eignen sich besonders gut große Korbflaschen aus hellem oder wenig eingefärbtem Glas ab mindestens 5–10 Liter Inhalt. Für den künftigen Mini-Garten hinter Glas kann man natürlich auch ein altes Aquarium oder einen anderen Behälter mit durchsichtigen Seitenwänden verwenden. Ausnahmsweise sollte dieses Pflanzgefäß keine Abzugslöcher am Boden aufweisen. Bevor die Flaschengärtnerei beginnt, muß das ausgesuchte Gefäß sehr gründlich gereinigt werden.

Flaschenbeet einrichten – ganz einfach.

Kleinstgarten hinter Glas.

Spezialgeräte fertigen wir selbst. Eine Rasierklinge, die in eine kleine Holzlatte eingeklemmt wird, ist eine praktische Schneidehilfe.

- Den Gefäßboden füllt man mindestens 5 cm hoch mit feinem Kies oder mit grobem Blähton (im Gartenfachhandel erhältlich) auf. Eine zur Röhre gerollte Zeitung erleichtert das Einfüllen und Verteilen.
- Durch die Zeitungsröhre füllt man anschließend 5–8 cm hoch Pflanzerde (Blumenerde aus der Tüte, Komposterde aus dem Garten) ein.
- Mit Klebeband befestigt man einen Teelöffel und eine Kuchengabel an zwei langen Holzstäbchen, die höher sind als das Pflanzgefäß.
- Mit dem Löffel, der jetzt als Mini-Pflanzspaten dient, hebt man ein kleines Pflanzloch aus. Anschließend pflanzt man mit Löffel und Gabel die Setzlinge ein und drückt die Erde ringsum vorsichtig an.
- Wenn man Samen oder Früchte aussäen möchte, verwendet man ein Stück Plastikschlauch. Damit kann man das Saatgut ganz genau an den vorgesehenen Platz bringen.
- Zuletzt träufelt man soviel Wasser ein, daß die Erde gut feucht ist. Erde nicht zwischen Kieselsteine oder Blähton spülen! Am Flaschen- oder Gefäßboden dürfen sich außerdem keine Pfützen bilden. Wenn man dieses Kleingewächshaus mit einem Wattebausch oder Korken leicht verschließt, benötigt es kein weiteres Gießwasser mehr. Ein verschlossenes Gefäß braucht nur selten gewässert zu werden, um die Verdunstungsverluste auszugleichen.

Dschungelpflanzen im Innengarten

Nachdem das Minibeet hinter Glas bereit ist, kommt der aufregendste Teil – die Gestaltung unseres Kleingartens. Wie bei der Planung eines richtigen Gartenbeetes muß man die Wuchsgrößen der ausgesuchten Pflanzen berücksichtigen. Kleine kriechende Arten bilden den Vordergrund, höherwüchsige pflanzt man nach hinten.

Nur sehr kleine Pflänzchen setzt man ein – am besten Setzlinge verschiedener Arten, die auch als erwachsene Pflanzen keine großflächigen Blätter entwickeln. In der Gärtnerei findet man eine reiche Auswahl. Wir können aber auch Ableger anderer Zierpflanzen verwenden. Sehr gut geeignet sind z. B. Usambaraveilchen *(Saintpaulia)*, Pfeffergesicht *(Peperomia)*, Zwergpfeffer *(Piper)*, Korallenmoos *(Nertera)*, Bubikopf *(Helxine)* oder Zwergfeige *(Ficus)*.

Man kann aber auch Küchen- und Gewürzkräuter verwenden wie Basilikum, Zitronenmelisse, Majoran, Thymian, Petersilie oder Dill. Außerdem wären kleinwüchsige Pflanzen wie Vergißmeinnicht, Günsel, Zwerg-Klee, Steinkraut, Pfennigkraut, Mauerpfeffer oder Veilchen einen Versuch wert. Auch Kleinfarne (Venushaarfarn, Moosfarn) und Moospolster sind sehr gut zu halten.

Flaschengärten stellt man an einem hellen Platz auf, aber niemals in das direkte Sonnenlicht!

Rätselhafte Doppelwesen

Rindenbewohnende Flechten als Umweltindikatoren: Die Falsche Pflaumen-Flechte (oben) zeigt gute Luftqualität an, die Echte Pflaumen-Flechte (rechts) geringe Abgasbelastung, die Grünliche Schüsselflechte (ganz rechts) mäßige Belastung der Luft.

Unauffällig grau oder plakativ gelb, staubfein oder blättrig – die Flechten auf Baumrinden und Mauergestein sind eine Klasse für sich.

Flechten sehen völlig anders aus als Moose, Farne oder Blütenpflanzen. Mit keiner dieser Pflanzengruppen sind sie näher verwandt. Obwohl sie gestaltlich auch nicht an Pilze oder Fadenalgen erinnern, so bestehen sie doch aus einer Mischung von Pilzfäden und einzelligen Algen. Jede Flechte ist nämlich ein Doppelorganismus. Ein Pilzgeflecht und einzellige, meist grüne Algen haben sich darin zu einer engen Lebensgemeinschaft (Symbiose) zusammengeschlossen, von der beide Partner ihren Nutzen ha-

Die Mauer-Kuchenflechte ist ein Gesteinsbewohner (unten).

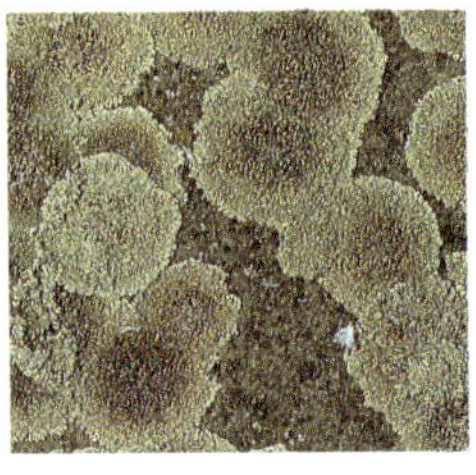

Flechtenwachstum messen

Wie rasch ein Flechtenlager unter den Bedingungen seines Standortes tatsächlich wachsen kann, läßt sich mit etwas Geduld sehr einfach feststellen:

- Man sucht sich am besten ein Vorkommen der krustenförmig wachsenden, graugrünen Mauer-Kuchenflechte aus, die auch in Städten auf Gestein relativ häufig vorkommt.
- Ein Stück Transparentpapier (Butterbrot- oder Entwurfpapier, eventuell auch Klarsichtfolie) breitet man über die Flechte und fährt ihre Konturen mit einem dünnen Filzschreiber sorgfältig nach. Genauer Fundort und Datum werden auf dem Dokument festgehalten.
- Nach einem Vierteljahr oder einem längeren Zeitraum wiederholt man die Umrißaufnahme. Der Vergleich mit der früheren Zeichnung zeigt die tatsächliche Wachstumsleistung. Auf diese Weise bekommt man auch heraus, ob die Flechte im Frühjahr, Sommer oder Herbst am schnellsten wächst.

ben: Die Algen stellen mit Hilfe des Sonnenlichtes wertvolle organische Stoffe zur Ernährung der Pilzfäden her, und diese bieten den Algenzellen Wohnraum, Schutz, Nährsalze und Wasser.

Die ungleiche Betriebsgemeinschaft Flechte unterscheidet sich nun nicht nur in Gestalt und Aussehen von den beteiligten Partnern, sondern kann auch viel mehr. Fast alle Flechten besiedeln ausgefallene Biotope, in denen andere Lebewesen nicht so ohne weiteres bestehen können. Der Standort Dachziegel macht die Verhältnisse deutlich: Während winterlicher Frostperioden ist es hier bitterkalt, aber im Hochsommer heizt die Sonne den dunklen Untergrund fast auf Bratpfannentemperatur auf. Mal peitschen hier Regengüsse wie Sturzbäche herunter, während zu anderen Zeiten der Schnee alles verdunkelt. Flechten zeigen sich davon völlig unbeeindruckt. Gerade die Dächer sind oft besonders reich mit Flechtenaufwuchs bestückt.

Des Rätsels Lösung

Der enorme ökologische Erfolg der Flechten, die von der Arktis bis zur Wüste jeden erdenklichen Winkel erobert haben, erklärt sich aus ihrem besonderen Umgang mit Wasser: Sie können es einfach nicht speichern und sind daher immer genauso naß oder trocken wie ihre Umgebung. Wenn sie durch Erwärmung oder bei Dauerfrost ihren bescheidenen Wasservorrat verloren haben, sinken sie einfach in Trockenstarre. In diesem Zustand lebt das Doppelwesen sozusagen nicht und kann daher auch nicht wachsen. Handflächengroße Flechtenlager auf Steinen oder Baumrinden können also eventuell ziemlich alt sein.

Allerhand Verflechtungen

So widerstandsfähig Flechten an ihrem natürlichen Standort gegen Hitze, Kälte und Trockenheit sind, so empfindlich erweisen sie sich gegen bestimmte Luftschadstoffe, wie z. B. Schwefeldioxid (SO_2). Mehrere Millionen Tonnen dieses Verbrennungsgases gelangen allein in Deutschland jedes Jahr in die Luft, kommen als „Saurer Regen“ in die Ökosysteme zurück und richten hier enorme Schäden (Gewässerversauerung, Waldsterben) an.

Das Flechtenvorkommen in unserer Kultur- und Siedlungslandschaft kann man als direktes Anzeichen oder Maß für die Schadstoffbelastung der Luft verwenden – Flechten sind ausgesprochen zuverlässige Umweltindikatoren, die uns gerade die Langzeitwirkungen von Schadstoffen mitteilen.

In etwas stärker belasteten Gebieten kommt die Leuchterflechte (ganz links) vor; die Grüne Kuchenflechte (links) ist gegen Luftschadstoffe besonders widerstandsfähig. Bei mehr als 15 mg SO_2/m^3 Luft wachsen nur noch Grünalgen („Flechtenwüste“, unten).

Entdeckungen im Garten

Den Schnabel (zu) voll genommen: Eichelhäher (ganz oben).

Stachelträger zu Besuch: Igel (oben).

Ein Garten ist zwar vom Menschen gestaltete Natur, aber dennoch ein wunderbares Fleckchen Erde. Wie sonst wäre es denkbar, daß man vom Paradies als Garten Eden spricht? Und wer hätte nicht schon einmal von einem Sommerfrühstück inmitten bunter Blumen unter schattigen Bäumen und mit zwitschernden Vögeln geträumt? Ein abwechslungsreicher Garten mit seinen vielen Beeten und Winkeln, mit kleinen und großen Pflanzen, Gebüschen und Gehölzen, Kübeln, Krautecken und Komposthaufen, mit seiner einzigartigen Verknüpfung von Schönheit und Nützlichkeit, kann gerade in der modernen Wohn- und Wirtschaftslandschaft das Abbild einer Oase sein – eine höchst lebendige Insel in einer Umgebung, die ökologisch oft genug nicht mehr ganz in Ordnung ist. Für spannendes Erleben und Erfahren von Natur ist ein Garten genau der richtige Ort!

Gartengast aus Mexiko: Kapuzinerkresse.

Gärtnern macht auch Kindern Spaß

Obwohl sie nur mit Licht, Luft und Wasser gefüttert werden, legen die Gartenpflanzen mächtig Masse zu. Und dabei bilden sie außer Form und Farbe auch noch Duft, Süße und Geschmack.

Angeblich ist es im Garten manchmal gefährlich, wenn die Bäume ausschlagen und der Salat schießt. Das Bild ist sicher übertrieben, aber Pflanzen stehen eben doch nicht einfach nur herum, sondern reagieren – vielleicht unmerklich, fast immer unaufhaltsam und häufig auch sehr rasch. Einigen Pflanzen kann man fast zusehen, wie sie sich strecken, verlängern, entfalten, verzweigen, blühen, fruchten und reifen.

Sonnenblume: Riesenhafter Wuchserfolg in nur wenigen Sommerwochen.

Knallharte Typen

Erbsen aus der Vorratstüte, die man in eine mit Wasser gefüllte Petrischale legt, werden schon über Nacht weich und schwellen an. Schon beim ersten Wachstum entwickeln sie enorme Kräfte. Eine kleine Kraftprobe liefern sie uns in der Petrischale, deren Deckel sie samt beschwerendem Stein mühelos hochheben. Erst recht bringen sie es fertig, sich beim weiteren Wachsen durch festes Erdreich zu zwängen.

Die Richtung stimmt

Gleichgültig, wie man die Bohnen auch auslegt – die Wurzel wächst immer nach unten. In allen möglichen Lebenslagen klemmen wir ein paar Feuerbohnen oder Weiße Bohnen zwischen ein immer gut feucht zu haltendendes Fließpapier und der Wand eines Marmeladenglases ein. Damit die Bohnen nicht hinunterfallen, sollte man das Glas innen ausstopfen (z. B. mit Zeitungspapier, Abbildung rechts). Das aufsteigende Wasser läßt die Samen keimen. Beobachte die Orientierung der Keimwurzel und der Keimblätter.

Rekordverdächtige Gewächse

Eine Gartenbohne, die im Mai gesät wird, braucht bis zur Ernte nur etwa 100 Tage Entwicklungszeit. Um das Ende der Bohnenstange zu erreichen, muß sie sich in der Hauptwachstumsphase jeden Tag um etwa 5 cm verlängern. Das wollen wir genauer wissen:

- Ein paar Feuerbohnen (niemals ungekocht essen – rohe Bohnen sind ziemlich giftig!) werden in ein Beet mit tiefgründig gelockertem Boden gesteckt. Im Vergleich zu anderen Pflanzen verläuft die Keimung geradezu stürmisch.
- Spätestens nach einem Monat muß man den Pflanzen eine 3 m lange Bohnenstange als Kletterhilfe anbieten.
- Jetzt sollte man täglich nachsehen, wie die Pflanzen in die Höhe streben. Mit einem Stift lassen sich die Stufen des Erfolgs für jeden Tag genau markieren.

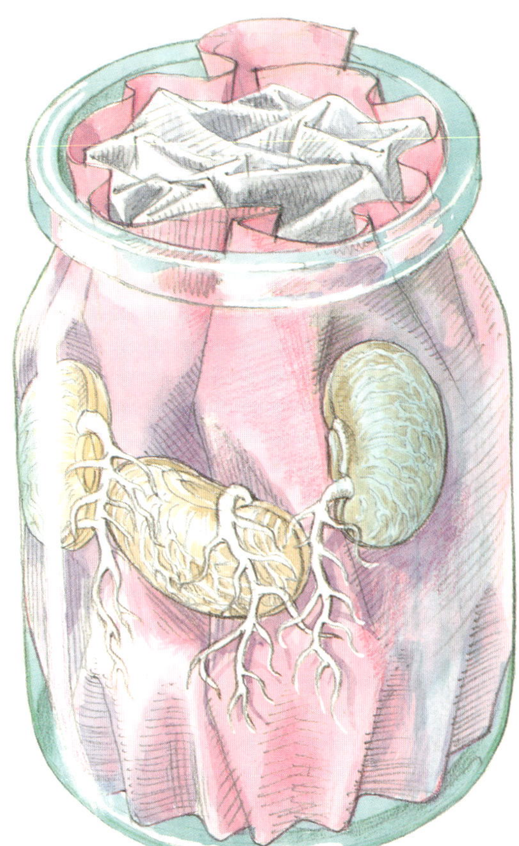

Kleiner Garten für große Erlebnisse: Gemüsekultur auf dem Balkon.

Mit Rekordgeschwindigkeit wächst die Feuerbohne zu stattlicher Größe heran (links).

● Welche Richtung nimmt die wachsende Sproßspitze bei ihrem Weg nach oben, rechts herum (im Uhrzeigersinn) oder entgegengesetzt?

Auch bei den Sonnenblumen lohnt es sich, die Meßlatte anzulegen und das Größenwachstum genauer festzuhalten:

● Sonnenblumen gibt es in vielen Sorten. Am besten fragt man im Samengeschäft nach den Kernen einer riesenwüchsigen Form, die auch nur einen besonders großen Blütenkopf entwickelt.

● Achte einmal auf die Kerne. Sie sind ein Wunder an Vielfalt – kaum zwei von ihnen zeigen exakt das gleiche Muster aus weißen und schwarzen Streifen.

● Am blühenden oder reifenden Blütenstand kannst du feststellen, wie die Kerne verankert sind: Sie haben ihre besondere Sitzordnung auf sehr regelmäßig gekrümmten Links- und Rechtsbögen. Es sieht fast so aus, als verstünde die Sonnenblume etwas von höherer Geometrie, denn die Bögen sind mathematisch exakte Spiralausschnitte.

Alles im Eimer

Wer keinen eigenen Garten, aber einen kleinen Balkon hat, kann trotzdem erfolgreich gärtnern. Gewürzkräuter und Aromapflanzen gedeihen z. B. prächtig in Kisten, Kübeln oder notfalls auch in Eimern.

Vögel im Garten

Wo es Gärten gibt, finden sich normalerweise auch viele Vögel ein – vorausgesetzt, sie sind artenfreundlich gestaltet und für unsere gefiederten Freunde attraktiv.

Hausrotschwanz (rechts oben), Grauschnäpper (rechts unten) und Blaumeise (unten) nisten gerne in Gärten.

Drei Dinge braucht ein Vogel zum Leben – Wasser, Nahrung und Nistplatz. In einem alten Bauerngarten mit seinen vielen Gemüsebeeten, Blumenrabatten, Beerenobststräuchern und der angrenzenden Obstbaumwiese finden mehr als zwei Dutzend Singvogelarten fast alles vor, was für sie wichtig und nützlich ist. Je größer und strukturreicher ein Garten ist, um so attraktiver wird er für Meisen, Drosseln, Finken, Grasmücken, Rotschwänze und die übrige Vogelschar sein. Vor allem die pflanzliche Kulisse mit ihren Gehölzverstecken, Staudendschungeln, Krautdickichten und Blütenteppichen schafft vielerlei Kleinbiotope, und damit erhöht sich fast automatisch das Nahrungsangebot für die samen- oder

Der Kleiber (unten) ist ein Höhlenbrüter.

Appartements für die Sommergäste

Heckenbraunellen, Rotkehlchen und Zaungrasmücken brüten meist in Bodennähe, Grünfinken, Hänflinge, Gelbspötter und Girlitze gerne in Großsträuchern, während Buchfinken, Stieglitze oder Dompfaffe das Geäst höherer Bäume bevorzugen. Meisen, Sperlinge, Kleiber, Garten- oder Hausrotschwanz und etliche andere Singvogelarten sind Höhlen- oder Halbhöhlenbrüter. Sie finden passende Sommerwohnungen nur in sehr alten Bäumen mit zurückfaulenden Astlöchern, und solche sind in den meisten Gärten nur selten vorhanden.

Nistkästen für Höhlen- und Nischenbrüter kann man im Fachhandel kaufen, aber viel mehr Spaß macht es, selbst Hand anzule-

insektenfressenden Vögel. Wo ein Garten weniger einladend aussieht, kann man leicht Abhilfe schaffen. Zwei oder drei Beerensträucher, ein Hochstammobstbaum und ein paar attraktive Wildstauden anstelle von Zwergkoniferen, Rhododendren und flächendeckendem Zierrasen lassen den Garten schon nicht mehr so künstlich und aufgeräumt erscheinen.

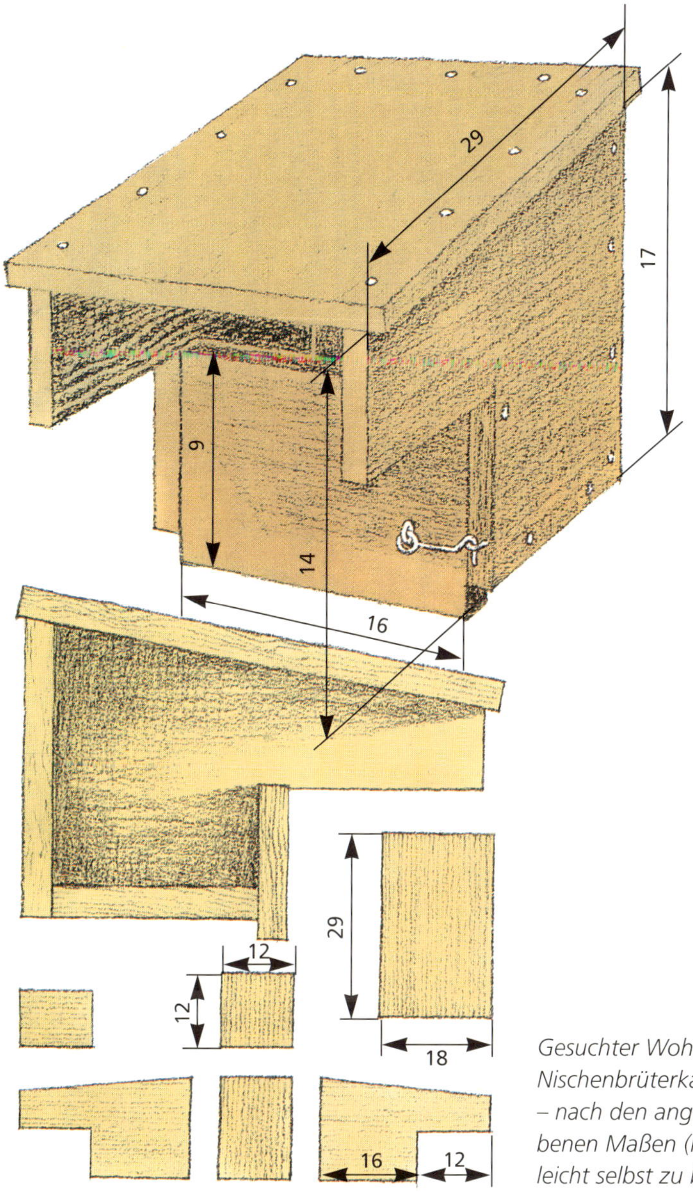

Gesuchter Wohnraum Nischenbrüterkasten – nach den angegebenen Maßen (in cm) leicht selbst zu bauen.

Trinken, Baden, Planschen

Ein kleiner Gartenteich mit ausgeprägter Seichtwasser- und Sumpfzone ist eine hervorragende Bereicherung, die auch die meisten Vögel außerordentlich schätzen. Es geht aber auch schon wesentlich einfacher: Eine kleine Wasserstelle, in der die Vögel fast rund ums Jahr trinken, baden oder planschen können, wäre schon eine echte Wohltat. Zudem kann man gerade am Vogelgewässer die verschiedenen Arten sehr schön beobachten. Jeden Tag ist hier was los.

Die in Gartencentern angebotenen Vogeltränken sind zwar sehr schön anzusehen und oft auch ziemlich teuer, aber in vielen Fällen ebenso ungeeignet. Mit einem einfachen Untersetzer für Blumentöpfe – eine Schale von etwa 30 – 50 cm Durchmesser – erreicht man das gleiche Ziel wesentlich preiswerter. Wichtig ist, daß die Innenseite der Schale etwas rauh ist, damit sich auch kleine Vögel sicher darin bewegen können. Am besten stellt man sie auch ein wenig schräg auf, damit an einer Seite eine ungefähr 10 cm tiefe Wasserstelle und gegenüber ein flach auslaufender Badestrand entstehen.

Die Vogeltrink- und -badeanstalt sollte nicht mitten auf einer freien Fläche, aber auch mit etwas Abstand vom nächsten (Stauden-) Gebüsch stehen, damit die Vögel sicher vor Räubern (Katzen) sind. Die Umgebung der Schale sollte man mit etwas Lehm ausgestalten – Schwalben brauchen eine Stelle, wo sie den Mörtel für ihre Klebenester anrühren können.

gen und mit Holz zu basteln, z. B. einen Nischenbrüterkasten.

- Benötigt werden ein paar 15 mm dicke Holzbrettchen in den Abmessungen, wie sie die Zeichnung zeigt.
- Die Vorderwand muß in jedem Fall aufklappbar montiert sein, mit zwei Nägeln als Scharnier und einem Haken als Sicherung.
- Den Nistkasten hängt man spätestens Mitte Februar in etwa 3 m Höhe in einem Baum auf. Man sollte keine Nägel einschlagen, sondern einen schlauchummantelten Drahtbügel verwenden.
- Der Nistkasten wird im Herbst gesäubert. Alte Nester nimmt man heraus und verbrennt sie, da sie meist Gefiederparasiten enthalten. Der Innenraum wird mit einer Bürste ausgeschrubbt; keine Chemikalien verwenden!

Nützliche Untergrund-bewegung

Regenwürmer sind zwar ziemlich lichtscheue Gesellen, aber in jedem Garten hochwillkommen. Ihre ständige Wühlarbeit ist eine Wohltat für den Boden.

Ihre Wohnung ist feucht, kühl, schmutzig und dunkel. Trotzdem fühlen sich die Regenwürmer hier enorm wohl; ihren Wohn- und Lebensraum haben sie sogar zum Fressen gern, denn sie verzehren beim Gängegraben den Boden gleich portionsweise. Mehr als 100 Würmer betätigen sich unter jedem Quadratmeter gesunden Gartenbodens. Nur wenn nach anhaltenden Regengüssen ihr Gangsystem unter Wasser steht, verlassen sie den Untergrund und steigen empor – vermutlich erhielten sie daher ihren Namen. Der Aufenthalt außerhalb ihrer Unterwelt ist jedoch gefährlich: Hungrige Drosseln sind allgegenwärtig, und das grelle Tageslicht ist für Regenwürmer sehr schädlich. Wenn sie nicht rasch genug in ihr dunkles Reich zurückfinden, sterben sie den Lichttod.

Viele Ringe, wenig Borsten

Gewöhnlich findet man Regenwürmer beim Umgraben der Pflanzbeete. Rücksichtsvolle Gärtner lockern die Beete nur mit einer Grabgabel, um die hilfreichen Unterirdischen nicht unnötig zu verletzen. Neben kleineren und größeren Würmern findet man im Garten sicher auch bräunliche, violette, fleischrote, schmutzig-weißliche und graurötliche Vertreter. Damit hat man nicht nur unterschiedliche Altersstadien vor Augen, sondern unter Umständen auch mehrere Arten. Es gibt nämlich nicht nur *den* Regenwurm, sondern allein in Mitteleuropa über 30 verschiedene Regenwurmarten! Ihre genauere Bestimmung ist allerdings sehr schwierig.
Bei allen Regenwürmern fällt die regelmäßige Gliederung ihres Körpers in Ringe oder Segmente auf, weswegen man ihre gesamte Verwandtschaft auch Ringelwürmer nennt.
Wie bewegt sich nun ein so glatt und schlüpfrig aussehendes Tier überhaupt

Einblick in das Regenwurm-Bergwerk.

Regenwürmer im Farmbetrieb

Regenwürmer kann man auch in einer speziellen Wurmfarm im Kasten halten und direkt bei der Arbeit beobachten.

- Dazu bauen wir aus drei ca. 2,5 cm starken Holzleisten einen Rahmen (Abbildung). In den Boden bohrt man einige große Abzugslöcher, denn Regenwürmer mögen keine Staunässe. Diese muß man allerdings mit einem feinmaschigen Drahtgeflecht abdichten, damit die Würmer nicht entkommen.
- Die Seitenwände bestehen aus zwei Plexiglasscheiben im Format 30 × 30 cm – sie sind die Schaufenster zum Regenwurm-Bergwerk.
- Eine Abdeckhaube aus festem Karton oder Sperrholz sorgt für die nötige Dunkelheit. Man nimmt sie nur zeitweise weg,

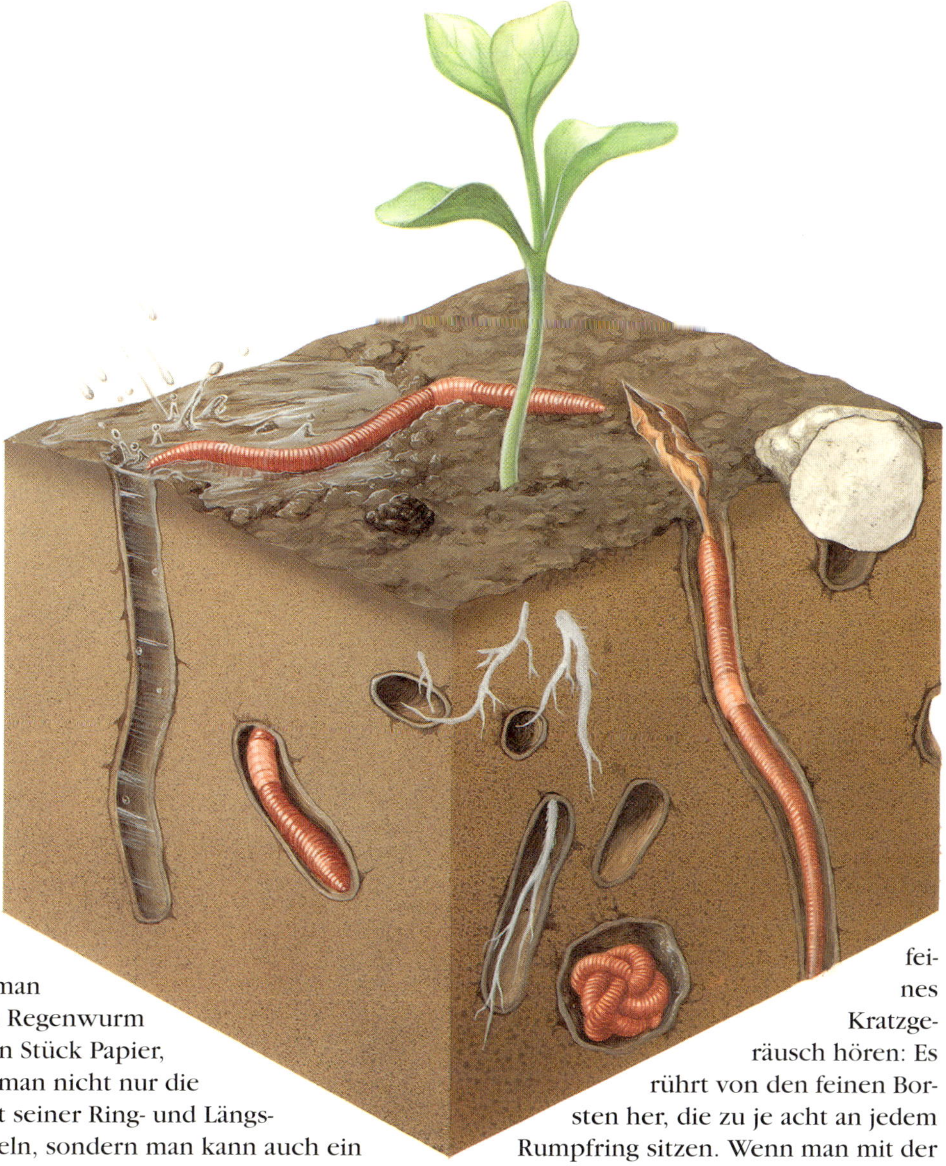

Aus dem Leben eines Regenwurms (links).

fort? Legt man einen Regenwurm auf ein Stück Papier, sieht man nicht nur die Arbeit seiner Ring- und Längsmuskeln, sondern man kann auch ein feines Kratzgeräusch hören: Es rührt von den feinen Borsten her, die zu je acht an jedem Rumpfring sitzen. Wenn man mit der Fingerkuppe vorsichtig am Regenwurm entlangstreicht, kann man sie auch fühlen.

um den Würmern bei der Arbeit zuzusehen.

- Lagenweise kommt dunkle, krümelige, leicht feuchte Gartenerde und hellerer Sand in den Kasten. Obenauf legt man etwas Fallaub oder Pflanzenhäcksel.
- Fünf Regenwürmer, die man beim Umgraben oder abends im Schein der Taschenlampe auf den Beeten findet, bilden die Startbesatzung. Die Farm stellt man in einem kühlen Raum oder draußen auf, den Boden hält man leicht feucht.
- Alle paar Tage werden frische Blätter verschiedener Pflanzen zugegeben und zum Vergleich auch einmal Zeitungspapierschnipsel, Wattestücke, Schaumstoffflöckchen und Alu-Streifen.
- Nach ca. 6–10 Wochen leert man den Kasteninhalt im Garten aus.

Blick in die Röhre

Regenwürmer ernähren sich buchstäblich von Dreck, genauer gesagt von pflanzlichen Resten und Mikroorganismen, die sich zwischen den Bodenteilchen aufhalten. Bei der Nahrungssuche lockern sie den Gartenboden auf und verbessern damit die so wichtige Bodendurchlüftung ganz erheblich. Einige der bleistiftdicken Röhren führen stets zur Bodenoberfläche. Sie werden mit Schleim ausgekleidet, der die Bodenpartikel verklebt und die kleinen Schachtanlagen stabilisiert. In der Dunkelheit steigen die Würmer darin zur Erdoberfläche hinauf und suchen nach Blättern und anderen verwertbaren Pflanzenteilen. Solche Reste ziehen sie in die Röhre hinab. Damit fördern sie ganz wesentlich die Humusbildung.

Ein Regenwurm (oben) zieht sich einen Grashalm rein (Mitte). Unverdauliche Bodenteilchen scheidet er wieder aus (unten).

Nachtleben im Garten

Die Roseneule erhielt ihren Namen nach der ungewöhnlichen Flügelzeichnung.

Sobald der Taghimmel verblaßt und alles im Schatten der Dämmerung versinkt, wird der Garten ein völlig anderer Lebensraum – nicht unheimlich, aber dennoch spannend.

Eben noch zeterte die letzte Amsel, nachdem der vielstimmige Chor der übrigen Sommersänger schon längst verstummte. Die tagaktiven Tiere räumen sichtlich das Feld.
Auch die Gartenpflanzen reagieren auf den schwindenden Tag. Besonders auffällig zeigen es die Blüten - die Gänseblümchen auf dem Rasen und viele andere haben jetzt geschlossen. Andere werden dafür jetzt erst aktiv. Geißblatt und Nachtviole, Ziertabak und Nachtkerze verströmen erst mit dem Beginn der Dämmerung ihren süßen Duft und werden damit zum Nachtlokal für nektarnaschende Nachtfalter.

Asselburg mit Nahrung und Verstecken.

Außerdem zeigen auch die Laubblätter mancher Gartenpflanzen, was die Stunde geschlagen hat. Der Klee im Rasen sieht jetzt beinahe welk aus, weil die Blätter schlaff herabhängen. Nicht weniger deutlich ist die Schlafstellung der Blätter bei der Gartenbohne. Beim genaueren Nachsuchen lassen sich viele weitere Beispiele finden.

Nachts sind alle Katzen grau

Aus vielen Winkeln, Fugen und Ritzen kommen jetzt zahlreiche Kleintiere hervor, die sich erst im Schutz der Dunkelheit oder in der kühlen Frische einer Sommernacht herauswagen. Davon kann man sich leicht ein unmittelbares Bild machen.
Ausgerüstet mit einer Taschenlampe begeben wir uns ganz leise in den Garten und warten ein paar Minuten ab, bis sich unsere Sinne an die nächtliche Umgebung gewöhnt haben. Vieles vom lebhaften Treiben ist jetzt deutlich zu hören, zumal nachts die vielen technischen Geräusche unserer Wohnlandschaft zurückgehen. Statt störenden Mopedgeknatters, Autohupen, Baumaschinenlärms oder Fluggeräuschen nimmt man jetzt mehr die leisen Tö-

Schattendasein

Über die heimlichen und lichtscheuen Gartenbewohner läßt sich auch auf folgendem Wege etwas herausfinden:

● Man legt einen alten Dachziegel, ein Brett oder einen umgestülpten Blumentopf auf den Rasen, auf die Terrasse, das Gemüsebeet oder unter die Beerensträucher und schaut nach ein paar Tagen nach, wer sich hier alles eingefunden hat. Mauerasseln werden bestimmt dabei sein. Sie stellen die einzigen Vertreter aus dem großen Verwandtschaftskreis der Krebstiere dar, die an Land leben, aber noch mit Kiemenblättchen atmen.

● Zwei oder drei Asseln setzen wir in eine Schale mit Erde, Fallaub und Kartoffel- oder Apfelstückchen. Mit einem schwarzen Karton decken wir die Schale zur Hälfte ab. Wo halten sich die Asseln nach etwa 5-10 Minuten am liebsten auf? Biete ihnen ein Schachbrettmuster aus hellen und dunklen Teilflächen an. Was bevorzugen die Tiere? Asseln anschließend wieder freilassen.

ne wahr hier ein Knistern, dort ein Rascheln, ein feines Kratzen oder Knacken.

Denn man sieht nur die im Lichte

Nicht immer kann man die Geräuschquellen genau orten und schon gar nicht feststellen, von wem sie letztlich stammen. Die Taschenlampe, mit der wir in das eine oder andere Pflanzenbeet leuchten, bringt jedoch Aufschluß. Bestimmt sind ein paar Regenwürmer zu sehen, wie sie Blätter in ihre Wohnröhren zerren. Im ungewohnten Licht der Lampe werden sie sich rasch in die Tiefe zurückziehen. Sicher erfaßt der Lampenstrahl am Gartenboden auch einmal einen großen Laufkäfer oder im Blattwerk die eine oder andere Schmetterlingsraupe. Blattkäfer knabbern am Grünzeug, und Florfliegen machen sich über die Blattläuse her. Manchmal flammen in warmen Hochsommernächten zwischen den Sträuchern geheimnisvolle grünliche Lichtpünktchen auf – es sind Glühwürmchen. Die Männchen fliegen umher, während die stummelflügeligen, wie Larven aussehenden Weibchen am Boden die Leuchtsignale beantworten.

Wenn wir ein weißes Laken aufspannen und beleuchten, finden sich scharenweise Nachtfalter ein, die buchstäblich wie die Motten zum Licht fliegen. Man muß sie gar nicht genau bestimmen – es genügt, ihre Zahl und Verschiedenartigkeit festzustellen.

Wer anderen eine Grube gräbt

Nur einen kleinen Teil der tatsächlich im Garten lebenden und umherhuschenden Kleintierwelt wird man beim nächtlichen Besuch mit der Taschenlampe feststellen können. Um das Bild ein wenig zu vervollständigen, kann man am Vorabend an verschiedenen Stellen im Garten leere Konservendosen so eingraben, daß der obere Rand mit der Bodenoberfläche abschließt. Ein paar auf dem Boden umherlaufende Tiere werden bestimmt in diese Fallen gehen. Unbedingt wichtig bei dieser Sammelmethode ist es, die Bodenfallen

- noch am gleichen Abend regelmäßig zu kontrollieren und alle Tiere sofort wieder freizulassen,
- nicht bei Regenwetter aufzustellen, weil sonst viele Tiere ertrinken würden,
- auf keinen Fall draußen einfach zu vergessen.

Bohnenblätter: tagsüber (oben) Haltung bewahren, nachts (unten) ein wenig hängenlassen.

Nur die Leuchtkäfermännchen (links oben) sind flugfähig. Die Weibchen (Glühwürmchen, links unten), bleiben am Boden sitzen.

Der Goldlaufkäfer jagt seine Beute auf dem Gartenboden (oben).

Auf feuchten Sohlen

Schnecken sind bei Hobbygärtnern nicht gerade gern gesehen. In der Ökoinsel Naturgarten haben sie dennoch ihren festen Platz.

Landschnecken ernähren sich überwiegend von pflanzlicher Kost. Mit ihrer rauhen Zunge raspeln sie Blätter und Stengel kurz und klein. In einer Nacht können sie junge Salatpflanzen zugrunde richten oder die frisch aufgehende Sommerblumensaat köpfen. Besonders die großen Nacktschnecken wie die Rote Wegschnecke gelten als sehr gefräßig.
Da finden die gehäusetragenden Arten schon mehr Sympathie. Die eher vereinzelt vorkommende Weinbergschnecke verursacht kaum Schaden, weil sie weniger wählerisch ist. Auch Schnirkelschnecken richten unter den Kulturpflanzen kein Unheil an, weil sie selten in Scharen auftreten. Der Feinddruck in einem artenreichen Garten hält ihre Bestände ohnehin unter Kontrolle. Immerhin stehen sie bei Ameisen, Laufkäfern, Spitzmäusen, Singdrosseln und Igeln ziemlich weit oben auf dem Speiseplan.

Sich drehen und wenden

Der Vergleich mag zwar hinken, aber Schneckenhäuser kann man als Schrauben oder Wendeltreppen auffassen, über die man von unten nach oben mit einer spiralförmigen Drehbewegung fortschreitet.
Wie ist das nun mit dem Windungssinn eines Schneckenhauses? Dieses Problem kann durchaus Kopfzerbrechen bereiten. Wenn man das Haus einer Schnirkelschnecke mit der Spitze nach oben hält, verläuft das Gewinde leicht ansteigend nach rechts oben – wie bei einer normalen Holzschraube. Dreht man die Mündung nach vorne, so daß man in sie hineinsehen kann, befindet sie sich rechts von der Gehäuseachse. Technisch gesehen wäre das Schnirkelschneckenhaus also wie die Holzschraube rechtsgewunden.
Aber: Eigentlich müßte man die Windungsrichtung (ebenso wie bei windenden Kletterpflanzen) nach der Wachstumsrichtung entscheiden. Am Schneckenhaus ist der äl-

Blumentopf mit seitlichem Loch: Unterschlupf für Schnirkelschnecken.

Auf den Punkt gebracht

- Schnirkelschnecken verbringen den Tag sehr gerne unter schattigen leeren Blumentöpfen, die man an verschiedenen Stellen im Garten aufstellt oder auslegt. Kommen die Tiere immer wieder zum gleichen Unterschlupf? Markiere Blumentöpfe und darunter gefundene Schneckenhäuser jeweils einheitlich mit Farbpunkten (z. B. mit Nagellack) und schaue in den nächsten Tagen nach.
- Wie schaffen es die Schnecken, mit nur einem Fuß so schön ebenmäßig ihre Bahn zu ziehen und auf Pflanzen zu klettern? Setze eine Gartenschnecke auf eine Glasscheibe und beobachte von unten die Muskelbewegungen der Fußsohle.
- An heißen Sommertagen liegen Schnirkelschnecken nicht schlaff am Boden,

Die aus der Trockenruhe erwachende Weinbergschnecke bricht den kalkigen Gehäuseverschluß auf (links).

Geschraubtes Haus – Vorbild der Technik.

teste Teil die Spitze, der jüngste der Mündungsrand. Folglich müßte man das Haus drehen – Spitze nach unten, Mündung nach oben. Das Gewinde steigt in dieser Stellung immer noch nach rechts oben an, jedoch müßte man im Haus gegen den Uhrzeigersinn (links herum) aufsteigen, um zur Mündung zu gelangen. Biologisch gesehen ist das Schneckenhaus also linksgewunden.

Jede ein anderes Kostüm

Bestimmt finden sich im Garten immer mal leere Schnirkelschneckenhäuser – rosabraune, gelblich-weiße, zitronengelbe, solche mit schmalen braunschwarzen Bändern oder ganz dunkelbraune mit hellen Linien. Angesichts solcher Variabilität meint man, hier kämen Dutzende verschiedener Arten vor. In Wirklichkeit sind es meist nur zwei: Bei der Garten-Schnirkelschnecke (Garten-Bänderschnecke) ist die Lippe (der Saum der Hausmündung) meist reinweiß, bei der Hain-Schnirkelschnecke dagegen durchweg dunkelbraun. Trotz ihres Namens ist die Garten-Schnirkelschnecke in Wäldern und Gebüschen etwas häufiger. Warum die beiden Arten europaweit so variantenreiche Häuser zur Schau tragen, ist völlig unklar. Eine kleine Häusersammlung, vielleicht auch aus der näheren Umgebung, zeigt, aus welchen Arten und Typen die Population vor Ort zusammengesetzt ist.

sondern sitzen weit oben im Geäst der Sträucher und haben ihren Gehäuseeingang mit einem häutigen Vorhang verschlossen. Sammle eine oder zwei solcher Schnecken, setze sie (im Schatten!) in einem Marmeladenglas auf ein feuchtes Papiertaschentuch und beobachte sie. Wie verhalten sich die Tiere?

- Laß zwei oder drei Tiere (am Abend oder bei trübem Wetter sind sie am aktivsten) auf dem Plattenweg oder einem Brett zu frischen Salatblättern oder Tagetes-Pflanzen kriechen und nimm die Zeit für eine 10 cm-Strecke.
- Wo bleiben die Gehäuseschnecken im Winter? Achte im (Spät-)Herbst beim Umgraben der Gartenbeete oder beim Setzen von Blumenzwiebeln auf Gehäuse. Sind sie jetzt auch verschlossen?

Hingeblättert – aufgelesen

Manche nehmen Pflanzen nur als Blumen wahr. Dabei sind auch die grünen Blätter äußerst ansehnlich. Allein die vielen Stilrichtungen der Blattarchitektur sind einen genaueren Blick wert.

Blätter sind besonders wichtige Produktionsorgane – gleichsam eine chemische Fabrik, in der die Pflanze alle wichtigen Baustoffe für ihr Wachsen und Werden selbst herstellt. Blätter sind gleichzeitig auch bewundernswerte Kraftwerke. Sie wandeln nämlich das Sonnenlicht in andere nutzbare Energie um, die wiederum die Stoffproduktion in den grünen Blattgeweben antreibt. Man nennt diesen Vorgang Photosynthese. Blätter, gleich welcher Gestalt, sind also bestimmt kein simples Grünzeug.

Bald vergeht auch diese Farbigkeit – Fallaub ist natürlicher Kompost.

Blätter als Visitenkarten

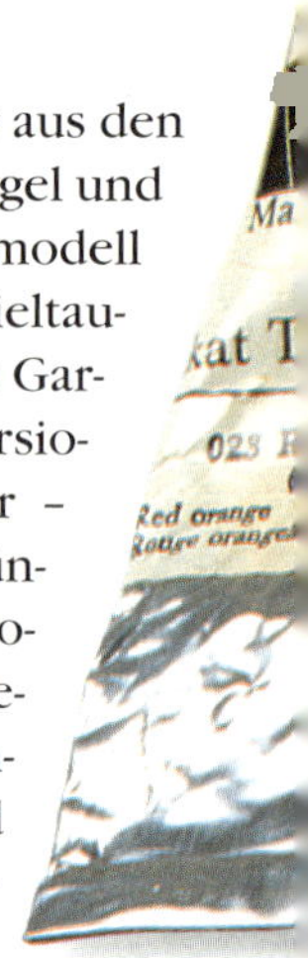

Eine Landpflanze besteht immer aus den drei Grundorganen Wurzel, Stengel und Blatt. Dieses einfache Standardmodell hat die schöpferische Natur vieltausendfach abgewandelt. In jedem Garten wachsen etliche dieser Versionen unmittelbar nebeneinander – einjährige Kräuter mit fadendünnen Achsen, stengelschwache Bodenkriecher, Kletter- und Windepflanzen als grüne Emporkömmlinge, mehrjährige Stauden und natürlich die vieljährigen Sträucher und Bäume, deren Stengel stangenschlank, knüppeldick oder balkenstämmig sein können. Solche Vielfalt bleibt allerdings hinter der gestalterischen Fülle der Blätter weit zurück. Form und Größe der Blätter sind so verschieden, daß man danach die einzelnen Pflanzenarten bestimmen kann. Vier Merkmalsbereiche sind dabei besonders zu beachten – Stellung, Form, Flächenteilung und Randgestaltung. Hinzu kommen noch weitere Besonderheiten wie Blattaderung,

Erlesene Blatt-Schüsse

- Blätter sind auch besonders schön in der mikroskopischen Dimension. Die Zellanordnung der Ober- und Unterseiten zeigt häufig außergewöhnlich interessante Muster: Frische Blattseiten mit Klebstoff (z. B. UHU-hart) oder Collodium (aus der Drogerie) bestreichen, trockenen Film vorsichtig abziehen, im Mikroskop betrachten und fotografieren.
- Beim Blattabbau in der Laubstreu bleiben oft nur die dekorativen Skelette der Blattnervatur übrig. Schöne Blattskelette erhält man auch durch Aufkochen frischer Blätter und tagelanges Stehenlassen auf dem Sud.
- Für Fotofachleute: Blattskelette sind sehr geeignete Motive für sogenannte Fotogramme: Vorlage in der Dunkelkammer bei Rotlicht auf Fotopapier (am besten PE-beschichtetes Speedpapier) legen, etwa 10 Sekunden lang belichten und regulär entwickeln.

Blätter als Druckstöcke: Die Blattdruckerei kommt mit wenigen Utensilien aus.

Behaarung, auffälliger Glanz, auffallende Färbung oder ungewöhnliche Blattfestigkeit.

Platt wie ein Blatt

Blätter aller Entwicklungsstadien kann man sehr einfach konservieren. Man braucht dazu keine besondere Blumen- oder Pflanzenpresse. Eine alte Zeitung, ein Holzbrett (ca. 20 × 30 cm) und ein Ziegelstein genügen.

● Eingesammelte Blätter breitet man glatt zwischen Zeitungspapier (auf DIN A4 zugeschnitten) aus, legt zum Ausgleich von Unebenheiten (wie z. B. Blattstiele) ein paar Papierlagen dazwischen, deckt mit dem Holzbrett zu und läßt den Ziegelstein genügend Druck ausüben.

● Spätestens alle 2–3 Tage muß man das Papier gegen trockene Bögen wechseln, damit sich keine Schimmelpilze entwickeln. Auf diese Weise kann man gegen Saisonende alle Übergänge vom saftig grünen Sommerblatt über prächtig umgefärbte Herbstartikel bis zum fahl gewordenen Fallaub dokumentieren oder auch von bestimmten laubwerfenden Gehölzen die feurigsten Farben bewahren.

Kunstwerk aus Laubwerk

● Mit frischen oder getrockneten Laubblättern lassen sich die tollsten Bildwerke gestalten – z. B. gelegte Blattsträuße, üppigste Phantasiepflanzen, aber auch Fabelwesen oder abstrakte Gefüge.

● Mit Blättern kann man hervorragend drucken. Die Unterseiten mit ihren meist etwas erhaben vortretenden Blattnerven sind dabei der Druckstock. Man reibt oder walzt sie mit halbflüssiger Plakatfarbe oder einem vergleichbaren, pastosen Material ein und druckt Kollagen auf weiße Kartonbögen, z. B. als Motive für Grußkarten.

● Blätter lassen sich auch als umrißgebende Schablonen für Farbkompositionen aus der Sprühdose oder in Airbrush-Technik verwenden. Sehr reizvoll sind regelmäßige geometrische Blattfolgen (z. B. in Schrägzeilen oder Spiralbögen) auf einem abweichend gestalteten Hintergrund.

Im Gegenlicht zeichnen sich die Blattnerven besonders deutlich ab.

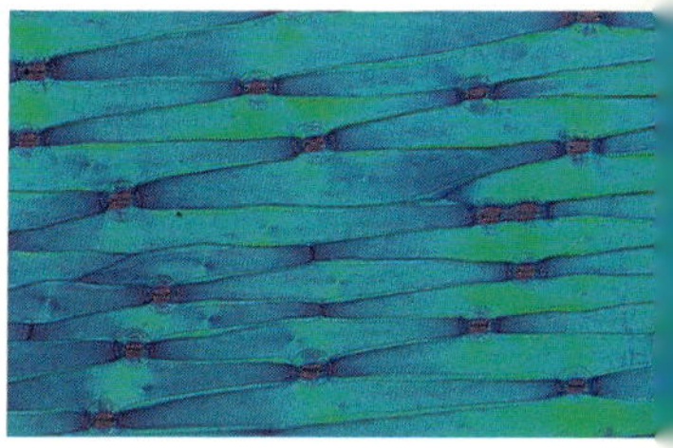

Das Mikroskop offenbart das Anordnungsmuster der einzelnen Zellen auf den Blatthäutchen (hier von der Tulpe).

Paradies der kleinen Tiere

Der flinke Siebenschläfer ist gleichsam die „Nachtausgabe" des Eichhörnchens (ganz oben).

Nützliche Wildbienen nehmen Nisthilfen gerne an – die verschlossenen Brutröhren beweisen es (oben).

Viele Fledermausarten (wie das Große Mausohr, rechts) richten ihre Kinderstuben in wenig genutzten Gebäuden ein.

In vielen Gärten spinnt üppiges Grün lauschige Winkel und Verstecke. In anderen spinnen die Gärtner. Sie beschränken den Lebensraum auf Intensivscherrasen und gestutzte Thujahecken.

Manche Gärten verdienen den Namen nicht. Ohne Blumen zum Nektarnaschen, ohne Vogelsitze für Gesangsdarbietungen, ohne Staudengebüsche und Wildkrautecke sind sie schlicht Grünanlagen.
Aber auch ein total eintöniger Garten ist für die Natur leicht zurückzugewinnen.

Natur als Nachbar

Früher ähnelten die in Dorf und Stadt verwendeten Baustoffe und Bauweisen noch sehr viel mehr natürlichen Vorbildern. Häuser bestanden aus Totholzstrukturen, wiesen Lehmwände, fugenreiches Mauerwerk und allerhand Nischen oder Winkel auf. Auch der Garten war reich strukturiertes Kulturland. Die technisch betonte moderne Wohnhausarchitektur mit der umgebenden Rasen-Rosen-Koniferen-Anlage ließ dagegen eine völlig andere Welt entstehen, die die Natur weithin zurückdrängt. So werden aufgeräumte, sehr übersichtliche, aber extrem artenarme und letztlich völlig langweilige Siedlungsgebiete geschaffen.

Der Natur auf die Sprünge helfen

Ein paar beerentragende Sträucher, der eine oder andere Laubbaum, eine größere Staudenrabatte mit Frühjahrsblühern und Sommerblumen oder eine unaufgeräumte Ecke mit Gartenabfällen ist das mindeste, was zur Umrüstung der Zierpflanzenkaserne in Richtung Ökoinsel nötig ist. Die Lebens- und Erlebnisqualität des Gartens nimmt dabei keinen Schaden, ganz im Gegenteil. Wer versinkt mit seinem Liegestuhl nicht gern im Blütenmeer mit betörenden Düften?

Quartiere für ganz kleine Tiere

- Auch Insekten haben im Gartenland Wohnungsprobleme. Holzbewohnenden Hautflüglern wie Wildbienen oder Faltenwespen können wir an sonnigen, windgeschützten Stellen einfache, aber attraktive Wohnquartiere anbieten: Buchen- oder Eichenhölzer mit Bohrlöchern zwischen 2 und 10 mm Durchmesser (Bohrungen leicht ansteigend, damit kein Wasser eindringt) ermuntern zur Ansiedlung.
- Auch Lochziegelsteine sind als Insektenquartier bestens geeignet.
- Ein halb vergrabener Blumentopf mit Überdachung gegen eindringenden Regen wäre eine freundliche Einladung an Hummeln.
- Blumentöpfe mit Holzwolle gefüllt und mit Drahtgeflecht gesichert sind Tagesverstecke für blattlausjagende Ohrwürmer. Man hängt sie in Sträuchern oder Bäumen auf.

Wasser im Garten ist ein hervorragendes Belebungselement. Wo kein Platz für einen mehrere Quadratmeter großen Teich ist, reicht auch schon die eingegrabene Wanne oder ein Bottich. Eine Flachwasserzone oder ein kleiner Rettungssteg für Tiere muß vorhanden sein.

Die Trockenmauer oder ein locker aufgeschichteter Steinhaufen, möglichst an einer sonnigen Stelle, wird rasch zur Heimstatt für Eidechsen und andere Kleintiere.

Wo Gehölze wachsen, fällt auch Reisig vom Rückschnitt an. Nicht alles muß durch den Häcksler oder Schornstein. Ein Holzstapel oder Reisighaufen ist ein hervorragendes Sommer- und Winterquartier für Igel oder andere Gartentiere.

Fledermäuse sind besonders bedrängte Tiere der Kulturlandschaft. Im naturnahen Garten kann man ihnen zumindest ein geeignetes Sommerquartier anbieten, soweit keine alten Obstbäume mit geräumigen Stammhöhlen vorhanden oder Dachräume von Wohn- und Wirtschaftsgebäuden zugänglich sind. Einen Fledermaus-Sommerkasten hängt man am besten in mindestens 4 m Höhe an einem Baumstamm oder an der Gebäudewand in ruhiger Lage auf. Für die Winterruhe benötigen die meisten Fledermausarten tiefe Stollen oder Höhlen.

Besuch an der Gartenpfütze: Igel lieben abwechslungsreiche Gärten.

Wohnung und Futter für den Igel

Tiere mit zwei, vier, sechs oder acht Beinen kann man im Haus- oder Schrebergarten mit Leichtigkeit ansiedeln, wenn man ihnen zusagende Wohnquartiere anbietet. Nisthilfen für die Vögel haben wir schon kennengelernt. Unterschlupf für den Igel wäre eine weitere Maßnahme.

- Zwischen den Beerensträuchern, in der Nähe des Komposthaufens oder einer anderen ruhigeren Stelle läßt sich mit geringem Materialaufwand ein einladender Igelunterschlupf aus Feld- oder Ziegelsteinen zusammenbauen (Abbildung rechts).
- In vielen Gärten bestehen für Igel Nahrungsengpässe. Man kann die Tiere mit rohem Hackfleisch, Katzen- oder Hundefutter aus der Dose, Obstresten, ungeschwefelten Rosinen oder Nüssen anfüttern. Igeln auf keinen Fall Milch geben! Sie bekommen davon sehr schmerzhafte Blähungen.

Komfortable Igelwohnung – Unterschlupf aus Lesesteinen.

1
2
3
4
5

Paradies der kleinen Tiere

Ebenso wie das übrige bewirtschaftete Kulturland sind auch Gärten vom Menschen geschaffene und gelenkte Ersatz-Natur. Die vielen Schlupfwinkel und Nischen eines naturnahen, nicht allzu intensiv gepflegten Gartens sind bei vielen sehr begehrt – zum Leben und Erleben.

Im Naturgarten finden wir: ***1*** *Haselmaus und* ***2*** *Siebenschläfer (auf Haselstrauch),* ***3*** *Igel,* ***4*** *Maulwurfsgrille,* ***5*** *Weiße Tigermotte (auf Brennessel),* ***6*** *Erdkröte mit Regenwurm,* ***7*** *Mauswiesel,* ***8*** *Gartenspitzmaus,* ***9*** *Admiral in Ruhestellung (auf Gemeinem Schneeball),* ***10*** *Mittlerer Weinschwärmer.*

Kleine Baumschule

Bäume sind die größten und langlebigsten Pflanzen. Aber auch sie haben einmal sehr klein angefangen! Die ersten Schritte ins Baumleben lassen sich auch im Blumentopf sehr gut verfolgen.

Keimlinge von Berg-Ahorn, Eiche und Roßkastanie (von oben nach unten).

Bäume geben sich durchaus nicht mit dem Standort zufrieden, den sie gerade besetzen. Mit reicher Frucht- und Samenproduktion versuchen sie, andere entfernter liegende Lebensräume für sich zu gewinnen. Für die raumgreifende Verbreitung setzen sie allerhand trickreiche Verfahren ein.

Bäume schweifen in die Ferne

Grundsätzlich stehen den Gehölzen nur zwei Möglichkeiten offen, um Früchte oder Samen auf den Weg zu bringen. Entweder nutzen sie den Wind, oder sie werfen ihre Fruchtproduktion einschließlich Samen den Tieren buchstäblich zum Fraße vor.

Für die Windverbreitung sollten Samen und Früchte möglichst klein und leicht sein. Bevor sie ihre Luftreise antreten, geben sie daher ihren Wasserballast ab und werden knistertrocken. Dadurch verringert sich das Startgewicht. Auch bei großen Gehölzen können sie sehr winzig sein – Weiden- und Pappelsamen treiben schon im Frühsommer in dichten Wolken wie Fliegende Teppiche umher.

Unter den Samen und Früchten gibt es aber auch massive Schwergewichtler wie Haselnüsse, Eicheln und Roßkastanien. Windverbreitung scheidet hier natürlich aus, aber dennoch haben auch die dicken Plumpsfrüchte hervorragend funktionierende Vertriebswege. Wegen des hohen Nährstoffgehaltes sind sie bei Tieren sehr beliebt, werden eingesammelt, direkt verspeist oder gar als Vorrat gelagert. Eichhörnchen und Eichelhäher legen im Herbst viele Depots an, die sie natürlich nicht alle wiederfinden. An solchen Stellen keimt im nächsten Frühjahr der Jungwuchs der Gehölze – ein Erfolg durch Vergessen.

Nur einer kommt durch

Jeder Samen enthält eine winzige Keimpflanze und eine gehörige Portion Nährstoffe, die die ersten Wachstumsvorgänge anschieben. Obwohl der Nachwuchs bestens ausgerüstet ist, sind die ersten Monate im Leben eines Gehölzes besonders riskant. Viele Früchte und Samen gelangen gar nicht erst an die Stellen, wo sie optimal keimen könnten, oder sie werden schon vorher von Tieren verzehrt. Auch als Keimlinge haben sie es noch schwer – sie werden abgeweidet, zertreten oder können sich nicht gegen die rascher wachsende Konkurrenz durchsetzen. Nur einzelne der Hunderte oder Tausende von Samen schaffen schließlich den Aufstieg zu Keimling, Sämling und Jungpflanze.

Ablauf der Buchenkeimung

Bäume im Blumentopf

- Samen von Schnellkeimern wie Sal-Weide oder Silber- und Zitter-Pappel im Frühsommer in einem Blumentopf auf Gartenerde auslegen, gut feucht halten und abwarten.
- Im Herbst Bucheckern, Eicheln, Haselnüsse, Roßkastanien oder Früchte anderer Baumarten sammeln, nicht austrocknen lassen und in mit guter Garten-

Im Frühsommer gereifte Samen keimen, sobald sie festen Boden unter sich haben (Weiden und Pappeln), im Herbst reifende überdauern den Winter und legen erst im folgenden Frühjahr so richtig los.

erde gefüllte Blumentöpfe stecken, diese mit Steckschildchen kennzeichnen und bis zur Oberkante im Beet eingraben. Im Frühjahr Keimungsablauf beobachten.

- Zapfen von Nadelbäumen (Lärche, Fichte, Kiefer) im Zimmer auf Zeitung trocknen, herausfallende Samen ebenso behandeln wie Laubbaum-Früchte. Sehen Nadelbaum-Keimlinge grundsätzlich anders aus?

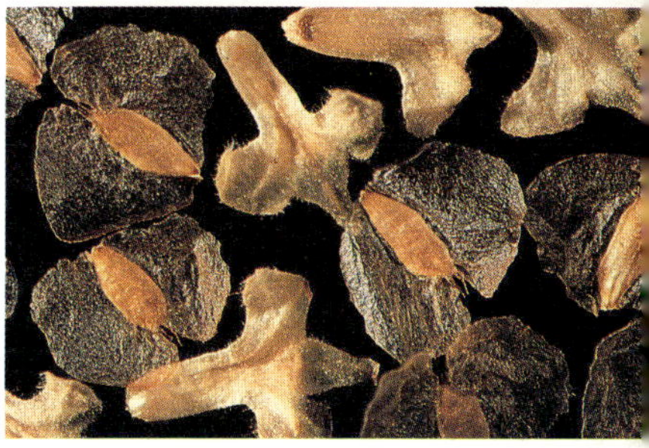

Für die Samenverbreitung sorgen Wind (Weide, oben; Weiß-Birke, Mitte) und Tiere (z. B. Eichelhäher, unten).

Kleinstgeflügel zu Besuch

Blumen sind für Insekten wie Ausflugslokale oder Imbißbuden. Sackweise finden sie hier Knabberpollen, und Nektar versüßt ihnen das Leben. Das Angebot allein reicht nicht. Auch Werbung muß sein.

Bei den Blütenpflanzen geht es zeitweise richtig tierisch zu. Bunte Blumen beschäftigen nämlich behaarte Kleintiere als Spediteure ihrer Blütenpollen. Über größere Entfernung und vor allem zielgerichtet übernehmen fliegende Tiere den wichtigen Dienst der Bestäubung, ohne die Fruchtansatz und Samenbildung nicht in Gang kommen.

Randeffekt im Mittelpunkt

Wie bringt man Biene oder Hummel dazu, Pollen von Blüte A nach B zu schleppen? Warum sind in dieser Kurierbranche auch noch Schmetterlinge, Wollschweber oder Fliegen tätig? Mit Sicherheit übernehmen diese Tiere ihre Frachtaufträge nicht uneigennützig. Die tierische Luftflotte entwickelt für Blüten ein sehr vordergründiges Interesse. Natürlich kommen Hautflügler, Käfer, Schwebfliegen und anderes Kleinstgeflügel nur deswegen zum Ausflugslokal Blüte, weil es dort etwas zu holen gibt. So wird ihnen der mühsame Anflug z. B. ganz schön versüßt. Nektardrüsen, an verschiedenen Stellen versteckt, produzieren hochkonzentrierte Zuckerlösung. Richtige Saftläden tun sich da auf. Für die Insekten wird der Blütenbesuch somit zu einer richtigen Kneipentour. Die gewollte Trinkfestigkeit hat allerdings Grenzen. Der Verdauungstrakt der Insekten ist nämlich geschickterweise gerade so bemessen, daß sie auch nach ausgiebigem Gelage ihr zulässiges Abfluggewicht nicht überschreiten.

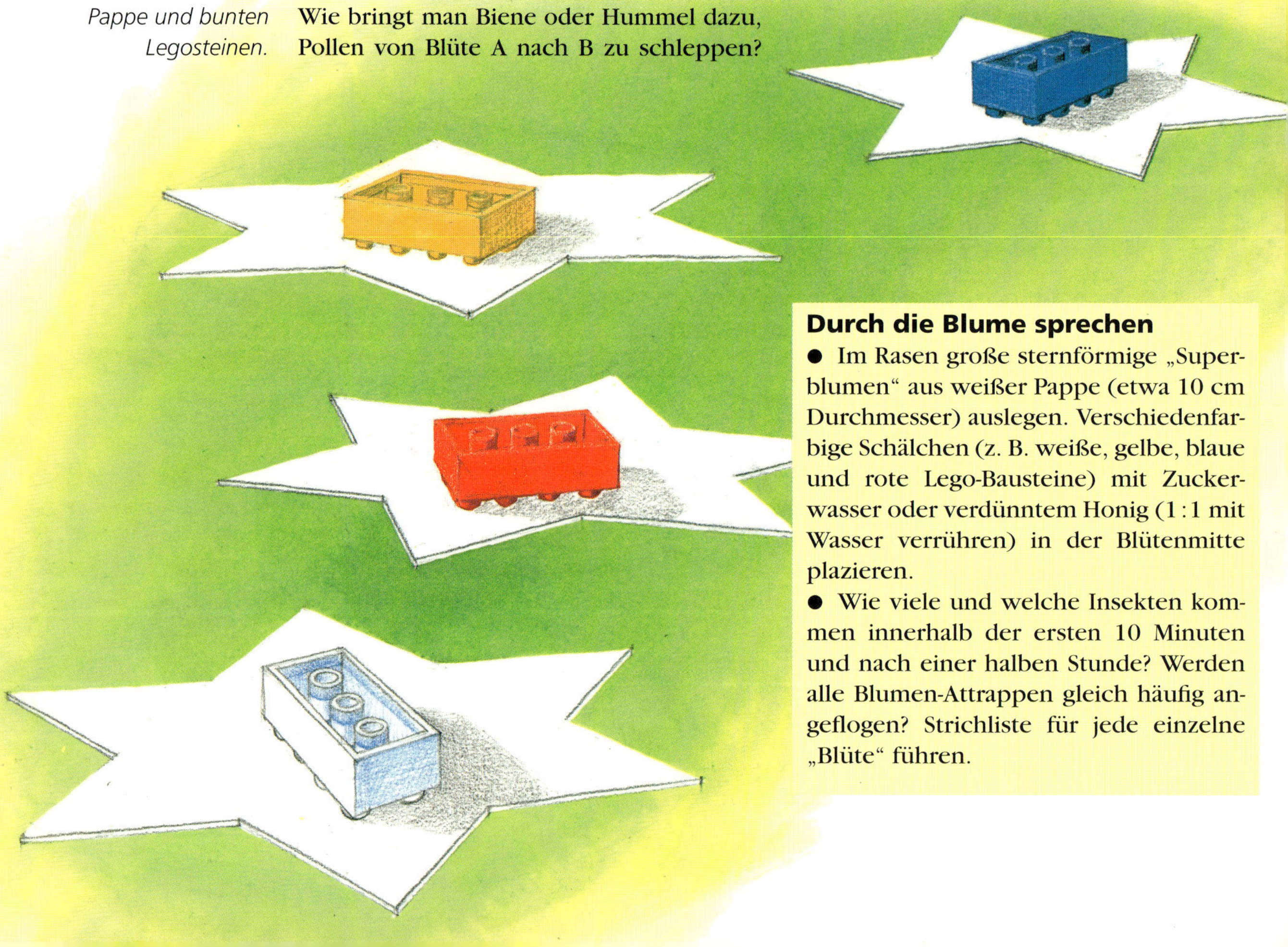

„Superblumen" selber machen – aus weißer Pappe und bunten Legosteinen.

Durch die Blume sprechen

- Im Rasen große sternförmige „Superblumen" aus weißer Pappe (etwa 10 cm Durchmesser) auslegen. Verschiedenfarbige Schälchen (z. B. weiße, gelbe, blaue und rote Lego-Bausteine) mit Zuckerwasser oder verdünntem Honig (1 : 1 mit Wasser verrühren) in der Blütenmitte plazieren.
- Wie viele und welche Insekten kommen innerhalb der ersten 10 Minuten und nach einer halben Stunde? Werden alle Blumen-Attrappen gleich häufig angeflogen? Strichliste für jede einzelne „Blüte" führen.

Fast food-Imbißstuben

Wer nicht nur Hochkonzentriertes zu sich nehmen möchte, findet in der Blüte durchaus auch eine Menge Knabberzeug. Manche Blüten setzen ihren Besuchern ausgerechnet Pollen als Fast food vor, der eigentlich zum Versand zu anderen Blüten gedacht war. Die voraussichtlich durch Besuchermahlzeiten entstehenden Verluste müssen natürlich durch Überproduktion wieder ausgeglichen werden. Das erklärt, warum manche Blüten, wie die Mohn-, Hahnenfuß- oder Anemonen-Arten, überaus dichte Staubblattgebüsche besitzen. Hier können sich die anfliegenden Insekten so richtig in Pollenmassen wälzen, und wenn sie sich wieder aus dem Staube machen, sind sie über und über eingepudert. Nur Blütengäste mit kauenden Mundwerkzeugen wie Bienen, Hummeln oder Käfer können dieses besondere Angebot nutzen. Schmetterlinge nehmen mit ihren hochgradig spezialisierten Saugrüsseln ausschließlich flüssige Nektarnahrung zu sich.

Blütenstiel und Blütenstil

Wenn man sich im Garten umsieht, wird man (hoffentlich) viele verschiedene Blumengestalten erkennen. Manche halten sich militärisch steif aufrecht, andere baumeln locker an dünnen Stielchen oder stehen seitwärts ab. Einige Blüten sind sternförmig oder sehen von der Seite aus wie eine gestielte Schüssel, andere dagegen sind in Unter- und Oberlippe gegliedert oder hängen glockig über.

Solche Vielfalt hat durchaus ihren praktischen Wert – man kann die verschiedenen Arten oder Sorten schon allein anhand ihrer grundverschiedenen Blütenmerkmale

Schwebfliegen sind besonders eifrige Blütenbesucher. Als „Tankstellen" dienen hier Pastinak (links) und Wegwarte (oben). Taubenschwänzchen saugen Nektar wie die Kolibris im Schwirrflug (unten).

Ein schmucker Pinselkäfer hat sich auf einem Doldenblütler niedergelassen.

klar unterscheiden und eindeutig benennen. Einen Krokus kann man einfach nicht mit einem Schneeglöckchen verwechseln. Die Formenfülle der Blüten und Blumen ist ein Ausdruck unterschiedlicher Bau- und Stilrichtungen. Es ist fast wie beim Menschen: Die einen mögen ein gemütliches Landgasthaus, andere lieber eine enge Stehkneipe, wieder andere ein Gartenlokal mit Sonnenterasse, ein schickes Café oder gar eine verufene Spelunke. Vergleichbar verhält es sich bei den Blumen und ihren Besuchern: Die verschiedenen Blütengestalten und Blumen-Makeups richten sich unter den Insekten an ganz unterschiedliche Kundenkreise. Damit schafft die Natur klare Verhältnisse: Nicht alle fliegen zu jeder offenen Blüte. Vielmehr gibt es klare Vorlieben für bestimmte Formen und Gestalten. Schmetterlinge bevorzugen z. B. eindeutig Blüten(stände) mit recht engen und langen Kronröhren, in die sie sich mit ihren Saugrüsseln so richtig schön vertiefen können. Bienen und Hummeln schwärmen dagegen eher für glockig-bauchige Blütenkronen, in die man sogar hineinkriechen kann. Käfer und Fliegen sind wiederum für flache, fast scheibenförmige Anlagen zuständig – etwa für die breiten, zusammengesetzten Blütenstände der Doldenblütengewächse, die mit ihren deutlich vergrößerten Randblüten so tun als seien sie unschlagbare Riesenblumen.

Wichtig ist allerdings, daß eine Blume nicht nur aus bunten Blütenblättern besteht. Leider findet man in vielen Gärten überwiegend Sorten mit gefüllten Blütenköpfen, aber ohne Nektar- und Pollenangebot. Diese sind wie eine Mogelpackung – üppigste

Der Rote Sonnenhut im Spätsommergarten ist auch für den Distelfalter sehr attraktiv.

Aufmachung und nichts dahinter. Ökologisch sind sie völlig wertlos. Nur ungefüllte, einfache Blüten sind für die Tiere zugänglich und haben ihnen im allgemeinen auch tatsächlich etwas zu bieten.

Mit anderen Augen betrachtet

Selbst so kleine Tiere wie Insekten sind lernfähig und können sich über ergiebige Blumenvorkommen, die sie beim Suchflug entdeckt haben, auch gegenseitig Mitteilung machen. Der berühmte Naturforscher Karl von Frisch hat schon vor mehr als einem halben Jahrhundert durch geduldige Beobachtung und geschickte Experimente herausgefunden, was die Bienen sehen und wie sie sich darüber verständigen.

Bienen sind in jedem Blumengarten die häufigsten Besucher. Insofern können wir sie leicht auf ein paar selbstgebastelte „Superblumen" aus Karton aufmerksam machen, auf denen mit Wasser verdünnter Honig oder Zuckersaft als Nektarersatz angeboten wird. Mit solchen Mitteln läßt sich leicht nachprüfen, ob Bienen auf verschiedene Farben reagieren, ob nach gewisser Zeit deutlich mehr Kolleginnen eintreffen und ob sie sich merken, welche Kombination am ergiebigsten war.

Schönheitskonkurrenz: Witwenblume mit blütenbesuchenden Schmalböcken (oben).

Den sprichwörtlich fleißigen Bienen bieten die Blütenköpfe der Sonnenbraut Nektar und Pollen (unten).

Falter- und bienenfreundliche Gärten

Da wundern sich die Leute, warum keine Schmetterlinge in den Garten kommen. Aber finden sie denn dort überhaupt etwas vor? Vom Frühjahr bis in den Herbst hinein kann es überall im Garten blühen. Schneeglöckchen, Märzenbecher und vor allem Krokusse machen den Anfang. Dost, Katzenminze, Melisse, Thymian, Staudenphlox, Sommerflieder, Steinkraut, Glockenblumen, Sonnenbraut, Sonnenhut, Ziertabak, Fingerhut, Wandelröschen oder Lavendel und viele andere (ungefüllte!) Blumen sind für Insekten bis in den Frühherbst attraktiv.

Wintertracht und Frühjahrskleid

Winterknospe der Hainbuche (oben). Das Schnittbild beweist es: In der Fliederknospe ist schon alles fix und fertig (Mitte). Hellgrünen Nadelnachwuchs schiebt die Fichte aus ihrer Ruheknospe (unten).

Gerade an die Luft gesetzt: Blattaustrieb bei der Weißbirke (rechts).

Sehen unbelaubte Gehölze wirklich langweilig aus? Winterknospen sind interessant wie ein bunter Blumenstrauß – genau das Richtige zum Sammeln, Zeichnen oder Fotografieren.

Solange noch Sommer- oder Herbstblätter am Geäst sitzen, beachtet man sie kaum. Am winterkahlen Zweig dagegen fallen sie schon eher auf, und tatsächlich waren sie bereits während der letzten Sommerwochen da: Winterknospen sind eine besondere Vorkehrung der laubwerfenden Gehölze zum Überstehen der kalten Jahreszeit und für den rechtzeitigen Neustart im nächsten Frühjahr. Blatt- und Blütenknospen an den Zweigenden sind nun nicht einfach unansehnlich braun oder unauffällig kugelig, sondern überraschen mit vielen seltsamen Eigenschaften.

Die Hüllen fallen

- Im Garten, im Park oder im Wald die Winterknospen der Sträucher und Bäume anschauen, unterschiedliche Formen sammeln und zeichnen.
- Zu Hause die Knospen aufpräparieren, z. B. einen in der Knospenmitte verlaufenden Längsschnitt anbringen und die Schnittfläche mit der Lupe betrachten. Sind die Blattanlagen auch schon im Dezember oder Januar grün?
- Von einer Roßkastanien- oder Fliederendknospe mit der Pinzette vorsichtig alle Knospenteile lagenweise abpräparieren und in derselben Reihenfolge auf Karton kleben.
- Verschiedene Zweige aus dem Garten nach den ersten längeren Frostperioden (etwa ab Mitte Dezember) ins warme Zimmer holen und den Austrieb beobachten. Wachsen die Knospenhüllen dabei ebenfalls?

Kein warmer Wintermantel

Im Herbst und Winter rutscht die Quecksilbersäule regelmäßig unter den Nullpunkt. Die meisten Gehölze können es sich jetzt nicht mehr leisten, saftig grüne und besonders empfindliche Blätter zu tragen, die ständig Wasser verdunsten. Die ökologisch einzig sinnvolle Antwort auf die frostigen Seiten des Winters ist eine bestechend perfekte Problemlösung: Die wasserverbrauchenden und daher frostgefährdeten Blätter werden einfach abgeworfen. Kleinwüchsige Pflanzen, die ihre Blätter behalten, drücken sich dagegen an den Boden oder verlassen sich zumindest auf den Schutz einer genügend hohen Schneedecke.

Knospen enthalten die Blatt- und/oder Blütenanlagen für die nächste Saison. Obwohl die Knospenschuppen lagenreich und vielschichtig angeordnet sind, leisten sie keinerlei Kälteschutz. Knospen sind kein wärmender Wintermantel, auch wenn sich dieser Vergleich so bereitwillig anbietet. Den nötigen Schutz der empfindlichen Innengewebe besorgen – ähnlich wie im

Laubbäume und ihre Winterknospen.

Kühlwasser des Autos – besondere, in den Zellen eingelagerte Frostschutzmittel. Hinzu kommt, daß die Gewebe in der Zeit der Winterruhe ohnehin einen sehr geringen Wassergehalt aufweisen.

Wenn die Knospenhülle nicht zum Kälteschutz da ist, muß ihre Aufgabe wohl anders bestimmt sein. Neben dem gewissen mechanischen Schutz ihres Innenlebens verhindern die hornigen äußeren Schuppen vor allem den unkontrollierten Wasseraustausch der ruhenden Organanlagen mit der Umgebung. Die derbe Hülle verhindert die Verdunstung des restlichen Gewebewassers und ebenso wirksam auch ein vorzeitiges, unkontrolliertes Aufquellen der Knospen bei tagelangen Auftauperioden.

Winterknospen sind erstaunlich variantenreich. Manche sind fuchsrot, knallgelb, lebhaft grün, graublau, tintig schwarz, purpurn, mehlig grau, glänzend, glatt oder kurzhaarig, klebrig wie eine Leimrute oder rauh wie eine Feile. Daneben überraschen sie auch mit vielerlei Gestalten und Strukturen. Es gibt Knospen mit nur zwei oder drei (äußerlich sichtbaren), kapuzenartig gewölbten Hüllschuppen, aber auch solche mit vielteiligen, klappigen, fischgrätartigen oder spiraligen Schuppenfolgen. Manche Laub- oder Blütenknospen schmiegen sich eng an den Zweig an, während andere weit abstehen. Oft läßt sich an der besonderen Knospengestalt erkennen, ob sie nur Blattanlagen oder unentfaltete Blüten oder beides birgt. Winterknospen sind so unterschiedlich gestaltet, daß man viele Gehölzarten allein anhand ihrer Knospenbilder bestimmen kann.

Bunt Gemischtes einfach trennen

Wenn man Rotkohl kocht, erblaßt das Gemüse. Erbsen und Möhren halten dagegen dicht – die Farben bleiben drin. Was ist hier anders?

Der bunte Sommergarten bietet sicher genügend Versuchsmaterial.

Außer mit saftigem Grün erfreuen die Pflanzen unsere Augen mit einer breiten Palette fein abgestufter Farbtöne. Blüten und Früchte sind zartgelb, kräftig orange, knallig karmin, sattrot oder dunkelpurpurn. Auch kommen viele Nuancen zwischen lichtem Blau, tintigem Azur und tiefem Violett vor.

An farbenfroher Vielfalt herrscht bei den Pflanzen also kein Mangel. Tatsächlich lassen sich die vielen Pflanzenfarbstoffe auf ganz wenige Stoffgruppen verteilen. Die grünen Blattfarbstoffe nennt man Chlorophylle, die gelben oder gelbroten Pigmente dagegen Carotenoide bzw. Flavonole, und die roten bis tiefblauen Farben gehören meist zu den Anthocyanen.

Jede hat ihren Platz

Blattgrün hält sich nur in besonderen Zellbestandteilen auf. Auch die kräftigen Gelbtöne von Stiefmütterchen oder Mohrrübe liegen nicht irgendwie in der Pflanze herum, sondern sind an besondere Strukturen gebunden. Man nennt die farbtragenden

Farbige Erlebnisse

Mit den Farbstoffen und Farbstoffextrakten verschiedener Pflanzen(teile) lassen sich viele aufschlußreiche Experimente anstellen:

- Die Zugabe von ein paar Tropfen Speiseessig oder leicht mit Seife versetztem Leitungswasser zum Saft von Blaubeeren, Brombeeren oder Johannisbeeren verändert die Farbwerte. Die Anthocyane reagieren nämlich wie Lackmuspapier als Säure- oder Laugenzeiger.
- Mit etwas verdünntem Zitronensaft oder Salmiakgeist kann man mit Hilfe einer Pipette völlig neue Muster auf die Kronblätter kräftig gefärbter Blüten (Anemonen, Tulpen, Nelken, Astern) malen.
- Die blauen Blüten von Kornblume, Boretsch, Vergißmeinnicht oder Gartenrittersporn bringt man zusammen mit einem essiggetränkten Wattebausch in ein verschließbares Glas. Die roten Blüten von Mohn, Rosen, Primeln oder Nelken sperrt man mit einem salmiakgeistgetränkten Wattebausch ein. Sind die Farbveränderungen umkehrbar?
- Wie reagieren die Blüten von Vergißmeinnicht oder Ochsenzunge, wenn man sie in Zigarettenrauch hält? Was stellst du bei Lungenkrautblüten fest, die man auf einen Ameisenhaufen legt?

Wettlauf der Pigmente

Poröse Materialien wie Papier verwendet man in der Laborpraxis schon seit langem als Trennhilfen für Stoffgemische. Da man diese Technik am Beispiel von Farbstoffen entwickelte, nennt man sie immer noch Chromatographie (vom griechischen *chroma* = Farbe).

- Farbextrakte aus verschiedenen Pflan-

Körperchen der Zellen Plastiden. Im mikroskopischen Präparat sind sie sehr schön zu sehen.
Mikroskopieren wir dagegen ein paar Fruchtfleischzellen von Blaubeere, Schwarzem Holunder und Sauerkirsche oder die Blütenblätter von Veilchen, Kornblume oder Klatsch-Mohn, werden wir die farbgebenden Anthocyane nur in den großen Zellsafträumen (Vakuolen) finden. Chlorophylle und Carotenoide sind also strukturgebunden, daher fettlöslich und nur mit organischen Lösungsmitteln zu isolieren. Anthocyane und Flavonole sitzen dagegen nicht auf besonderen Trägern und sind folglich wasserlöslich.

Einfache Entscheidungshilfe

Enthalten die Blütenblätter von Tulpen, Löwenzahn und Ringelblume, die Früchte von Weißdorn, Feuerdorn und Rose (Hagebutten) oder die knallbunten Herbstblätter nun eigentlich fettlösliche Plastiden-, wasserlösliche Vakuolenfarbstoffe oder gar beides?

Wir zerkleinern etwas buntes Pflanzenmaterial mit der Schere, füllen die feinen Schnipsel jeweils fingerbreit in ein Reagenzglas und geben 2 - 3 ml Alkohol sowie 1 ml Speiseessig hinzu. Mit einem Glasstab zerstampfen wir vorschichtig die Pflanzenschnipsel, rühren ein wenig um und lassen die Gläser ein paar Stunden stehen. Dann gibt man 2 - 3 ml Benzin und zuletzt die gleiche Menge Wasser zum Farbauszug.
Da sich die verwendeten Lösungsmittel nicht vermischen lassen, trennen sie sich nach vorsichtigem Schütteln in eine untere Alkohol-/Essig-/Wasserphase (mit den wasserlöslichen Farben) und eine obere Benzin-Phase (mit den fettlöslichen Pigmenten). Besonders eindrucksvoll ist die Phasentrennung, wenn man die Laubblätter von Blutbuche, Bluthasel, Blutahorn und anderen rotlaubigen Gehölzen untersucht. Auf diese Weise läßt sich zeigen, daß die Pflanzen äußerst variantenreich mit ihren verschiedenen Farbstoffen umgehen. Der Farbkasten der Natur ist praktisch unerschöpflich.

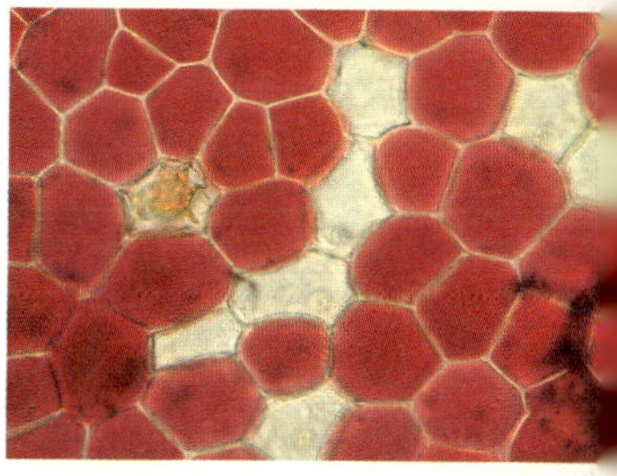

Streifenmuster einer Tulpenblüte (ganz oben).
Der Blick ins Mikroskop zeigt rosaroten Farbstoff in den Vakuolen von Pflanzenzellen (oben).

zenteilen trägt man (eventuell sektorenförmig) auf einem weißen, kreisrunden Filtrierpapier (etwa 10 cm Durchmesser, weißes Löschpapier oder Kaffeefilter; Abbildung) mit einer Pipette auf, steckt in die Mitte einen Docht aus gerolltem Papier und läßt eine Mischung aus 8 Teilen Alkohol und 2 Teilen Speiseessig aufsteigen. Schon bald erkennt man mehrere Streifen, denn die so einheitlich aussehenden Farbextrakte bestehen meist aus Stoffgemischen.
- Aus etwas rotem Paprikapulver aus der Gewürzdose löst man im Reagenzglas mit 1 - 2 ml Aceton die Farbstoffe. Von diesem Acetonextrakt trägt man einen schmalen Strich auf eine Kieselgel-Dünnschichtfolie (Laborfachhandel) auf, stellt diese in ein verschlossenes Glas und läßt darin Feuerzeugbenzin aufsteigen.

Chromatogramm: Die Trennmischung steigt auf und zieht die Farben auf dem Filtrierpapier in Streifen auseinander (unten).

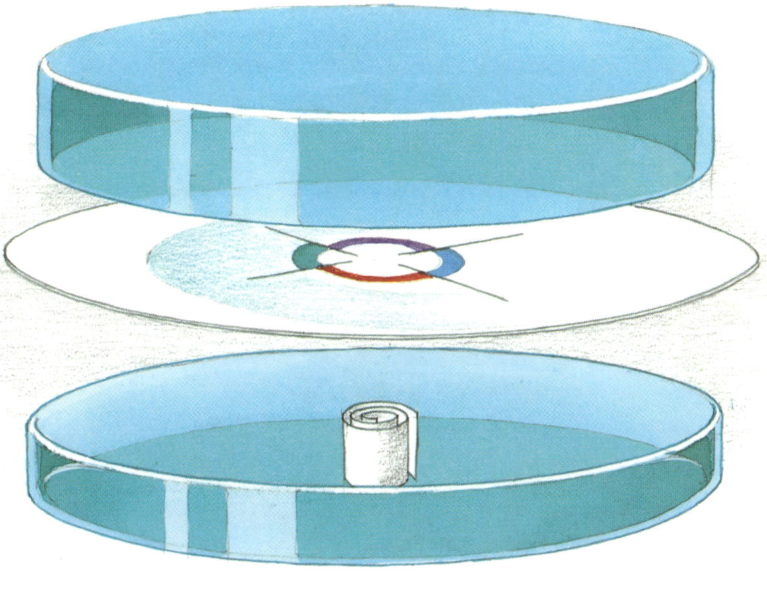

Streifzüge in Wiesen und Ackerland

Es ist wie die Vertreibung aus dem Paradies: In vielen Gegenden sieht das Nutzland heute aus wie eine Reißbrettlandschaft. Horizontweit breiten sich Maisäcker oder Zuckerrübenplantagen aus. Die ursprüngliche Kleinteiligkeit und Nutzungsvielfalt hat die Flurbereinigung gründlich weggefegt. Für erlebnisreiche Streifzüge bieten die ausgeräumten Produktionsflächen der Agrarindustrie so gut wie nichts mehr. Früher bestand die Feldflur dagegen aus einem bunten Flächenmosaik schmaler oder breiterer Rechtecke. Je nach Jahreszeit prangten die Futterwiesen in verschiedenen Farbschattierungen. Auf den Äckern sprossen die verschiedenen Wintersaaten oder wogten die Halme zwischen Dunkel-, Grau- oder Gelbgrün und erntereifem Goldgelb. Gebüsche und Bäume flankierten die Flurwege, und überall war genügend Platz für bunte Feldblumen. Ein verlorener Traum?

Farbtupfer an Säumen und Rainen: Rote Lichtnelke.

Doppelt so groß wie ein Maikäfer: Zwergspitzmaus (ganz oben).

Harte Zeiten überstehen: Rotfuchs im Schnee (oben).

Spuren in Schlamm und Schnee

Laufende oder springende Tiere verraten ihre Anwesenheit, auch wenn sie gar nicht (mehr) da sind. Selbst federleichte Wesen wie die Vögel hinterlassen oft einen guten Eindruck.

Verkehrsknotenpunkt: Hasen-, Fuchs- und Rehspuren im Schnee (oben).

Im frisch gefallenen Schnee, aber auch auf regenfeuchtem Boden hinterlassen die zwei- oder vierbeinig laufenden Tiere mit Fußabdrücken oder Trittsiegeln verräterische Spuren. Aus den Merkmalen einer solchen Spur kann man eine Menge interessanter Einzelheiten entnehmen – z. B. welche Tierart hier in welcher Richtung unterwegs war, ob die Bewegung ruhig, rasch oder gar gehetzt verlief, ob es zu Kontakten mit anderen Tieren kam oder ob unterwegs Futter aufgenommen wurde. Mit viel Erfahrung im Spurensuchen und Fährtenlesen lassen sich auch Alter, Geschlecht oder Gewicht der Tiere abschätzen.

Zeigt her eure Füße

Nach dem anatomischen Aufbau der Füße kann man die Säugetiere in die drei Gruppen der Sohlen-, Zehen- und Zehenspitzengänger einteilen. Sohlengänger (wie die Bären) stehen gleichsam mit ihren kompletten Füßen im Leben. Zehengänger wie die weitere Verwandtschaft der Raubtiere treten dagegen etwas vorsichtiger auf.

Reh: *Das Trittsiegel ist länglich-herzförmig, die beiden „Schalen" sind schmal und spitz.*

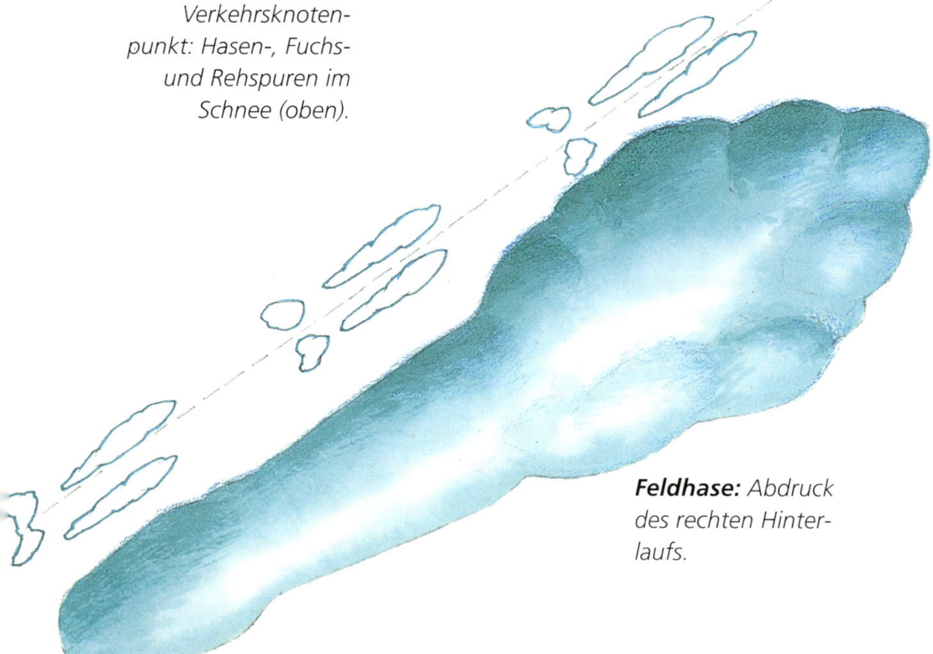

Feldhase: *Abdruck des rechten Hinterlaufs.*

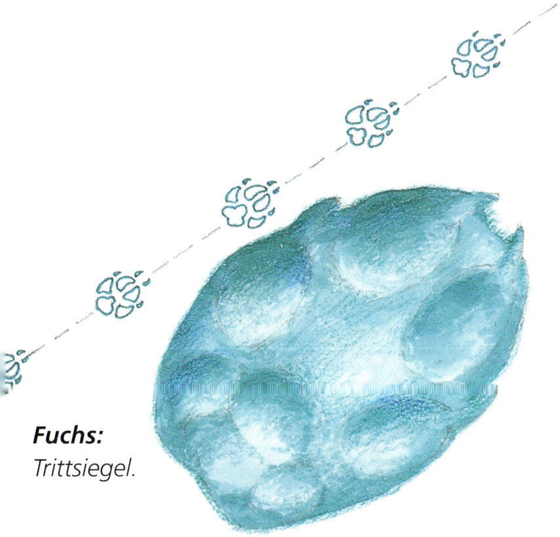

Fuchs:
Trittsiegel.

Die Füße der Sohlen- und Zehengänger nennt man Pfoten. Auf der Pfotenunterseite sind, wie bei der Hauskatze oder beim Hund leicht nachzuprüfen ist, je Zeh ein Zehenballen und dahinter der Hauptballen entwickelt. Nur bei Sohlengängern drückt sich im Trittsiegel auch noch der Fersenballen ab.
Bei Tieren, die auf weichen Samt- oder Fellpfoten laufen wie Marder, Hase, Kaninchen, Fuchs oder Dachs, berühren immer nur die Zehenknochen den Untergrund, während Mittelfuß und Fußwurzel gar nicht aufgesetzt werden.
Manche Tiere laufen mit eingezogenen Krallen (Katze), während sie sich bei Hund oder Fuchs immer abbilden. Gerade im Schnee ist in der Fährte jedoch häufig mehr als nur der Umriß der Zehen zu erkennen, weil die Tiere je nach Bewegungsart und -tempo mehr oder weniger stark einsinken. Die heimischen Marderarten wie Baum- und Steinmarder, Iltis oder Hermelin gehen nur mit ihren Hinterläufen auf Zehen, während sie vorne reine Sohlengänger sind. Im Bild ihrer einzelnen Trittsiegel fallen diese Unterschiede allerdings kaum auf.

Eichhörnchen: *Trittsiegel.*

Auf die Spitze getrieben

Huftiere wie Reh, Hirsch und Wildschwein sind ebenso wie Ziegen, Schafe, Pferde und Rinder Zehenspitzengänger – sie bewegen sich praktisch immer nach Art einer Ballerina. In Umriß und Aufbau sind ihre Trittsiegel ziemlich ähnlich, wenngleich sie sich in Größe und Verteilung stark unterscheiden. Beim Reh ist das einzelne Trittsiegel höchstens 4 cm lang, beim Rothirsch dagegen immer über 6 cm.
Klar und deutlich zeichnen sich im weichen Untergrund der zweiteilige Huf bzw. dessen beide

Drauflegen und vergleichen: Erkennungshilfe für Spuren und Fährten (unten).

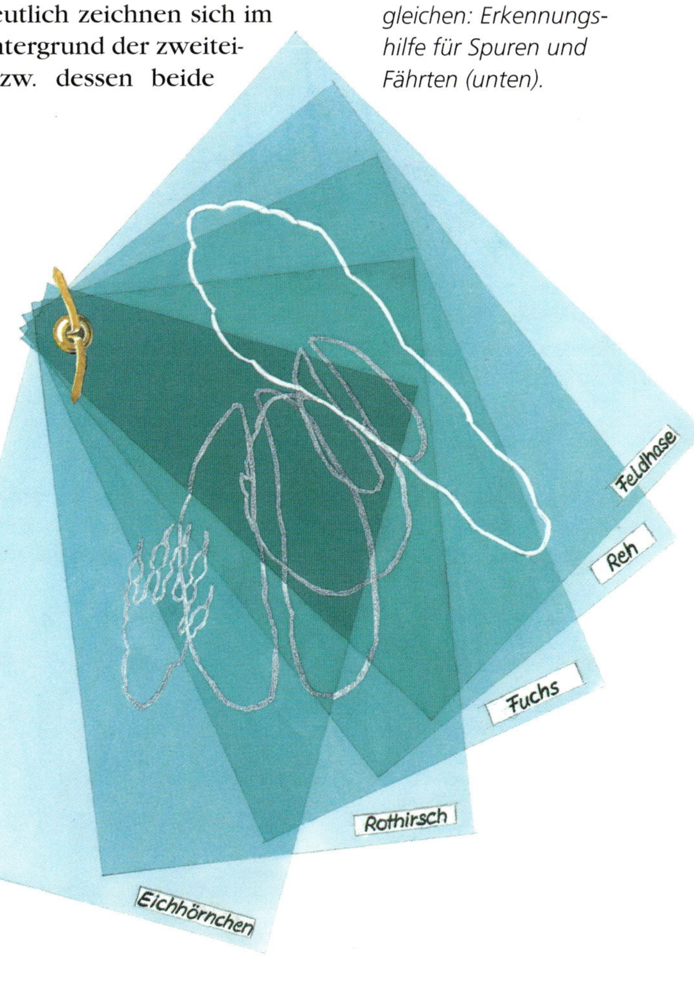

Der Fuß- und Pfadfinder

- Die Abbildungen einzelner Trittsiegel (S. 80 – 83; Originalgröße) mit wasserfestem Stift ganz genau auf Stücke von Overheadfolien oder Klarsichthüllen übertragen und diese an einer Ecke drehbar zusammenheften.
- Im frischen Neuschnee Trittsiegel und Fährten aufsuchen. Welches Tier hat sich hier bewegt?
- An einzelnen besonders gut ausgeprägten Fährten oder Geläufen Trittbildlänge, Schränkung, Schrittlänge und Sprungweite bestimmen.
- Sind Ausgangspunkt und ungefähre Zielrichtung der Spur auszumachen? Gibt es markante Richtungswechsel?
- Fährten und Geläufen nur abschnittweise nachspüren, niemals über größere Entfernung nachgehen – die Tiere könnten sonst in ihrem Unterschlupf unnötig aufgestört werden.

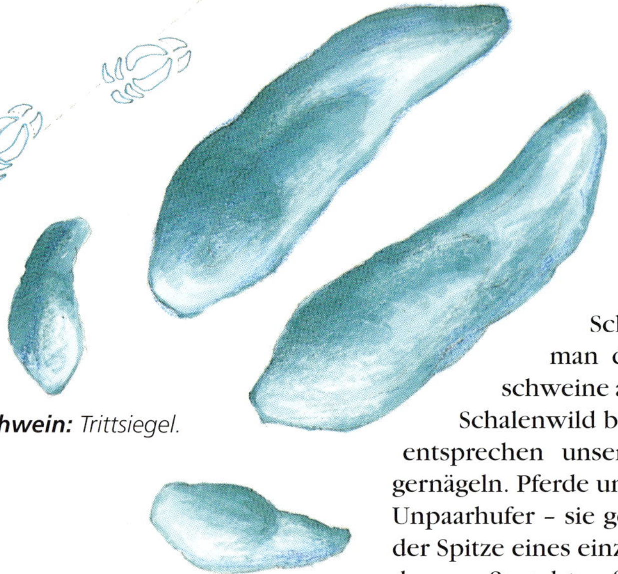

***Wildschwein:** Trittsiegel.*

Schalen ab, derentwegen man die Hirsche und Wildschweine auch als Paarhufer oder Schalenwild bezeichnet. Die Schalen entsprechen unseren Zehen- oder Fingernägeln. Pferde und Rinder sind dagegen Unpaarhufer – sie gehen praktisch nur auf der Spitze eines einzigen, allerdings besonders groß und tragfähig entwickelten Fingers.

Spuren und Fährten

Die hintereinander angeordneten Trittmarken der Tiere ergeben die Spuren (der Sohlen- und Zehengänger) bzw. die Fährten der Huftiere. Grundsätzlich bewegen sich Säugetiere in einer der vier Gangarten Schritt (Gang), Trab, Lauf (Galopp) oder Sprung, und entsprechend fallen die jeweiligen Trittbilder verschieden aus. Nicht alle Säugetierarten können zwischen diesen Bewegungsformen beliebig wechseln. Hirsch und Hund beherrschen alle Bewegungen, während Eichhörnchen und Hase immer nur auf dem Sprung sind.

Langbeinige Tiere setzen in der langsamen Bewegungsform von Schritt oder Gang die Hinterläufe ungefähr an die gleiche Stelle wie die Vorderläufe. Geht ein Reh mit dem linken Vorderlauf los, zieht es als nächsten den linken Hinterlauf nach vorne und setzt

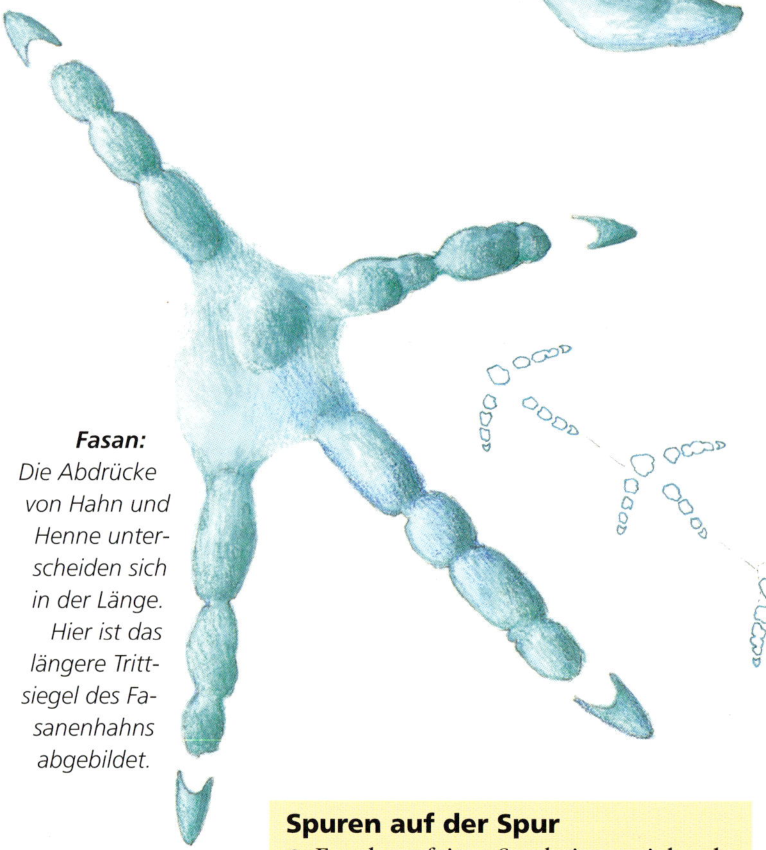

***Fasan:** Die Abdrücke von Hahn und Henne unterscheiden sich in der Länge. Hier ist das längere Trittsiegel des Fasanenhahns abgebildet.*

Spuren auf der Spur

- Feuchter, feiner Sand eignet sich sehr gut, um Laufspuren aufzunehmen. Flache, mit feinem Sand gefüllte Holzkiste (etwa 30 × 50 cm groß, 3 cm hoch) ebenerdig am Feldrand eingraben, etwas Futter (Getreidekörner, Grassaat) auslegen und Vogel- oder Mäusespuren aufnehmen.
- Trittsiegel im feuchten, schlammigen Boden (Waldweg) mit Gips ausgießen. Vorher Pflanzenreste oder andere störende Teile entfernen. Kartonmanschette aufsetzen und nach dem Ausgießen 15 – 20 Minuten bis zum Härten warten.

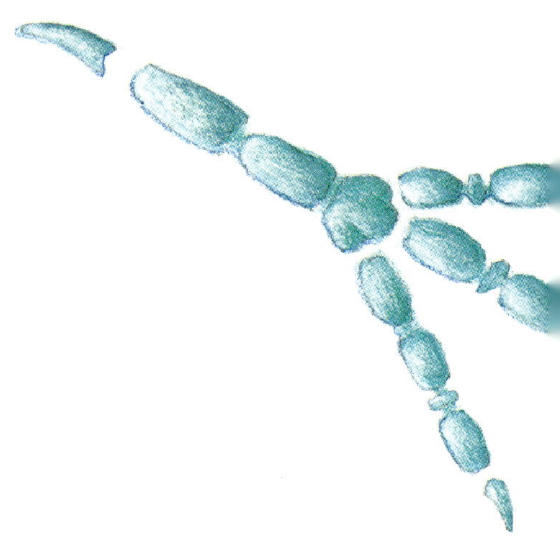

***Krähe:** Trittsiegel.*

ihn fast dort auf, wo zuvor der Vorderlauf stand. Rechts erfolgt die Bewegung entsprechend.

Eine Spur oder Fährte besteht also aus einer Doppelreihe, auf der sich in regelmäßigen Abständen die Abdrücke der Vorder- und Hinterläufe wiederholen. Somit läßt sich sehr klar die Schrittlänge nachmessen. Bei großen Exemplaren ist auch der Abstand zwischen beiden Parallelreihen breiter – sie haben eine größere Schränkung als kleine. Beim Trab wechseln sich die Vorder- und Hinterläufe diagonal ab. Die Schrittlänge nimmt dabei zu, die Schränkung dagegen ab. Auch decken sich jetzt die Trittsiegel der Vorder- und Hinterfüße weniger genau. Beim Lauf oder Galopp bewegen sich gleichzeitig jeweils die Vorder- und Hinterbeine. Jetzt setzen die Tiere die Hinterfüße weit vor den Vorderfüßen auf und bilden jeden einzelnen Fuß deutlich ab. Die Schrittlänge ist jetzt am größten.

Auch Vögel machen Eindruck

Recht einfach sind Laufspuren von Vögeln und Fährten felltragender Säugetiere zu unterscheiden. Vögel sind Zehengänger. Drei Zehen sind nach vorne, die vierte ist nach hinten gerichtet. Bei Hüpfspuren liegen beide Abdrücke unmittelbar nebeneinander, beim Laufen fast in einer Reihe, wobei die Füße etwas einwärts gedreht werden. Vogelgeläufe sind nicht so einfach zu bestimmen wie die der Säuger. Oft läßt sich nur zwischen größerem oder kleinerem Vogel unterscheiden bzw. feststellen, ob das Tier etwa Schwimmhäute besitzt oder nicht.

Visitenkarte im feuchten Uferschlamm: Ein Graureiher war da.

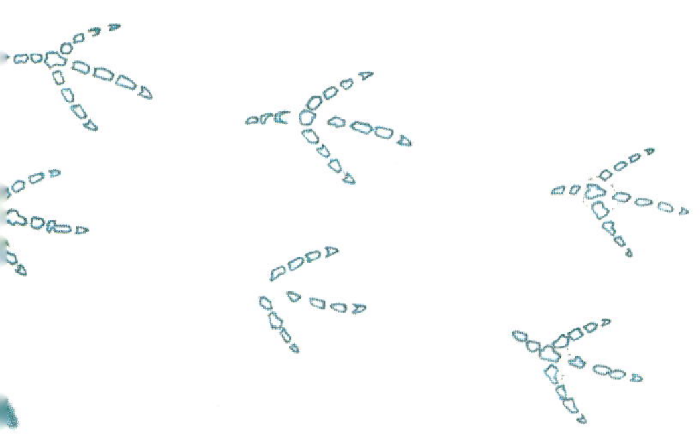

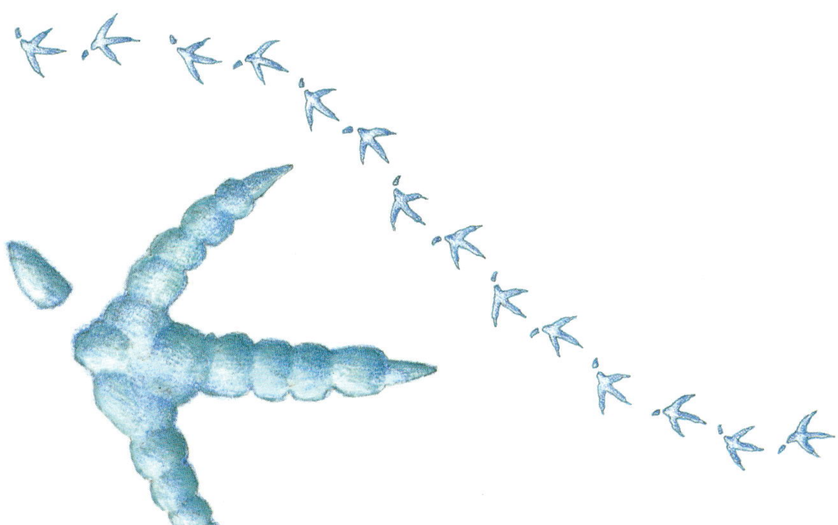

Rebhuhn: *Trittsiegel.*

Wie Pflanzen in die Ferne schweifen

Auch Pflanzen begnügen sich durchaus nicht mit der Stelle, auf der sie gerade wachsen. Mit ihrer Nachkommenschaft möchten sie am liebsten flächendeckend alles vereinnahmen.

Wie ein Pfefferstreuer werfen reife Mohnkapseln ihre winzigen Samen aus.

Zweimal im Jahr benötigen die Pflanzen die Mithilfe besonderer Spediteure. Wenn die Pollen zwischen arteigenen Blüten auszutauschen sind, übernimmt entweder der Wind den Ferntransport, oder es finden sich gegen besondere Belohnung durch Nektar auch fliegende Insekten zur Zustellung bereit.

Sobald eine Blüte ihre Samen entwickelt und der Fruchtknoten zur Frucht heranreift, muß die Pflanze schon wieder das Weite suchen. Jetzt kommt es darauf an, Früchte oder Samen besonders weiträumig zu verbreiten, um neue Wuchs- und Lebensräume zu sichern. Pflanzen, die im Frühsommer ihren Blütenpollen mit Insekten verschickten, vergeben den Frachtauftrag im Frühherbst eventuell an den Wind oder umgekehrt.

Vom Winde verweht

Windverbreitung setzt bei den Samen und Früchten viele Sonderanpassungen voraus. Besonders erfolgversprechend sind die ultraleichten Fallschirmsegler. Beim Schmalblättrigen Weidenröschen vollzieht sich der Start gleichsam automatisch – die Samen sind so verpackt, daß jeder den Nachbarn beim Abflug herausreißt. Ähnlich verfahren auch Löwenzahn, Kreuzkraut oder Bocksbart. Bei ihnen gehen allerdings keine einzelnen Samen, sondern einsamige Früchte an den Start. Bei Fingerhut und allen hei-

Fall-Studien

- Samen und Früchte von verschiedenen Wiesen- oder Feldpflanzen sammeln und mit der Lupe betrachten. Besitzen sie besondere Verbreitungseinrichtungen wie Segel, Fallschirme, Enterhaken, Widerborsten oder Klebeschichten?
- Klebetest: Gesammelte Samen und Früchte in einer Petrischale auf feuchtes Papier legen und mit rauher Kartonscheibe abdecken. Welche entwickeln Anhänglichkeit durch Festkleben?
- Häkchentest: Sammelgut auf trockenem, glattem Papier auslegen und kleines Tuch (Baumwolle, Wolle, Mischgewebe) darüberbreiten. Welche Samen sind die Hängenbleiber?
- Sink- und Segeltest: Flugverdächtige Samen oder Früchte einzeln in Papp- oder Tablettenröhrchen legen, dieses ganz leicht mit einem Korken oder Papierstück verschließen, an erhöhtem Platz befestigen, Verschluß entfernen und abstoppen, wie lange der Weg zum Boden dauert. Segelzeiten aus windstillem Zimmer und Freiland vergleichen.

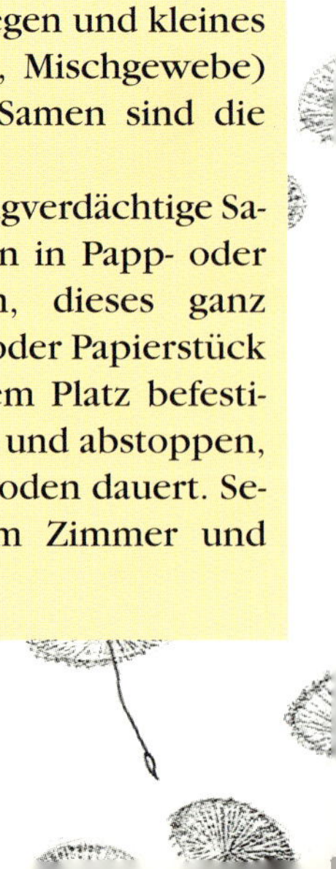

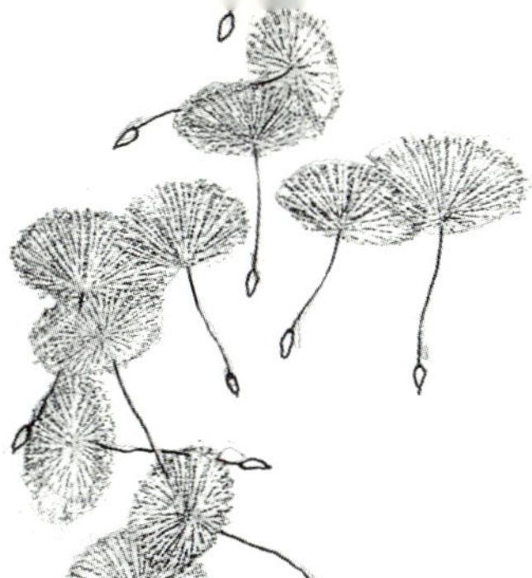

mischen Orchideen sind die Samen so unglaublich leicht, daß sie auch ohne spezielle Segeleinrichtung auf Langstreckenkurs gehen können.

Gesellschaft mit beschränkter Haftung

Mindestens so zuverlässig wie die Luftpost funktionieren die Vertriebswege unter Beteiligung von Tieren. Waren im Frühjahr oder Sommer im wesentlichen die Insekten mit den Pollenfrachten unterwegs, sind im Herbst eher Vögel oder Säugetiere für die Transportleistungen gefragt.

Äußerst zuverlässig funktioniert z. B. der Trick mit dem Enterhaken – wie man von der beachtlichen Anhänglichkeit einer Klette weiß. Eine wie die Häkelnadel gebogene Stachelspitze rastet ein und verankert Samen oder Frucht transportsicher. Bei Kletten-Labkraut und Wilder Möhre tragen die Früchte auf der ganzen Oberfläche borstige Widerhaken. Bezeichnenderweise sind solche Mittel nur bei Pflanzen entwickelt, in deren Wuchshöhe auch tatsächlich fell- oder kleidertragende Wirbeltiere umherstreifen.

Einladende Appetithäppchen

Einige Arten entwickeln saftige Beeren in leuchtenden Farben. Manche davon sind so grellfarbig, daß man sie auch ohne ausdrückliche Giftwarnung lieber den Tieren überläßt, für die sie ungefährlich sind.

Aber selbst wenn die Beerenfrüchte eher blauschwarz aussehen oder scheinbar unauffällig graublau bereift sind, bleiben sie nicht lange unentdeckt. Gerade für Vogelaugen erscheint der wachsige Belag der Beerenhaut ungewöhnlich kontrastbildend. Die leckeren Früchte werden verzehrt, aber die harten Samen überstehen die Magen-Darm-Passage und werden irgendwo wieder zur Keimung abgesetzt.

An der Samen- und Fruchtverbreitung beteiligen sich aber auch kleinere Tiere, z. B. Ameisen. An den Samen der Veilchen und anderer Arten sitzt ein kleines ölreiches Anhängsel (Elaiosom genannt), das für Ameisen ein besonderer Leckerbissen ist. Sie sammeln diese Delikatessen im weiten Umkreis planmäßig ein und lassen die Samen anschließend irgendwo liegen.

Leichtgewichtig oder anhänglich: Flugfrüchte vom Löwenzahn (links), Klettfrüchte von Odermennig (ganz oben) und Kletten-Labkraut (oben).

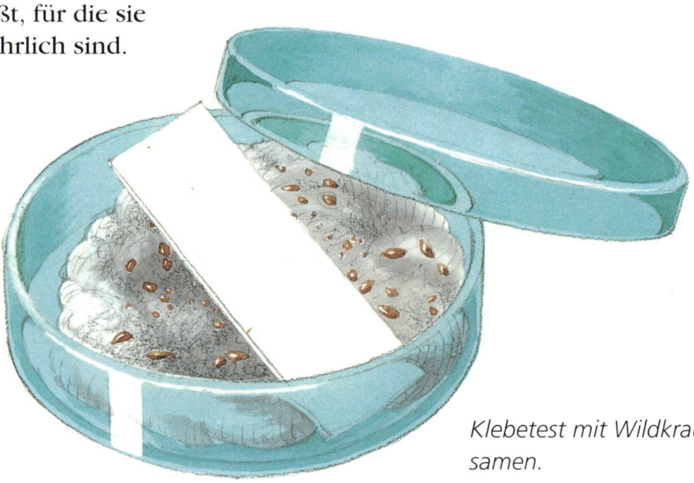

Klebetest mit Wildkrautsamen.

Lebensraum in langen Streifen

Schlimm, wenn nichts mehr den Blick aufhält und nur noch Raps, Weizen, Mais oder Zuckerrüben den Horizont begrenzen. Dabei geht es doch auch völlig anders.

Ganz in Weiß: Schlehenhecken blühen lange vor dem Laubaustrieb.

Hecken, Gebüschraine und Flurgehölze gliedern die Flur und sehen zu allen Jahreszeiten anders aus. Im Winter kann man das verwirrende Ineinander der Äste und Zweige bewundern. Im Frühjahr und Frühsommer erfreuen sie mit üppiger Blütenzier, und vom Spätsommer bis weit in den Herbst ist ihr farbiger Fruchtschmuck bestimmt nicht zu übersehen. Darüber hinaus sind Hecken als vielfältig gegliederter Lebensraum für Pflanzen und Tiere einfach unersetzlich.

An der Grenze zweier Welten

Im Heckensaum treffen fast immer verschiedene Welten zusammen. Ökologisch sind sie vergleichbar mit einem Waldrand, der unmittelbar an die offene Flur grenzt. Hier begegnen sich die typischen Bewohner aus benachbarten, verzahnten Lebensräumen. Zusätzlich finden sich auch noch Arten ein, die gerade auf die schmalen Grenzstreifen in Randlage spezialisiert sind. Um dies einmal so richtig vor Augen zu haben, braucht man nur bei Neuschnee durch die Fluren zu gehen und nachzusehen, wohin die meisten Spuren von fell- oder federtragenden Tieren führen. Wo sonst nehmen Fuchs und Hase, Hermelin oder Mauswiesel, Rebhuhn und Fasan Quartier?
Feldgehölze sind außerdem Brutraum für Heckenbraunelle, Dorngrasmücke, Grau- und Goldammer, Zaunkönig und verschiedene Finken, Rast- und Ruheraum für ziehende Arten wie Kernbeißer, Zeisige, Finken oder Drosseln.

Decken und Verstecken

Hecken bieten Unterschlupf und Ruheraum. Nahrung steht sowieso in Hülle und Fülle bereit. Abgesehen von vielen Singvögeln sind auch Kröten und Blindschleichen, Igel, Spitzmäuse oder andere Kleinsäuger typische Heckengäste. Je kleiner eine Tierart ist, um so mehr wird sie sich bevorzugt in der Nähe einer schützenden Gehölzgruppe aufhalten.

Allerhand aushecken

- Hecken(zeilen) zu verschiedenen Tages- und Jahreszeiten genauer beobachten. Wer lebt darin, wer kommt zu Besuch? Beobachungstagebuch führen.
- Heckenpflanzen ganz aus der Nähe betrachten. Welche Insekten(larven) sind zu sehen?
- Kommen in der Hecke verschiedene Fruchttypen vor?
- In kleinwüchsigen Hecken haben größere Vögel wie Neuntöter, Turmfalke oder Bussard keine guten Sitzplätze. Zusammen mit Landwirt, Förster oder Naturschutzgruppe Sitzstangen (2 - 4 m hoch, oben mit 0,5 m langem Querholz) aufstellen.

Für jeden etwas – Lebensraum Feldhecke.

Baumwanze

Bei der typischen Heckenfauna geht es im übrigen gar nicht nur um ein paar Dutzend, sondern tatsächlich um Hunderte von Tierarten. Insekten und andere Gliederfüßer haben an diesem beeindruckenden Artenaufkommen den größten Anteil.

Hecken und Gebüschzeilen haben in der Landschaft aber noch eine wichtige Aufgabe: Je länger sie sind, um so besser verknüpfen sie naturnahe Restlebensräume miteinander. In der intensiv genutzten Produktions- oder Siedlungslandschaft bringen sie durch Vernetzung und Verknüpfung die Dinge wieder in Zusammenhang.

Rosenkäfer in Heckenrose

Warzenbeißer

Taubenkropf-Leimkraut

Taubnessel

Blindschleiche

Rote Lichtnelke

Alle paar Wochen ein neues Kleid

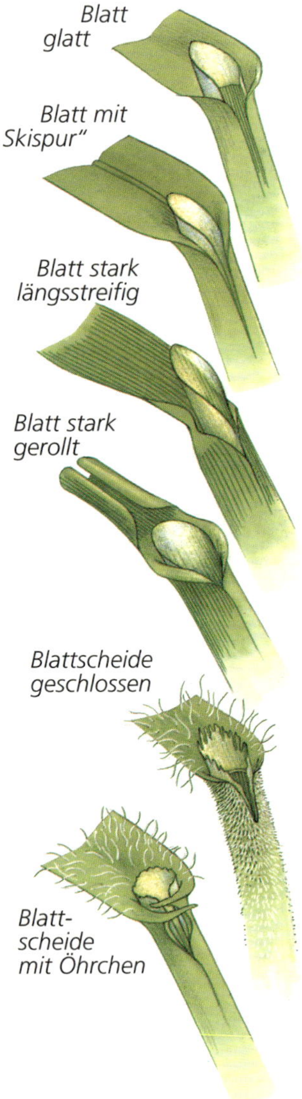

Wiesengräser kann man am Blattgrund unterscheiden (oben): Glanzgras, Wiesen-Rispengras, Rasen-Schmiele, Schaf-Schwingel, Taube Trespe, Mäuse-Gerste (von oben nach unten).

Hornklee-Widderchen auf Wiesen-Hornklee (ganz rechts).

Eine Feldgrille vor ihrem Wohnungseingang (rechts).

Wiesen sind ein Wunder an Vielfalt. Stundenlang könnte man am Wiesenrand in der Sonne liegen und dem bunten Treiben auf den vielen Pflanzenetagen zusehen.

Tintenblauer Salbei blüht neben leuchtendweißen Wucherblumen. Knallgelber Pippau wetteifert mit zartrosa Esparsette, und dazwischen drängen sich Glockenblumen, Kronwicken, Klappertopf und Bocksbart – vom rastlosen Summen und Brummen, Flattern und Krabbeln einmal ganz zu schweigen. Wer je das Glück hatte, eine richtige Wiese in ihrer Vollblüte zu erleben, gerät unwillkürlich ins Schwärmen.

Hoch und Tief in der Wiese

Gegenüber den Wiesengräsern haben die Wiesenblumen im Frühjahr einen deutlichen Vorsprung. Wiesen-Primel, Scharbockskraut und Gänseblümchen eröffnen die Blühsaison im März. Ihnen folgt die erste kräftige Gelbwelle mit Löwenzahn, abgelöst vom Zartviolett des Schaumkrautes und einer weiteren Gelbphase mit Hahnenfuß, Bocksbart oder Pippau.
Dann erscheint die Wiese fast ganz in Weiß. Wiesen-Labkraut, Margerite, Wiesen-Kerbel oder Schafgarbe beherrschen die Szene. Zuletzt tritt das betonte Blau von Glockenblumen, Salbei, Storchschnabel, das kräftigere Rot von Klee-Arten und Lichtnelke neben den unübersehbaren Gelbnuancen von Hornklee, Platterbse, Klappertopf oder Frauenmantel in Aktion. Schließlich bringen Balken- oder Kreiselmäher einen herben Einschnitt, und alles liegt buchstäblich am Boden. Aus diesem Tief entwickelt die Wiese bis zum spätsommerlichen Schnitt einen zweiten Hochstand.

Leben auf vielen Ebenen

Eine Wiese besteht nicht nur aus Gräsern und Wiesenblumen. Sie ist eine hochgradig vernetzte Lebensgemeinschaft, in der sich die Wiesenfauna auf verschiedene Stockwerke der Wiesenflora verteilt.
Von den Untergrundbewohnern sieht man meist nicht viel. Maulwürfe werfen beim

Wiesenabenteuer

- Blühkalender für eine Futter- oder Mähwiese führen: Schreibe genau auf, wann welche Wiesenblume mit der Blüte beginnt oder wann die weiße, gelbe oder blaue Blühwelle einsetzt.
- Im Randbereich einen Quadratmeter Wiese abstecken und Pflanzen bestimmen.
- Wiesengräser anhand des Blattgrundes (Abbildungen) unterscheiden lernen.
- Vom Rand aus Insektenleben in einer Wiese aus der Bauchlage beobachten.
- Einzelne Insekten in einem Deckelglas beobachten und anschließend wieder freilassen.
- Musizierende Heuschrecken beschleichen und zuhören. Nach Tonband verschiedene arttypische Gesänge unterscheiden lernen.

Ruchgras, Wolliges Honiggras, Gemeines Rispengras, Knäuelgras, Wiesen-Schwingel, Schilf (von oben nach unten)

Wiesen-Wucherblume, Taubenkropf-Leimkraut, Klappertopf und Wiesen-Salbei – buntblumiger kann eine Mähwiese kaum sein (oben links).

Stollenvortrieb ihren Aushub aus. Feldmäuse legen vielfach verzweigte Gangsysteme an. Im Boden geht die Maulwurfsgrille auf Nahrungssuche. Auch Feldgrillen leben in selbstgegrabenen Erdhöhlen. Man kann sie mit Grashalmen vorsichtig daraus hervorkitzeln.

Die Boden- oder Streuschicht ist die Domäne verschiedener Laufkäfer, der großen Bodenwanzen, diverser Schnecken und Asseln sowie der Gelben Wiesenameisen.

Nach oben nimmt die Vielfalt zu. Im Stengeldschungel der Gräser und Kräuter verbergen sich tagsüber die Raupen von Schmetterlingen. Blattläuse lassen sich mit Zuckersaft vollaufen. Marienkäfer und andere Blattlausjäger stöbern sie unbarmherzig auf. Die Mittelebene und die höheren Regionen sind auch Tagesversteck, Gesangs-, Paarungs- und Futterplatz der vielen Heuschrecken. An trockenwarmen Sommertagen machen sie bis in die späten Abendstunden die Wiese auch zu einem akustischen Erlebnis.

Die Geige auf dem Rücken

Anhand der Fühlerlänge kann man die Heuschrecken in zwei Gruppen unterteilen: Den Langfühlerschrecken mit ungefähr körperlangen Antennen (Laubheuschrecken und Grillen) stehen die Kurzfühlerschrekken (Feldheuschrecken, Knarrschrecken, Dornschrecken) gegenüber. Langfühlerschrecken musizieren durch Aneinanderreiben ihrer Vorderflügel. Die Kurzfühlerschrecken geigen dagegen mit der Innenseite ihres Hinterschenkels auf einem Vorderflügel. Die Heuschreckenlieder sind so charakteristisch, daß man die einzelnen Arten danach unterscheiden kann.

An Wiesen verweilen

Wenn Wiesen im Frühjahr ihr buntes Kostüm anlegen, wechseln sie alle paar Wochen die Farbe. Außerdem entscheidet der Wiesenstandort über Formen und Muster: Je nach Wasserangebot im Boden sind Ablauf und Aussehen der Blühwellen völlig unterschiedlich. Und da von den einzelnen Pflanzen wiederum ganz bestimmte Tiere abhängen, fällt auch die Wiesenfauna je nach Durchschnittsfeuchte im

Wurzelraum anders aus.
Feuchtere Wiesen bevorzugen: ***1*** *Kuckucks-Lichtnelke,* ***2*** *Wiesen-Schaumkraut,* ***3*** *Aurorafalter,* ***4*** *Sumpf-Dotterblume,* ***5*** *Grasfrosch,* ***6*** *Wiesen-Kerbel,* ***7*** *Rote Lichtnelke,* ***8*** *Waffenfliege,* ***9*** *Weiß-Klee und* ***10*** *Maulwurf.*
Trockenere Wiesen lieben: ***11*** *Tauben-kropf-Leimkraut,* ***12*** *Wiesen-Lein und* ***13*** *Wiesen-Rispengras.*

Kleine Tiere – große Baumeister

Wo die Natur keine passenden Kinderstuben bereithält, werden die Tiere selbst zu Baumeistern und richten eine heimelige Wohnstatt ein.

Das Nest der Feldwespe besteht nur aus einer unverhüllten Wabe (rechts oben).

Zwergmäuse bauen sich ein etwas wirr aussehendes Sommernest im hohen Gras (rechts unten).

Bestandteile eines Drosselnestes (unten).

Erst nach dem Fall des Herbstlaubes bekommt man Singvogelnester klarer zu sehen. Jetzt kann man sich einem Nest auch getrost einmal nähern oder es sogar säuberlich auseinandernehmen, denn erstens ist es längst verlassen, und zweitens bauen sich die bisherigen Eigentümer im nächsten Frühjahr ohnehin ein neues. Wegen vieler Vogelparasiten ist der Wiederbezug alter Nester ungünstig.

Heim aus Halmen

Auch Säugetiere bauen Halmnester. Eichhörnchen-Kobel bestehen zwar außen aus tragfähigen Ästen und Zweigen, sind aber innen angenehm gepolstert.

Wie ein kunstvolles Vogelnest sieht das kugelige Sommernest der Zwergmaus aus. Es ist zwischen hohen Gräsern oder Stauden aufgehängt, oft ohne Schlupfloch – die Maus geht dann mit dem Kopf einfach durch die Wand. Den Winter verbringt sie im Bodennest oder in Feldscheunen. Hasel-

mäuse bauen ähnliche, etwas größere (bis 15 cm Durchmesser) Halmnester in Hecken.

Schlafsack aus Seide

Spinnseide ist ein phantastischer Naturstoff, nicht nur für den Netzbau, sondern auch für Kokons bzw. als Kinderzimmer. Eine besonders hübsche Konstruktion hängt die Sackspinne an Gräsern oder niedrigem Strauchwerk auf – Feenlämpchen. Ungetarnt fallen sie sofort auf. Meist tragen sie jedoch einen tarnenden Verputz aus braunen Erdteilchen.

Architektur aus Papier

Schon lange vor den Menschen haben die Wespen das Papier erfunden. Ihre Papierarchitektur verwendet nur hängende Bauteile. Wenn man einen Bogen Schreibpapier an der Spitze aufhängt und unten eine Last befestigt, kann er erstaunlich viel Gewicht tragen. Stellt man das Blatt jedoch auf und belastet es von oben, knautscht es augenblicklich zusammen. Wespen haben dieses Prinzip erkannt – sie hängen ihre Nester an Zweigen, an der Unterseite großer Blätter oder am Dach von Höhlen auf.

Die hat's im Kopf

Jede Acker-Kratzdistel oder Wege-Distel ist Ruheplatz und Treffpunkt einer artenreichen Kleintierfauna, aber auch deren Kinderstube und Futterkrippe. Bei solch vielfältigem Interesse gibt es natürlich auch allerhand Konkurrenz.

Die Weibchen von Bohrfliegen legen ihre Eier auf Distel-Einzelblüten. Die schlüpfenden Larven wandern abwärts in den Blütenboden und veranlassen hier das Gewebe zum Wuchern von hölzernen, mehrkammerigen Gallen. Im August erreicht die Larve ihr drittes Stadium, überwintert so und verpuppt sich erst im nachfolgenden Frühjahr.

Oft kommt es aber gar nicht soweit, denn Schlupfwespen legen ihre Eier direkt in das zweite Larvenstadium der Bohrfliegen. Die Schlupfwespenlarve wartet, bis ihre Wirts-larve so richtig dick und wohlgenährt ist. Dann veranlaßt sie den Wirt vorzeitig zur Verpuppung, um ihn anschließend in aller Ruhe zu verzehren. In der ausgeräumten Wirtshülle durchläuft sie später die Verwandlung zum Vollinsekt.

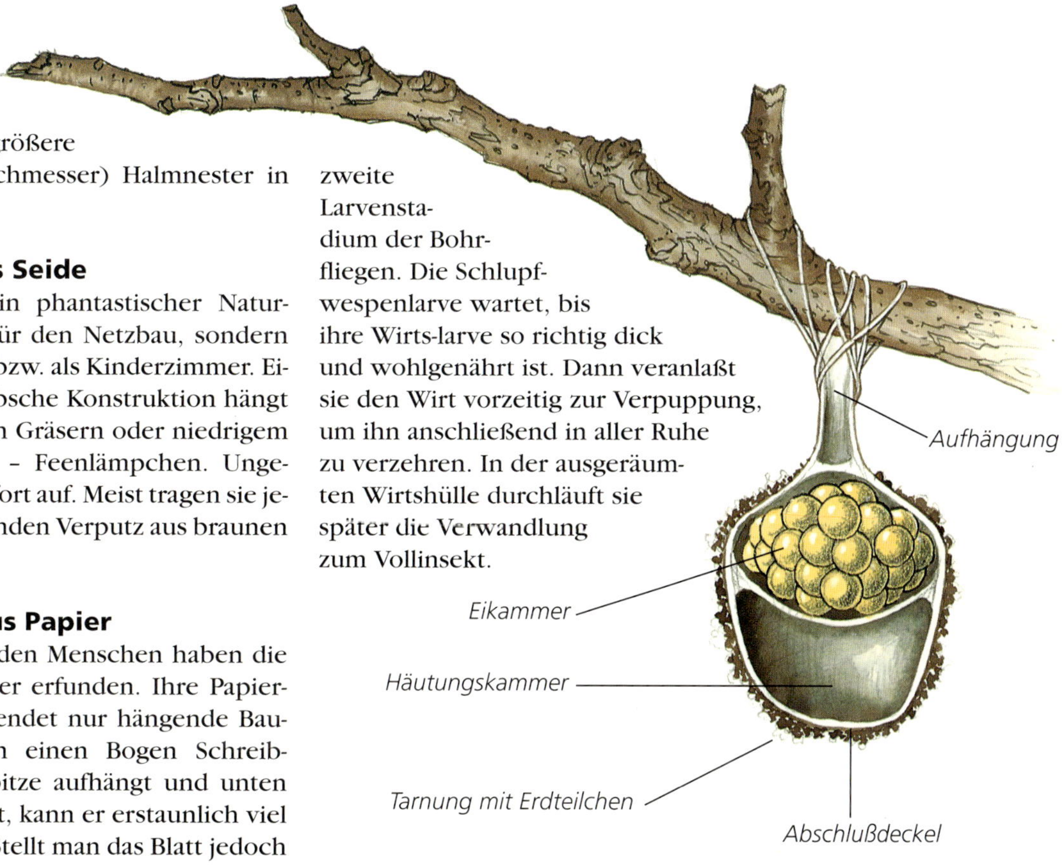

Feenlämpchen – hängende Heimstatt für das Eipaket der Sackspinne.

Wohnungsinspektionen

- Im Oktober oder November ein verlassenes Vogelnest aus der Hecke oder Baumkrone nehmen und an Ort und Stelle die verschiedenen Baumaterialien untersuchen – von innen nach außen in umgekehrter Folge, wie der Vogel konstruierte. Vorsicht vor Nestparasiten (Handschuhe tragen)! Nach Materialgruppen (z. B. Zweige, Halme, Blätter, Moose, Flechten, Haare, Spinnfäden, Erdeinlagen) sortieren und Einzelteile auszählen.
- Im Herbst nach verlassenen Feenlämpchen, anderen Spinnenkokons, Feldwespennestern usw. Ausschau halten.
- Verschiedene Fruchtstände über weißem Papier vorsichtig ausschütteln und Kleinstbewohner unter der Lupe ansehen.

Bunter Blickfang Blüte

Blumen sehen nur bei flüchtiger Betrachtung aus wie bunte Farbkleckse. In Wirklichkeit geben sie ihren Besuchern eine Menge nützlicher Hinweise.

Bevor ein Insekt Pollen verschleppt, muß es selber eingepudert werden: Bei der Glockenblume wird das Insekt gebauchpinselt …

… der Salbei bestäubt den Rücken …

… und beim Hornklee gibt's was hinten drauf.

Kein Landgasthaus kommt ohne Reklame aus. Deshalb sind aus anfangs einfachen Blüten ungemein attraktive Blumen geworden, die alle Anstrengungen unternehmen, sich von ihrer grünen Umgebung auffällig abzuheben. Mit kräftigen Farben und oft auch sehr üppigen Formen machen sie wie grellfarbige Plakate auf sich aufmerksam. Darüber hinaus versorgen sie ihre Besucher aber auch mit allerhand nützlichen Zusatzinformationen. So zeigen sie dem anfliegenden Insekt z. B., wo es am besten landen kann und welchen Weg es zu den Nektarvorräten einschlagen muß.

Ins Zentrum zielen

Als Lenk- und Landehilfe dient z. B. eine unübersehbare und sehr kontrastbetonte farbliche Unterscheidung zwischen Blütenmitte und Blütenrand. Ein solches Kon-

Vielsagende Feldblumen

- Düfte sichtbar machen: Weiße oder gelbe Blüten über Nacht in eine wäßrige Neutralrotlösung legen und in klarem Wasser abspülen: Die Duftdrüsen(felder) in der Blüte haben sich dunkelrot gefärbt.
- Wiesen- und Feldblumen (mit der Lupe) anschauen und Muster auf den Blütenblättern vergleichen.
- Größere Korbblüten (Löwenzahn, Pippau, Wegwarte, Disteln) mit der Pinzette vorsichtig zerlegen und alle Bestandteile des Blütenstandes als „Explosionszeichnung" auf Papier legen und pressen.

Wiesenblumen:
***1** Wiesen-Storchschnabel (nektarspendende Scheibenblume mit heller Mitte), **2** Mittlerer Wegerich (Pinselblume), **3** Tüpfel-Johanniskraut (Pollenblume), **4** Sichel-Luzerne (Fahnenblume mit feinem Strichmuster), **5** Wiesen-Flockenblume (nektarspendende Röhrenblume mit blumig gestaltetem Strahlenkranz), **6** Beinwell (glockige Blume für Langrüßler).*

trastprogramm bündelt die Blicke des anfliegenden Insektes, bringt es sofort auf das Wesentliche und führt zielgenau ins Blütenzentrum, wo sich die Nektarvorräte oder auch die prall gefüllten Pollensäcke befinden. Während die Gesamtblüte und auch ein Blütenstand mit ihrer enormen Farbigkeit eher Leuchtreklame mit ausgesprochener Fernwirkung betreiben, dienen die feineren Blütenmuster also immer der Einweisung im Nahbereich.

Dieses Verfahren war in der Entwicklungsgeschichte der Blumen sehr erfolgreich. Sogar Blütenstände aus vielen kleinen Einzelblüten versuchen mit allen Mitteln, den Gesamteindruck „lohnende Großblume“ zu erwecken. Bei den Dolden- und Korbblütengewächsen werden so die schirmförmigen Blütenstände aus vielen hundert Einzelteilen zu einer einzigen gewaltigen „Riesenblume“.

Auf die Linie achten

Dem gleichen Zweck der raschen Besucherlenkung dienen auch die zarter oder kräftiger ausgeführten Strichmuster auf den einzelnen Kronblättern: Sie zielen immer genau zur Mitte.

Viele Pflanzenarten beziehen gleich mehrere Blütenorgane in die Richtungs- und Gebrauchsanweisung ein. Da kontrastieren hellgelbe Staubblätter oder strahlendweiße Narbenlappen mit dem violetten Hintergrund der Kronblätter. Auch gibt es tiefrote Staubbeutel in grellweißer Umgebung oder Himmelblau gegen Karminrot. Selbst wenn die verschiedenen Bestandteile einer Blüte ganz einheitlich aussehen, präsentieren sie sich für Insektenaugen eventuell doch extrem kontrastreich. Sämtliche Blütenteile können nämlich blaunahes UV-Licht reflektieren oder völlig verschlucken und damit ein gegenüber unserer Sinnesempfindung völlig abweichendes Farbspektrum bieten.

Blüte des Kriechenden Günsels: Streifen führen direkt zum Zentrum.

Früchte des Feldes

Der Name Nutzpflanze ist irreführend. Natürlich sind nicht nur diejenigen Pflanzen nützlich, die man essen oder technisch verwerten kann.

Schon bei den Wiesengräsern weiß man eigentlich nicht so recht, worüber man mehr staunen soll - über die grazile, schlanke und elegant wirkende Gestalt der Halme oder ihre beachtliche Tragfähigkeit. Bei den Getreidearten ist das ebenso. Ein Roggenhalm ist an der Basis nur ungefähr 3 mm dick, wird aber etwa 1 m hoch und trägt die kornreiche, dicht gepackte und schwerlastige Ähre ganz an der Spitze. Damit ist er mehr als 300mal so hoch wie dick. Ein himmelstrebender Fernsehturm oder Fabrikschornstein dürfte bei 100 m Höhe am Boden nur 25 cm dick sein - der simple Getreidehalm ist der besten Baustatik um Größenordnungen überlegen.

Mal drunter, mal drüber – verschiedene Rübenformen: Zuckerrübe, Futterrübe, Rote Bete, Knollensellerie (v.l.n.r.).

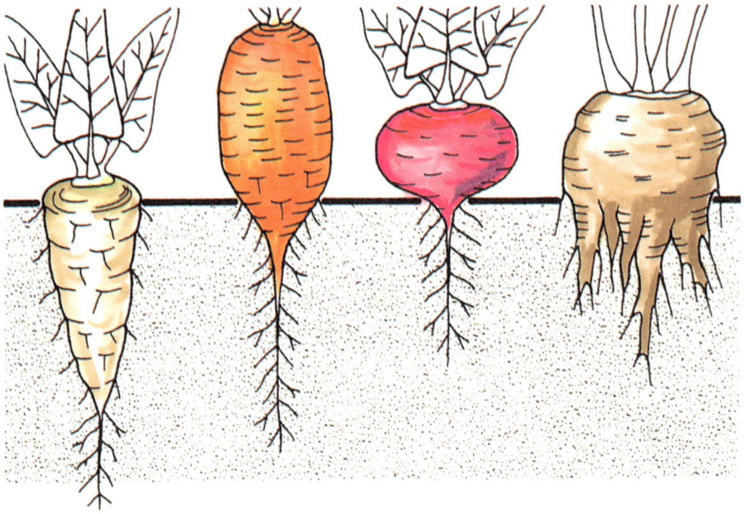

Auch das Sommer-Adonisröschen zählt zu den gefährdeten Randgruppen der Ackerflora (rechts).

Von echtem Schrot und Korn

Noch vor ein paar Jahrtausenden waren unsere Getreidearten noch einfache vorderasiatische Wildgräser. Auslese und Weiterzüchtung haben daraus die heutigen Hochleistungspflanzen entstehen lassen. Ihre Grasnatur haben sie jedoch behalten. Allein an Blattmerkmalen (vor allem nach dem Aussehen des Blattgrundes) kann man sie sehr zuverlässig auch dann bestimmen, wenn sie noch nicht blühen oder fruchten. Sind die Ähren oder Rispen entwickelt, sind kaum Verwechslungen möglich.
Getreidekörner sehen zwar aus wie Samen, sind aber eigentlich Früchte. Fruchtwand und Samenschale sind am reifen Korn zu einer untrennbaren Einheit verwachsen. Wenn man genau hinschaut, kann man den winzigen Embryo an der Kornbasis erkennen. Hier bilden sich bei der Keimung die feinen Wurzeln und die Blattscheide, aus der wenige Tage später die Sproßachse mit den Folgeblättern hervorbricht.

Pflanzen an den Rand gedrängt

Zum Bild eines sommerlichen Getreidefeldes gehört eigentlich auch ein üppig bunter Blütenflor, zumindest mit Kamille, Klatsch-Mohn oder Kornblume. In manchen Gegenden kennt man diese prächtigen Wildkräuter fast nur noch vom Hörensagen. Noch schlimmer steht es um so attraktive Arten wie Acker-Rittersporn, Acker-Hahnenfuß, Ochsenzunge oder Kornrade.
Viele dieser Pflanzen stammen aus dem warmen Süden oder sogar aus Vorderasien. Sie sind erst mit dem Beginn des Ackerbaus in der Jungsteinzeit nach Mitteleuropa verschleppt und verbreitet worden. Die modernen Methoden der Ackerbestellung und Saatgutreinigung, vor allem der Einsatz von Wildkrautvernichtungsmitteln haben viele Begleitpflanzen verschwinden lassen oder an den Rand des Aussterbens gebracht.

Bunter Ackerrandstreifen mit Kornrade, Acker-Hundskamille und Klatsch-Mohn – fast schon ein historisches Bild.

Um ihnen dennoch das Überleben zu sichern, wurde vor einigen Jahren das Ackerrandstreifen-Programm eingeführt: Ein mehrere Meter breiter Randstreifen großer Getreideäcker bleibt von der jährlichen Giftdusche verschont und erlaubt den Wildkräutern die Entwicklung.

Etwas abwechslungsreicher geht es häufig auf den Hackfruchtäckern zu, auf denen man keine Pflanzenvernichtung betreiben kann, ohne gleichzeitig die Kulturpflanzen zu schädigen. Verschiedene Taubnessel- und Ehrenpreis-Arten, Acker-Gauchheil, Wilder Feldsalat, Acker-Hornkraut und viele andere bilden hier eine bunte Flur.

Ein starkes Stück

- Knotenbereiche und Zwischenknotenstücke von Gras- oder Getreidehalmen mit der Lupe betrachten.
- Querschnitte durch verschiedene Halme im Mikroskop anschauen.
- Reife Getreidekörner mit der Lupe anschauen und Quer- oder Längsschnitte mikroskopieren.
- Auf Feldgemüse- und Futterpflanzenanbau achten.

Reservistenübung

- Bodenproben von verschiedenen Ackerrändern vom Spaziergang mit nach Hause bringen und in Schalen ankultivieren.
- Attraktive Wildkräuter (Klatsch-Mohn, Kornblume, Acker-Ringelblume, Kamille), auf einem Sommerblumenbeet aussäen.

Öhrchentest: am Blattgrund sind die Getreidearten leicht zu unterscheiden.

Unterwegs im Wald

In nicht allzuferner Vergangenheit bedeckten dichte Urwälder den größten Teil unserer Landschaft. Sie sind heute bis auf wenige kleine Areale in Naturschutzgebieten vollständig verschwunden. Doch ein relativ naturbelassener Mischwald läßt in etwa noch erahnen, wie es einmal gewesen sein mag im tiefen Wald. Räuber wird man sicherlich nicht mehr finden, dafür erschließen sich dem stillen Wanderer und wachen Beobachter jedoch Sinneseindrücke und Erlebnisse von ganz besonderer Art. Nach einem Regenschauer verströmt der Waldboden seinen würzigen, herben Duft, auf Lichtungen locken Brombeeren und Himbeeren mit saftigen Früchten. Spechte bearbeiten lautstark hackend Baumstämme, und Käuzchen rufen ihr schaurig-schönes „huhuhu" in die Dämmerung. Im Laub raschelt kleines und größeres Getier. Vielerlei Spuren kann man entdecken, die von reichem Waldleben zeugen.

Ausflug auf die Lichtung: Rehgeiß mit Kitz (ganz oben).

Einfach himmlisch: Erdstern (oben).

Kleinod des Waldes: Leberblümchen.

Baumstumpf frei für Untermieter

Was der Wald im Großen bietet, erfüllt ein Baumstumpf im Kleinen. Er ist Versteck, Mietshaus, Gaststätte, Herberge und Jagdrevier.

Ist ein Baum gefällt, bleibt ein recht kahler, nackter Stumpf zurück. Aber es dauert nicht lange, dann finden sich bereits erste Gäste ein. Verschiedene Borken- und Bockkäfer verschwinden unter der Rinde, um ihre Eier dort abzulegen. Aus den Eiern schlüpfen bald Larven, die Gänge und Kammern ins Holz fressen. Dort, wo es dicke Larven gibt, stellen sich auch bald gefräßige Räuber ein, wie der Ameisenbuntkäfer oder die Larven des Roten Schnellkäfers.

Auf der Suche nach Käferlarven durchstreift der räuberische Ameisenbuntkäfer gerne Baumstubben.

Umbaumaßnahmen

Die erste bohrende und holzfressende Mietergeneration richtet ihre Wohnstatt so zu, daß Regen eindringen kann und der frische Baumstumpf stark durchnäßt wird. Nun finden feuchtigkeitsliebende Pilze ideale Wachstumsbedingungen vor. Mit ihren Hyphen dringen sie unter die Rinde und durchziehen bald auch das Innere des Stubbens. Pilze sind über lange Jahre Dauermieter im Baumstubben. Dies zeigt sich eindrucksvoll, wenn Fruchtkörper wie Konsolen am Baumstumpf sitzen. Durch die zerstörerische Tätigkeit der Pilze entstehen Risse und Ritzen, in die ständig neue Feuchtigkeit eindringen kann. Der Baumstumpf wird immer morscher. In diesem Stadium setzt eine Invasion von Kleinlebewesen ein. Milben, Springschwänze, Fadenwürmer nisten sich ein und wiederum Käfer. Balkenschröter, Mulmbock und Goldkäfer sowie ihre Larven lieben morsches, stark verrottetes Holz.

Auch Holzschlupfwespen tragen zur weiteren Durchlöcherung des Stubbens bei. Mit ihren langen Legestacheln durchbohren sie die Oberfläche des Stubbens dort, wo sie Käferlarven geortet haben und legen ihre Eier ab. Die schlüpfenden Larven nutzen ihren Wirt als lebende Speisekammer.

Fassadenbegrünung

Im Baumstumpf wird gefressen, zersetzt und verdaut, und als natürliche Folge sammelt sich eine dünne Schicht Humus rund um den Stubben an. Moose und Flechten siedeln sich an. Nun fühlen sich auch Algen wohl, die dem Stubben zusätzlich einen feinen grünen Anstrich verleihen. Während im Inneren der Abbau weitergeht, weiden inzwischen außen Schnecken die Algenmatten ab und raspeln über das morsche Holz.

Dem Verfall preisgegeben

Nach einigen Jahren gleicht der ehemalige Baumstumpf-„Neubau“ einer Ruine. Was wie eine Tragödie klingt, ist allerdings keine. Alle Veränderungen im und am Stubben dienen letztendlich seinem Abbau. Jeder Vormieter schafft für die Nachmieter geeignete Wohn-, Lebens- und Ernährungsgrundlagen. Die organische Substanz des Baumstumpfes wird dabei Schritt für Schritt zerlegt. Am Ende unterscheidet sich der Stubben nicht mehr vom umliegenden Waldboden.

Hochmoderne Bohrtechnik: Zielgenau legt die Holzschlupfwespe ihre Eier ins Holz (links).

Langsamer Zerfall einer Buche: vom frischen Baumstumpf zum Haufen Humus.

Forschungsreise am Baumstubben

Ein verrotteter Baumstumpf ist ein wahrer Minizoo. In den Ritzen der Rinde krabbeln und verstecken sich viele kleine Insekten und anderes Kleingetier.

- Schiebe mit einem dünnen Pinsel kleine Insekten vorsichtig in ein Glas. Wenn du die Krabbeltiere mit der Lupe betrachtest, kannst du auch die Winzlinge unter ihnen genauer erkennen. Laß alle anschließend wieder frei.
- Unter abgesprungener Rinde sind Myzele verschiedener holzzersetzender Pilze zu finden. Du kannst Stücke mit nach Hause nehmen und dir die zarten Pilzhyphen mit der Stereolupe oder dem Mikroskop genauer ansehen.

Bodenschätze des Laubwaldes

Im Frühling, wenn der Schnee schmilzt, dauert es nicht lange, und der dunkle Waldboden erscheint wie mit funkelnden Edelsteinen übersät.

Sobald die ersten wärmenden Sonnenstrahlen im Frühjahr auf den Waldboden treffen, beenden die Frühblüher unter den Waldblumen ihre Winterruhe und bringen rasch ihre farbenfrohen Blüten hervor. Das Busch-Windröschen bildet mit seinen weißen Blüten ausgedehnte Teppiche, und das Scharbockskraut sprenkelt den Waldboden mit gelben Farbtupfern. Leberblümchen und Blaustern tragen mit violetten und blauen Blüten zur Vervollständigung der Farbpalette bei, und der Hohle Lerchensporn verblüfft mit wechselnder Blütenfarbe. Von Weiß bis Rötlich-Violett reicht sein Farbenspiel.

Eile ist geboten

Viele krautige Blütenpflanzen sterben im späten Herbst ab, und nur der Samen überwintert. Im Frühjahr, wenn der Samen auskeimt, werden Wurzel, Sproß und Blätter gebildet, mit deren Hilfe die neue Pflanze ihren Nährstoffbedarf deckt, und schließlich blüht sie und erzeugt neue Samen. Für eine solch langwierige Entwicklung fehlt den Frühblühern des Laubwaldes jedoch die Zeit. Denn mit länger werdenden Tagen beenden auch die im Herbst angelegten Blattknospen der Bäume ihre Winterruhe und brechen auf. Bis Ende Mai hat sich das frische Grün der Laubbäume bereits wieder zu einem dichten Kronendach geschlossen, das nur noch wenige Sonnenstrahlen hindurchläßt. Auf dem Waldboden wird es schattig und kühl – schlechte Wachstumsbedingungen für die Pflanzen im Souterrain

Unterirdische Speicherorgane (oben): Rhizom (Busch-Windröschen, links), Knolle (Scharbockskraut, Mitte), Zwiebel (Blaustern, rechts).

Leuchtendblaue Leberblümchen locken Insekten zum Blütenbesuch (rechts).

Blütenstudien

- Blüten der Frühjahrsblüher genau ansehen, zeichnen oder fotografieren.
- Die Blüten von Busch-Windröschen, Blaustern und Scharbockskraut bieten bestäubenden Insekten offene Landeplätze. Wie können die geschlossenen Blüten der Frühlings-Platterbse und des Hohlen Lerchensporns bestäubt werden?
- Blühzeitpunkt der verschiedenen Frühjahrsblüher notieren und gleichzeitig auf die Entwicklung der Blätter an den Laubbäumen achten.

mit Wärme auftankt, werden die Reservestoffe rasch mobilisiert. Und bevor sich das Blätterdach der Bäume schließt, haben die Frühblüher bereits ihre Jahresleistung vollbracht. Sie haben Blätter und Blüten gebildet, Samen für ihre Verbreitung erzeugt und bereits neue Nährstoffe für das nächste Jahr gespeichert.

Von der Blüte zum Blütenmeer

Wie alle Lebewesen streben auch die Blütenpflanzen des Waldes eine üppige Vermehrung und möglichst weite Verbreitung an. Beim Leberblümchen erscheint noch vor den Blättern die Blüte, bereit für den Besuch bestäubender Insekten. Lebhaften In-

des Waldes! Bis zu diesem Zeitpunkt müssen sie schon einen großen Teil ihres Lebenszyklus abgeschlossen haben.

Leben vom Eingemachten

Für die Frühblüher stellt dies kein sonderlich großes Problem dar, denn es sind mehrjährige Pflanzen, die im Vorjahr Vorräte in Nährstoffdepots angelegt haben. Als solche Depots dienen ihnen unterirdische Pflanzenteile wie Rhizome, Knollen oder Zwiebeln, die fleischig verdickt und vollgestopft mit Reservestoffen den Winter im Boden überdauern. Wenn die Sonne noch ungehindert auf den Waldboden trifft und ihn

sektenbesuch garantieren auch die Blütenfarben Blauviolett und Gelb; sie wirken besonders anziehend auf Blütenbesucher. Ist für die Bestäubung gut gesorgt, bleibt noch das Problem einer effektiven Samenverbreitung. Viele Frühblüher des Waldes setzen auf die Hilfe der Ameisen. Sie statten ihre Samen mit schmackhaften Anhängseln aus, den sogenannten Elaiosomen. Die Ameisen sammeln die Samen, verschleppen sie zu ihren Burgen und verbreiten sie so an neuen Plätzen.
Die Frühblüher des Laubwaldes sind zudem wichtige erste Nahrungsquellen für das neu erwachende Insektenleben.

Frühlingsboten im Laubwald: Busch-Windröschen, hier mit rosa angehauchten Blüten (oben links), sonnengelbes Scharbockskraut (Mitte), rosa und weiß blühender Hohler Lerchensporn (unten).

Zahn um Zahn

Wenn kleine und große Bewohner des Waldes auf Nahrungssuche durch ihr Revier streifen, hinterlassen sie nach einer Mahlzeit verräterische Spuren.

Rötelmaus

Waldmaus

Eichhörnchen

Kohlmeise

Oben: Fraßspuren an Haselnüssen – wer war's?

Die Speisekarte des Waldes ist reichhaltig. Sie bietet das ganze Jahr über Köstlichkeiten für jedes Tier. Fraßspuren verraten oft deutlich, wer gerade womit seinen Hunger gestillt hat. Sehr eindrucksvoll sind die Wühlspuren von Wildschweinen. Auf der Suche nach Eicheln, Wurzeln und Pilzen stöbern die Schwarzröcke mit ihren Schnauzen in der Erde und pflügen den Boden dabei recht unsanft um. Ebenfalls auffällig sind Schälspuren an Ästen oder Stämmen junger Bäume. Vor allem im Winter, wenn das Nahrungsangebot knapp wird, knabbern Rehe und Hirsche gern die Rinde von den Bäumen, was die Forstleute allerdings wenig schätzen. Neue Anpflanzungen sind deshalb oft mit Drahtgittern vor Verbiß geschützt.

Die Nußknacker- und Zapfenbande

Die kleinen Nagetiere des Waldes mögen Haselnüsse besonders gern. Es kostet allerdings einige Mühe, um an diese Leckerbissen zu gelangen – aber jedes Tier hat seine spezielle Technik.

Waldbäume haben noch weitere Leckereien im Angebot. In den Zapfen der Nadelbäume sitzen unter den Schuppen nahrhafte Samen. Die Rötelmaus klettert auf Fichten, holt sich einen Zapfen und beißt fein säuberlich die Schuppen ab, um an die begehrten Samen zu gelangen. Eichhörnchen machen es auf die gleiche Weise, nur nicht ganz so akkurat.

Zapfen stehen auch auf dem Speiseplan mancher Waldvögel. Spechte suchen in der

Aufgaben für Detektive

- Untersuche Gewölle von Eulen und Greifvögeln. In Eulengewöllen findest du immer Knochen der Beutetiere. Gewölle vom Habicht oder Bussard enthalten keine Knochen, denn sie werden von den Taggreifen verdaut.
- Wenn du eine Rupfung findest, kannst du die Federn sammeln und auf Pappe kleben. Ordne sie nach Federtypen: Schwung-, Schwanz-, Bauch- und andere Federn.
- Wenn du unter abgelöster Rinde Käferfraßbilder findest, kannst du am Verlauf der Gänge bestimmen, welche Käferlarve am Werk war. Schäle selbst keine Rindenstücke ab, denn einige seltene Bock- und Borkenkäferarten sind geschützt.

Geschickt knackt das Eichhörnchen Nüsse, Eicheln und Bucheckern (rechts).

Die Larven des Großen Waldgärtners bohren vom Muttergang abzweigend lange Gänge ins Holz (Mitte rechts).

Borke von Bäumen nach geeigneten Ritzen und Spalten. Dort wird der Zapfen festgeklemmt und aufgehackt. Die leeren Zapfen findet man in großer Anzahl unter einer solchen Spechtschmiede.
Auch die Singdrosseln benutzen Werkstätten zur „Zubereitung" ihrer Nahrung. Findet man aufgehackte Schneckenhäuser in größerer Anzahl rund um einen Baumstumpf oder einen Stein verstreut, hat man einen Drosselamboß vor sich.

Abgenagte Fichtenzapfen – die „Täter" waren Maus, Eichhörnchen, Specht und Fichtenkreuzschnabel (v.l.n.r.).

Fressen und gefressen werden

Nicht alle Tiere des Waldes begnügen sich mit pflanzlicher Kost. Auf der Suche nach Ameisen und Insektenlarven hackt der Schwarzspecht große Löcher in Baumstämme. Eulen und Greife machen Jagd auf Mäuse, aber auch auf Vögel. Hat ein Habicht einen Beutevogel erwischt, fliegt er mit ihm an einen geschützten Platz und rupft, bevor er ihn verspeist, die unverdaulichen Federn aus. Eulen gehen in der Dämmerung auf lautlose Jagd. Haben sie ein Beutetier mit ihrem feinen Gehör geortet und gegriffen, verschlingen sie es mit Haut und Haar. Alles Unverdauliche, wie Fell und Knochen, wird im Magen zusammengepreßt und wieder herausgewürgt. Diese Speiballen nennt man Gewölle.

Auch Insekten haben Hunger

Viele Fraßspuren, vor allem die von Insekten, entdeckt man erst bei genauem Hinsehen. Ein winziges Loch in Eicheln zeigt an, daß hier der Eichelbohrer am Werk war. Er legt seine Eier in unreife Eicheln, deren Inneres den Larven als Nahrung dient.
Auch Blätter weisen oft Fraßspuren auf. Die Larven der Miniermotte fressen anfangs dünne und später, entsprechend ihrer zunehmenden Leibesfülle, immer breiter werdende Gänge durch das saftige Blattgewebe.

Für den Fichtenkreuzschnabel ist das Aufschlitzen von Fichtenzapfen kein Problem.

Winterliche Spurensuche

Die Tiere des Waldes sind scheu und halten sich gut versteckt. Bei genauerem Hinsehen kann man aber eine Vielzahl von Spuren finden, die Hinweise geben auf Nahrungswahl, Nahrungsbearbeitung, Freßgewohnheiten oder Verhalten der heimlichen Waldbewohner. Mit etwas Glück entdeckt man: ***1*** *Fasanenspur,*

2 von Insekten ausgefressene Bucheckern, **3** Eulengewölle, **4** von Vögeln aufgewühltes Fallaub, **5** Fraßspuren des Buchdruckers, **6** von Mäusen aufgenagte Haselnüsse, **7** Rupfung eines Greifvogels, **8** Fraßspuren von Eichhörnchen an Fichtenzapfen und **9** eingeklemmte Haselnuß („Spechtschmiede").

Auch Bäume haben manchmal Gallen

Bäume besitzen Wurzeln und Blätter, Blüten, Früchte und Samen – aber Gallen?

An Blättern, Blattstielen, Zweigen und Wurzeln von Bäumen findet man oft auffällige Wucherungen und Verdickungen, die man Gallen nennt. Wie Fremdkörper wirken sie, und tatsächlich sind es auch für die Pflanze vollkommen nutzlose Gebilde. Es sind Behausungen, Baumhäuser - konstruiert nach dem Plan fremder Architekten.

Bauherrenmodelle

Die fleischigen, kugeligen, zipfeligen, zottelig behaarten oder glatten Objekte sind das Werk verschiedener kleiner Lebewesen - von Bakterien, Fadenwürmern, Milben oder Insekten. Diese Tiere haben den Namenszusatz „Gall-“ erhalten (z. B. Gallmilbe, Gallmücke, Gallwespe, Gallaus), weil sie die Fähigkeit besitzen, Gallen an Pflanzen hervorzurufen. Die kleinen Bauherren liefern allerdings nur den Plan, wie das Baumhaus auszusehen hat. An den eigentlichen Baumaßnahmen zur Errichtung der Galle beteiligen sie sich nicht. Sie zwingen vielmehr den Baum, ihnen mit seinen eigenen Baustoffen ein Dach über dem Kopf zu errichten. Der Baum wird förmlich überrumpelt und ausgetrickst.

Eichengallen sitzen an der Unterseite von Eichenblättern (oben).

Ananasgallen an Fichtentrieben beherbergen die Larven der Fichtengallaus (oben rechts).

Gallen im Glas – so läßt sich das Schlüpfen der Bewohner gut beobachten (rechts).

Leben im Miniaturbaumhaus

Auf Buchenblättern findet man recht häufig grüne, später rötliche, zipfelmützige Gallen der Buchengallmücke. Die kleinen Mücken kleben im Frühjahr ihre Eier auf die Oberfläche junger Buchenblätter. Die schlüpfenden Larven benetzen kleine Areale an den Blattrippen mit Speichel, der Wirkstoffe enthält, die das Blatt veranlassen, rund um die Larven Gallen zu bilden. Im Inneren der Behausung bleibt jeweils eine Larvenkammer frei, in der sich die Nachkommenschaft, gut geschützt und vom Wirt bestens mit Nahrung versorgt, entwickelt. Im Herbst, wenn der Baum seine Blätter abwirft, segeln die Larven mit Haus und Grundstück sanft auf den Boden und verpuppen sich dort. Im nächsten Frühjahr schlüpft eine neue Buchengallmückengeneration aus, und der Kreislauf beginnt von neuem.

Die merkwürdig verdickten, anfangs fleischig-grünen Ananasgallen an den jungen Trieben von Fichten beherbergen mehrere Larven der Fichtengallaus. Sind die fertigen Läuse geschlüpft,

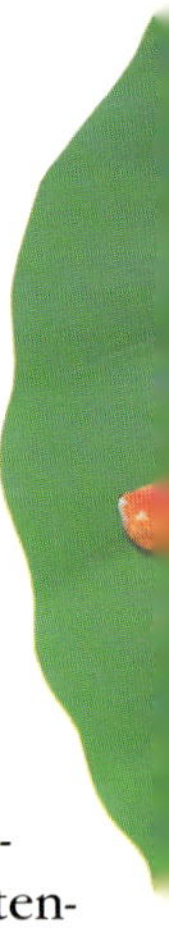

Die Gallen der Buchengallmücke sehen aus wie kleine rote Zipfelmützen.

verhärtet die Galle und wirkt dann wie ein verkrüppelter Zapfen.

Kleinkrieg mit chemischen Waffen

Ganz ohne Gegenwehr ergeben sich die Pflanzen allerdings nicht in ihr Schicksal, einen ungebetenen Gast durchfüttern zu müssen. Als Gegenmaßnahme produzieren sie im Gallgewebe große Mengen Gerbstoffe, die die Nährstoffversorgung der Larven blockieren. Im Gegenzug setzen die Larven nun ihrerseits Kampfstoffe ein, die die Gerbstoffe unschädlich machen. Die Pflanze verstärkt daraufhin noch einmal die Gerbstoffproduktion. Wenn zwei sich streiten, freut sich der Dritte: Als Nutznießer hat der Mensch die Gallen entdeckt. Der überaus hohe Gerbstoffgehalt macht die Wucherungen zu einer geeigneten Quelle für die Gewinnung von Gallussäure, die auch heute noch zum Gerben von Leder verwendet wird. Außerdem kann man aus Pflanzengallen eine wertvolle Tinte, die Eisengallus-Tinte, herstellen. Sie ist absolut lichtecht und wird zum Unterzeichnen wichtiger Dokumente benutzt.

Hausbesetzer, Mitbewohner, Nachmieter

- Im Herbst Blätter mit Gallen sammeln, auf etwas feuchten Rindenmulch in ein Glasgefäß legen und fest mit feinmaschiger Gaze verschließen. Feucht und kühl gehalten, schlüpfen im Frühjahr mit etwas Glück die Gallenbewohner. Es sind nicht immer die eigentlichen Gallenerreger. Die Behausungen sind willkommener Unterschlupf für andere kleine Tiere, die vom Schutz und Nahrungsangebot in den Gallen profitieren.
- Man kann auch eine frische Galle aufschneiden und sich die Bewohner mit der Lupe genauer ansehen. Aber Vorsicht! Manche Gallen sind sehr hart, und das Messer kann leicht abrutschen.

Einblick: Die Larve der Buchengallmücke in ihrer Galle.

Wimmelnde Welt

Ein Ameisenhügel ist mehr als nur ein Haufen aufgetürmter Nadeln und Stöckchen.
In diesem Bauwerk leben und arbeiten über eine Million Ameisen.

Ein Ameisenstaat ist eine gut durchorganisierte Gemeinschaft. Jede Ameise besitzt eine spezielle Aufgabe. Am zahlreichsten sind die weiblichen Arbeiterinnen. Sie gehen auf die Jagd, sorgen für Nahrung, füttern und pflegen die junge Brut oder bessern den Bau aus. Einige sind als Wächter für den Schutz des Volkes und die Bewachung der Burg zuständig. Die Königin widmet sich nur noch dem Eierlegen. Im Sommer gibt es noch männliche Ameisen im Bau. Ihr Leben ist jedoch recht kurz: Nachdem sie ihre Aufgabe, die Königinnen zu befruchten, erfüllt haben, sterben sie.

Was Ameisen so alles mögen

Ameisen leben von gemischter Kost. Als Schädlingsvertilger sind sie bei Forstleuten hochgeschätzt: Fleißig machen sie Jagd auf Insekten und deren Larven, auf Schnecken und Würmer. Gern sammeln sie auch die Samen von Waldblumen. Sie fressen allerdings nur die nahrhaften Anhängsel, der Samen bleibt unversehrt. Unbeabsichtigt betätigen sie sich somit als Gärtner und sorgen für die Ausbreitung vieler Waldblumen. Um in den Genuß einer ganz besonderen Leckerei zu kommen, betreuen und halten sich Ameisen Blattläuse wie eine eigene „Viehherde". Diese kleinen, an jungen Pflanzentrieben saugenden Insekten sondern Honigtau, einen Zuckersaft, aus ihrem Hinterleib ab, den die Ameisen abzapfen.

Immer in Eile

Unterirdisch legen Ameisen Gänge an, oberirdisch verläuft der Verkehr über Ameisenstraßen. Hier werden Informationen über Futterplätze ausgetauscht, Baumaterial und Nahrung herangeschleppt. Große Beutetiere werden in Teamarbeit getragen, geschoben und gezogen. Den Heimweg von ihren Streifzügen finden Ameisen problemlos wieder. Sie legen Duftspuren, die auch von den anderen Mitgliedern des Volkes erkannt werden.
Feinde auf offener Straße werden mutig attackiert. Waldameisen beißen, richten ihren Hinterleib durch die Beine hindurch nach vorn und spritzen zielsicher ätzende Ameisensäure auf den Angreifer. Für kleinere Tiere kann das tödlich enden.
Auch im Inneren der Ameisenburg wuseln die Arbeiterinnen unablässig. Die emsigen Tierchen betreiben eine sehr fürsorgliche Brutpflege: Da wird gewendet, gesäubert, gefüttert, Eier und Larven werden umgebettet, gekühlt oder gewärmt.
Zu tun gibt es genug, denn die Königin legt laufend Eier.
Und da sie bis zu 20 Jahre alt werden kann, kommt

Mit vereinten Kräften werden große Beutetiere zur Burg geschleppt.

Interessantes – haufenweise

- Ameisen mögen freien Lauf auf ihren Straßen. Lege ihnen ein kleines Stöckchen oder ein Blatt in den Weg. Sie können ihre Duftspur nicht aufnehmen und laufen ratlos hin und her. Natürlich entfernst du die Hindernisse wieder.
- Wedele einmal mit der Hand oder einem Stück Papier leicht über dem Ameisenhaufen. Die Wächter werden in Abwehr-, d.h. in Spritzstellung gehen.
- Waldameisen stehen unter strengem Naturschutz!

Im Sommer gehen geflügelte Jungköniginnen auf Hochzeitsflug.

Ein Gitter schützt vor Ameisenräubern und anderen Störenfrieden.

Sorgsam betten die Arbeiterinnen die Larven um.

eine stattliche Anzahl an Nachkommen zusammen. Irgendwann muß dann ein Teil der Besatzung auswandern und ein neues Quartier errichten. Am Fuße eines Baumes oder unter einem alten Baumstubben werden Gänge in den Boden und in das morsche Holz getrieben und Kammern angelegt. Darüber stapeln die Arbeiterinnen Äste und Nadeln, die ebenfalls von Gängen und Kammern durchzogen sind. Der gut sichtbare Ameisenhaufen ist sozusagen nur das Dach eines mehrgeschossigen unterirdischen Bauwerkes. Es ist allemal ein Kunstwerk, das nicht zerstört werden darf!

Die Spritzdrüse am Hinterleib dient dem Angriff und der Verteidigung.

Moosrasen – Dickichte im Kleinstformat

Undurchdringlich, feucht und düster – man könnte Moospolster für Miniaturausgaben eines Urwaldes halten.

Moospflanzen leben gesellig. Man findet sie nie allein, sondern stets dicht gedrängt zu vielen beieinanderstehend. Das Weißmoos bildet dicke, trittfeste Kissen, das Haarmützenmoos ausgedehnte, lockere Rasen. Umgestürzte Bäume können vom Zypressenmoos vollständig überwachsen werden. Die innige Nachbarschaft hat ihren Grund. Das einzelne Moospflänzchen ist nicht sehr standfest, sein Stämmchen ist dünn und recht instabil. Im dichten Moosrasen gibt eines dem anderen Halt. Zum anderen sind die Blättchen der Moose sehr zart und besitzen keinen Schutz vor Austrocknung. Im Polster befeuchten sich die kleinen Moosbäumchen gegenseitig, denn in den engen Zwischenräumen können Wassertropfen gut festgehalten werden.

Blattartiges Lebermoos, strubbeliges Bürstenmoos mit Sporenkapseln, kleiner Jäger im Moosdickicht: Moos-Skorpion (v.l.n.r.).

Fruchtbar ohne Blüten

Auch für die Befruchtung ist die enge Nachbarschaft von Vorteil, wenn nicht sogar unverzichtbar. Moose bringen keine Blüten und keinen Blütenstaub hervor, der von Insekten oder dem Wind auf andere Moospflanzen übertragen werden könnte. Vielmehr helfen Wassertropfen bei der Befruchtung. In ihnen schwimmen von den männlichen Moospflanzen stammende, kleine begeißelte Schwärmer zu den weiblichen Pflanzen und befruchten sie. Stünden die Moospflanzen weit verstreut, hätten die Schwärmer keine Chance, ihr Ziel zu erreichen. Nach der Befruchtung wachsen auf den Moosbäumchen kleine „Laternen" in die Höhe. Es sind Sporenkapseln, prall gefüllt mit winzigen Sporen. Auf langem Stiel reckt sich die Kapsel hoch über das Moospolster hinaus. Wenn es warm und trocken ist, neigt sich die Sporenkapsel etwas und gibt die Sporen wie ein Salzstreuer frei. Der Wind sorgt für ihre Ver-

Was ist los im Moos?

- Du kannst die ungeheuere Saugkraft testen, wenn du ein trockenes Moospolster in Wasser legst. Wenn es vollgesogen ist, drücke es vorsichtig aus und bestimme die Wassermenge.
- Bringe Tropfen von dem ausgedrückten Wasser auf einen Objektträger und beobachte die kleinen Lebewesen unter dem Mikroskop.
- Betrachte ein Moospolster mit reifen Sporenkapseln mit der Stereolupe. Unter der Wärme der Lampe platzen die Kapseln auf und verstreuen den Sporenstaub.
- Lege dir einen Moosgarten in einem größeren Glasbehälter an. Halte die eingepflanzten Moospolster feucht. Das gut belüftete „Moosarium" stellst du an einen hellen, aber nicht sonnigen Platz. So kannst du jederzeit interessante Beobachtungen machen.

Fadenwurm

Moosmilben

Die silbrig glänzenden, trittfesten Polster des Weißmooses sind ein wahrer Minizoo.

Moos-Rädertier

Bärtierchen

breitung. An günstigen Plätzen keimen sie aus und bilden neue Moosrasen.

Pioniere des Waldes

Moose besiedeln jeden möglichen Untergrund, auf dem sie mit ihren filzigen Haftwurzeln einigermaßen Halt finden: Holz, Erde, sogar Stein und Fels. Sie mögen es allerdings gern schattig und feucht, obwohl sie auch Trockenheit gut überstehen können. Bei Nässe saugen sie sich wie ein Schwamm voll und speichern die Feuchtigkeit über einen langen Zeitraum. Ein dichter Moosteppich stellt für den Wald ein unschätzbares Wasserreservoir dar.

Manche Moose besitzen weder Stiel noch Blätter im eigentlichen Sinn. Sie sehen aus wie kleine gelappte, plattgetretene Salatblättchen. Diese sehr ursprünglichen Lebermoose überziehen schattige Wegränder als ausgedehnte Lager. Bei Trockenheit gleichen sie pergamentartigen Häuten, bei Feuchtigkeit quellen sie auf. Auf dem Brunnenlebermoos sitzen kleine Trichter, die mit winzigen Lebermoosstückchen gefüllt sind. Sie dienen der Vermehrung.

Verborgene Welt

Ein Moosdickicht ist willkommener Unterschlupf und Versteck für viele kleine und kleinste Waldbodenbewohner. Insekten, Spinnen, Würmer und Schnecken ziehen sich gern in die feuchte Kühle und Dunkelheit eines Moospolsters zurück. Andere haben sich auf ein dauerhaftes Leben im grünen Dickicht eingerichtet. Milben, Fadenwürmer und mikroskopisch kleine Rädertierchen fühlen sich in diesem Miniaturwald geborgen und wohl. Besonders kuriose Moosbewohner sind die nur 1 mm großen Bärtierchen, die auf ihren acht Beinen durch das Moospolster klettern. Bei Trockenheit schrumpfen sie zu kugeligen Tönnchen zusammen und können in diesem Dauerstadium unwirtliche Zeiten monate- und sogar jahrelang überstehen.

Moose und Flechten wachsen oft in enger Nachbarschaft.

Leben in der Laubstreu

Man sieht sie nicht, man hört sie nicht, die Agenten im Untergrund. Im Verborgenen wirken und werken sie wie in geheimer Mission.

Auf dem Waldboden sammelt sich im Laufe eines Jahres so allerhand an - verschiedene abgestorbene Pflanzenteile, Blätter, Nadeln, Zweige, Rindenstücke, aber auch tierische Reste, Kot, Knochen und Federn. Bliebe dieses Altmaterial Jahr für Jahr unverändert liegen, würde der Wald bald an seinem eigenen Abfall ersticken. Dafür, daß dies nicht passiert, sorgt ein Heer kleiner Bodenlebewesen. Ihr Auftrag lautet: Müllbeseitigung. In aller Stille macht sich die Schar über alles Liegengebliebene her.

Abbau wie am Fließband

Im Laubwald haben die Abfallspezialisten jeden Herbst Hochkonjunktur. Allein eine mittelgroße Eiche wirft ungefähr 200 000 Blätter ab. Nadelbäume entledigen sich ihrer Nadeln zwar nicht auf einen Streich, dafür aber beständig über das ganze Jahr verteilt. Das bedeutet haufenweise Arbeit. Am Abbau der Laubstreu beteiligen sich Tausendfüßer, Asseln, Fadenwürmer, Schnurfüßer, Regenwürmer, Milben und Springschwänze. Dabei fallen nicht alle zur gleichen Zeit wahllos über die frische Laubstreu her; die Demontage erfolgt vielmehr Schritt für Schritt. Jeder Arbeitsgang wird von verschiedenen „Facharbeitern" erledigt. Winzige Springschwänze und Milben, die man nur mit der Lupe sehen kann, beginnen, kleine Fenster in ein Laubblatt zu fressen. Asseln und Saftkugler beißen große Löcher in das Blattgewebe, Schnurfüßer, Ohrwürmer und Tausendfüßer nagen fein säuberlich Gewebe von den Blattrippen ab. Zurück bleibt nur ein Blattskelett.
Bakterien und Pilze sind ebenfalls am Abbau beteiligt. Ihre Spezialität ist die chemische Abfallbehandlung. Sie zersetzen alles, was die Bodenarbeiter nicht verdauen kön-

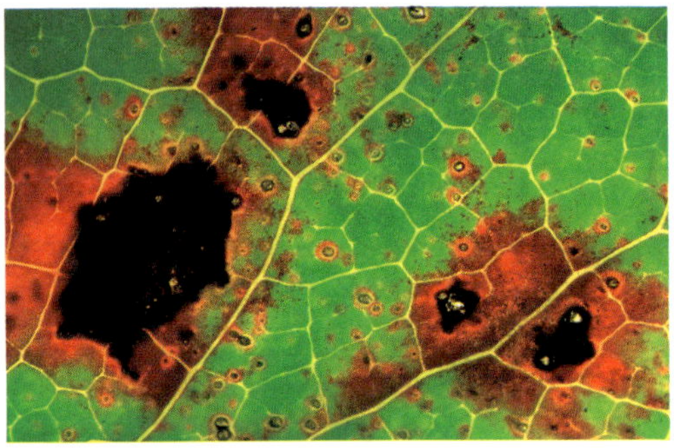

Abbau Schritt für Schritt: Springschwänze und Milben fressen kleine Fenster in das Blattgewebe …

Schlaraffenland Waldboden

- Wenn du Laubstreu in einem groben Sieb schüttelst, kannst du die Bodenbewohner in einer hellen Schale oder Schachtel auffangen und mit der Lupe betrachten. In einem Glas lassen sie sich noch besser beobachten. (Natürlich läßt du sie dann wieder frei). Haben Hundertfüßer tatsächlich hundert und Tausendfüßer gar tausend Beine?
- Wenn du die Laubstreu schichtweise abhebst, kannst du die fortschreitende Zerkleinerung der Blätter erkennen.
- Vergleiche Streu aus Laub- und Nadelwald. Nadelstreu ist mit Pilzhyphen regelrecht durchfilzt und riecht deshalb oft modrig-pilzig. Du wirst vorwiegend kleine Milben finden, die sich in die Nadeln hineinbohren.

nen. Sie sind für die Blattskelette und auch für die harten, harzimprägnierten Blätter der Nadelbäume zuständig.
Regenwürmer und dünne durchsichtige Fadenwürmer machen sich anschließend über die vorgekaute, zerkleinerte Laubstreu her und verwandeln das noch recht grob geschredderte Material in feinkrümeligen Humus. So entsteht aus pflanzlichem und tierischem Abfall wieder nährstoffreiche frische Walderde als Grundlage für üppiges Pflanzenwachstum.

Schnelle Jäger auf vielen Beinen

Das Millionenheer der kleinen Zersetzer bietet reichlich Nahrung für kleine Jäger wie Spinnen, Laufkäfer und Hundertfüßer. Der Erdläufer hat sich auf Regen- und Fadenwürmer spezialisiert. Er lähmt seine Opfer mit einem Giftbiß und saugt sie aus. In gleicher Weise macht sich ein nur wenige Millimeter großer Räuber über Springschwänze her, der Pseudoskorpion. Ist er bei seinen Streifzügen durch die Laubstreu nicht auf der Hut, wird er selbst zur Beute. Er steht neben Milben und Springschwänzen auf der Speisekarte des Steinläufers, und alle zusammen sind willkommene Beute für Laufkäfer.
Es ist nicht leicht, das Gewimmel in der Laubstreu zu beobachten, da die Bodenbewohner überaus lichtscheu sind. Am Tage kann man allerdings Weberknechte beobachten, die die Laubstreu nach nahrhaftem Kleingetier durchsuchen. An sonnigen, warmen Plätzen hält sich die Wolfsspinne gern auf. Als Bodenjäger baut sie kein Netz, sondern beschleicht ihre Beute und macht sich in einem geeigneten Moment mit einem Sprung über sie her.

Selbst über große Entfernungen nimmt der Totengräber den Geruch von Aas wahr.

… Asseln und Saftkugler nagen große Löcher …

… Tausendfüßer und Ohrwürmer verwandeln das Blatt in ein Blattskelett.

Bäume wie im Bilderbuch

Lauschige Linde, düstere Tanne, schlanke Birke, mächtige Eiche – jeder Baum hat seinen eigenen Charakter.

Das Erscheinungsbild eines Baumes wird ganz wesentlich von seiner Krone geprägt, von der Art der Verzweigung, von der dichten oder lockeren Belaubung. Trutzig wirkt die Eiche. Ihre Äste verzweigen sich in einem wirren Muster und bilden eine ausladende und mächtige Krone. Ganz anders sieht es bei den Nadelbäumen aus. Deren Zweige stehen sehr regelmäßig rund um den Stamm. An der Basis ragen sie weit nach außen, zur Spitze hin werden sie kürzer, so daß die für Fichten und Tannen so typische Kegelform entsteht. Ihre ganz charakteristische Form erreichen die Bäume allerdings nur dann, wenn sie freistehend wachsen.

Ein Platz an der Sonne

Im dichten Wald hat ein Baum keine Möglichkeit, eine weite, ausladende Krone zu formen. In unmittelbarer Nachbarschaft stehen seine Konkurrenten, die alle das gleiche Ziel verfolgen, nämlich die Blätter möglichst weit nach oben ans Licht zu befördern. Äste in den unteren Stammabschnitten, deren Blätter weitgehend im Schatten verbleiben, sterben bald ab. Das

Freistehende Rot-Buchen entwickeln eine mächtige Krone (rechts), im Wald bleiben sie rank und schlank (ganz rechts).

Sonnenlicht ist die Energiequelle zum Aufbau von Nährstoffen, die der Baum für sein Wachstum braucht. Viele Blätter mit einem günstigen Platz an der Sonne garantieren somit eine ausreichende Nährstoffversorgung.

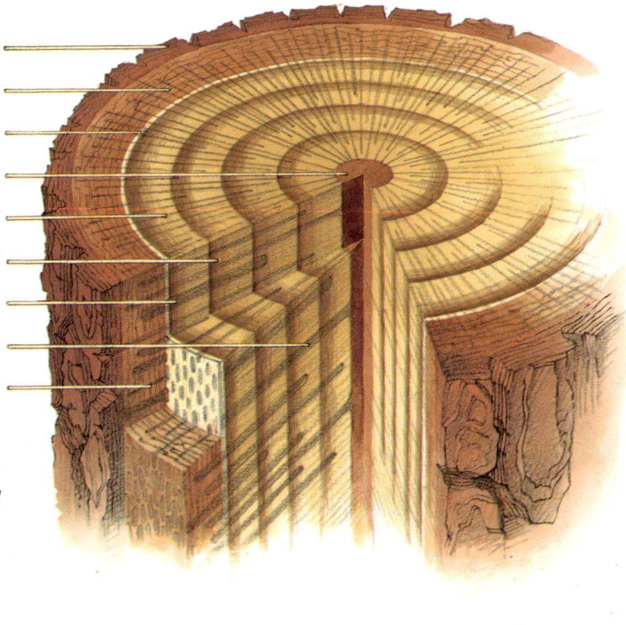

Kiefernstamm im Schnittbild

Eine Buche kann

- 900 Jahre alt werden
- 40 m hoch wachsen
- 2 m Stammdurchmesser erreichen
- 200 000 Blätter bilden
- 200 l Wasser täglich verdunsten
- für 10 Menschen täglich Sauerstoff liefern

Baumhöhe messen – *mit Hilfe eines „Meßstabes" (Lineal, Stock o. ä.) und eines Helfers kein Problem: Den Stab am ausgestreckten Arm senkrecht in Augenhöhe halten. Sich so weit vom Baum entfernen, bis das obere Stabende mit dem Wipfel und das untere mit dem Fuß des Baumes übereinstimmt. Dann den Stab waagrecht stellen. Den Helfer durch Zurufe bis zu dem Punkt dirigieren, an dem er und das rechte Stabende eine Linie bilden. Der Abstand zwischen Baum und Helfer entspricht nun der Höhe des Baumes.*

Riesen unter den Pflanzen

Das Wachsen in luftige Höhen und die mächtige Gestalt bringen allerdings Probleme mit sich. Die Blätter hoch oben in der Krone müssen mit Wasser versorgt, die in den Blättern produzierten Nährstoffe müssen abtransportiert und in alle anderen Pflanzenteile verteilt werden. Bäume haben zu diesem Zweck ein effektives Leitungssystem entwickelt. Direkt unter der Borke ziehen Leitgefäße von den Blättern bis in die Wurzeln zum Abtransport der Nährstoffe. Etwas weiter im Inneren des Stammes verlaufen die Leitbahnen, in denen das von den Wurzeln aufgenommene Wasser bis in die feinen Blattadern strömt.
Die Krone mit ihren verzweigten, stattlichen Ästen besitzt ein beachtliches Gewicht. Wenn dann noch der Wind durch das Blätterdach fegt, wirken zusätzlich enorme Kräfte auf den Baum ein. Er muß schon über ein hohes Maß an Stabilität und Festigkeit verfügen, um unter dieser Last nicht zu zerbersten. Stamm, Äste und Zweige der Bäume sind deshalb massiv verholzt, am stärksten die innersten Schichten, das Kernholz.

Alt wie Methusalem

Bäume können, wenn sie nicht vorzeitig gefällt werden, sehr alt werden. In dieser Zeit gewinnen sie nicht nur an Höhe, sie nehmen auch an Umfang zu. Alljährlich wird von einer dünnen Wachstumsschicht direkt unter der Rinde frisches Holz hergestellt, mit neuen funktionstüchtigen Leitbahnen. Im Frühling, wenn das Wachstum wieder beginnt, sind die Wasserleitgefäße weit und verleihen dem Holz eine helle Färbung. Im Herbst, wenn sich die Bäume auf die Winterruhe einstellen, sind sie eng und das Holz erscheint dunkler. Helles Frühjahrsholz und dunkles Spätholz ergeben zusammen einen Jahrring. An einem gefällten Baum oder am Baumstumpf kann man durch Auszählen der Jahrringe Auskunft über das Alter des Baumes erhalten.

Baumgeheimnisse

- Umfasse verschiedene Bäume mit ausgestreckten Armen. Solche mit rauher, rissiger Borke wirken warm, denn die Luft in den Zwischenräumen erwärmt sich rasch, wenn man seinen Körper an den Stamm drückt. Bäume mit glatter Rinde bleiben dagegen kalt.
- Stelle Borkenbilder her, indem du ein Blatt Papier an die Rinde drückst und mit einem flachen Wachsstift darüber reibst.
- Niemals Namen in die Rinde eines Baumes ritzen! Man verletzt dabei viele Leitgefäße, die dann nicht mehr funktionstüchtig sind.

Rund um die Pilze

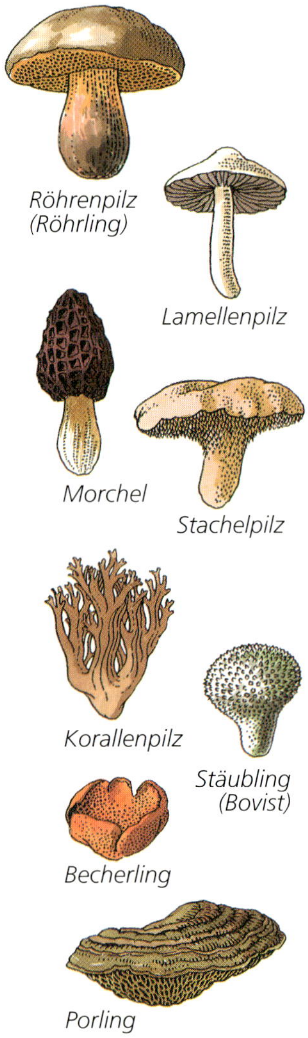

Verschiedene Fruchtkörperformen der Pilze (oben).

Sie sind nicht grün wie Pflanzen und nicht beweglich wie Tiere – Pilze sind ganz eigenartige Lebewesen.

Über Nacht schießen sie aus dem Boden und bereits nach wenigen Tagen sind sie schon wieder zerfallen und verschwunden. Pilze führen scheinbar ein recht kurzes Leben. Die Fruchtkörper, die sich aus der Erde ans Tageslicht schieben, sind jedoch nur ein Teil eines Pilzgewächses, wenn auch ein sehr wichtiger. Sie haben die Aufgabe, Sporen zu erzeugen und sie im Dienste der Vermehrung zu Tausenden in alle Winde zu verstreuen. Der eigentliche Pilzkörper lebt in der Erde. Dort bildet er ein Geflecht, ein sogenanntes Myzel, das aus vielen einzelnen Pilzfäden, den Hyphen, besteht. Das Pilzmyzel selbst ist langlebig, kann viele Jahre im Boden wachsen und Jahr für Jahr neue Fruchtkörper bilden. Wenn sich die Myzelien in alle Richtungen gleichförmig ausbreiten, stehen die Fruchtkörper auf der Erde im Kreis wie bei einem Reigen. Diese Erscheinung nennt man Hexenring.

Stäublinge puffen ihre reifen Sporen in den Wind.

Gut behütet

Durch leuchtende Farben und breitkrempige Kappen fallen die gestielten Pilze auf. Schaut man sich die Unterseite ihrer Hüte einmal genauer an, bemerkt man einen Unterschied. Bei den Blätter- oder Lamellenpilzen stehen einzelne dünne Lamellen wie Speichen eines Rades rund um den Stiel. Bei den Röhrlingen erscheint die Unterseite wie durchlöchert. Bei ihnen liegen enge, lange Röhren dicht aneinander. In den Lamellen und Röhren entwickeln sich die Sporen.

Andere Varianten

Außer den Hutpilzen findet man noch andere, manchmal sehr bizarr geformte Fruchtkörper. Sie erinnern an Korallen oder Badeschwämme, sehen aus wie kleine Keulen, winzige Pusteln oder erheben sich wie der Orangerote Becherling in Form einer kleinen Satellitenschüssel über dem Boden. Im Spätsommer schiebt sich zwischen Laub

Auf Pilzsuche

- Wenn du einen reifen Stäubling vom Boden löst und ihn leicht drückst, kannst du hervorragend die Windrichtung bestimmen: Der feine Sporenstaub wird beim leisesten Lüftchen verweht.
- Du kannst auch Sporenbilder herstellen: Löse reife Pilzhüte von den Stielen und lege sie unter einer Schüssel auf ein Stück stabilen Karton (je nach Sporenfarbe verwendet man einen hellen oder dunklen Karton). Wenn du die Hüte am nächsten Tag vorsichtig hochnimmst, sind die Sporen herausgefallen, und du hast ein genaues Abbild der Hutunterseite vor dir. Fixiere das empfindliche Sporenbild durch vorsichtiges Übersprühen mit Haarspray.
- Pilze besitzen oft ein wimmelndes Innenleben. Pilzmücken legen ihre Eier in die Fruchtkörper, aus denen Larven schlüpfen. Bewahre einen Pilz in einem Glasgefäß auf und beobachte die schlüpfenden Tierchen.

und Nadeln ein kugelförmiger Pilz aus dem Boden. Er sieht aus wie eine Kartoffelknolle und heißt auch so – Kartoffelbovist. Boviste gehören zu den Bauchpilzen, bei denen die staubfeinen Sporen im Inneren des Fruchtkörpers gebildet werden. Sind sie reif, platzt der Bauch auf und Wolken braunen Sporenstaubs puffen aus der Öffnung.

Waldpilze lieben Bäume

Viele Waldpilze leben nicht gern allein. Sie suchen sich einen Baum als Partner und umspinnen dessen Wurzelenden mit ihren Hyphen. Das feine Gespinst hilft dem Baum, Wasser und Nährsalze aus dem Waldboden aufzunehmen. Als Gegenleistung erhält der Pilz vom Baum organische Stoffe, die er als Nahrung braucht. Ein faires Tauschgeschäft!

Eine Lebensgemeinschaft zu beiderseitigem Nutzen der Partner nennt man ganz allgemein Symbiose, eine solche zwischen Baum und Pilz heißt Mykorrhiza. Viele Pilze sind ihren Baumpartnern treu. Milchlinge und Täublinge wachsen mit Kiefern, Fichten und Lärchen. Den Birkenpilz und die Rotkappe findet man nur unter Birken. Abgebrochene tote Äste und Baumstümpfe sind bevorzugte Siedlungsplätze holzbewohnender Pilze. Mit ihren Myzelien durchwachsen sie nach und nach das Holz, zersetzen es und ernähren sich von den Abbaustoffen. Das Totholz wird perfekt wiederverwertet. Viele holzbewohnende Pilze besitzen ausdauernde Fruchtkörper. Wie dicke Schirme oder kleine Vordächer stehen sie an totem Gehölz. Eichenwirrling, Birkenporling, Buchenschwamm – ihre Namen verraten, an welchem Baum sie wachsen.

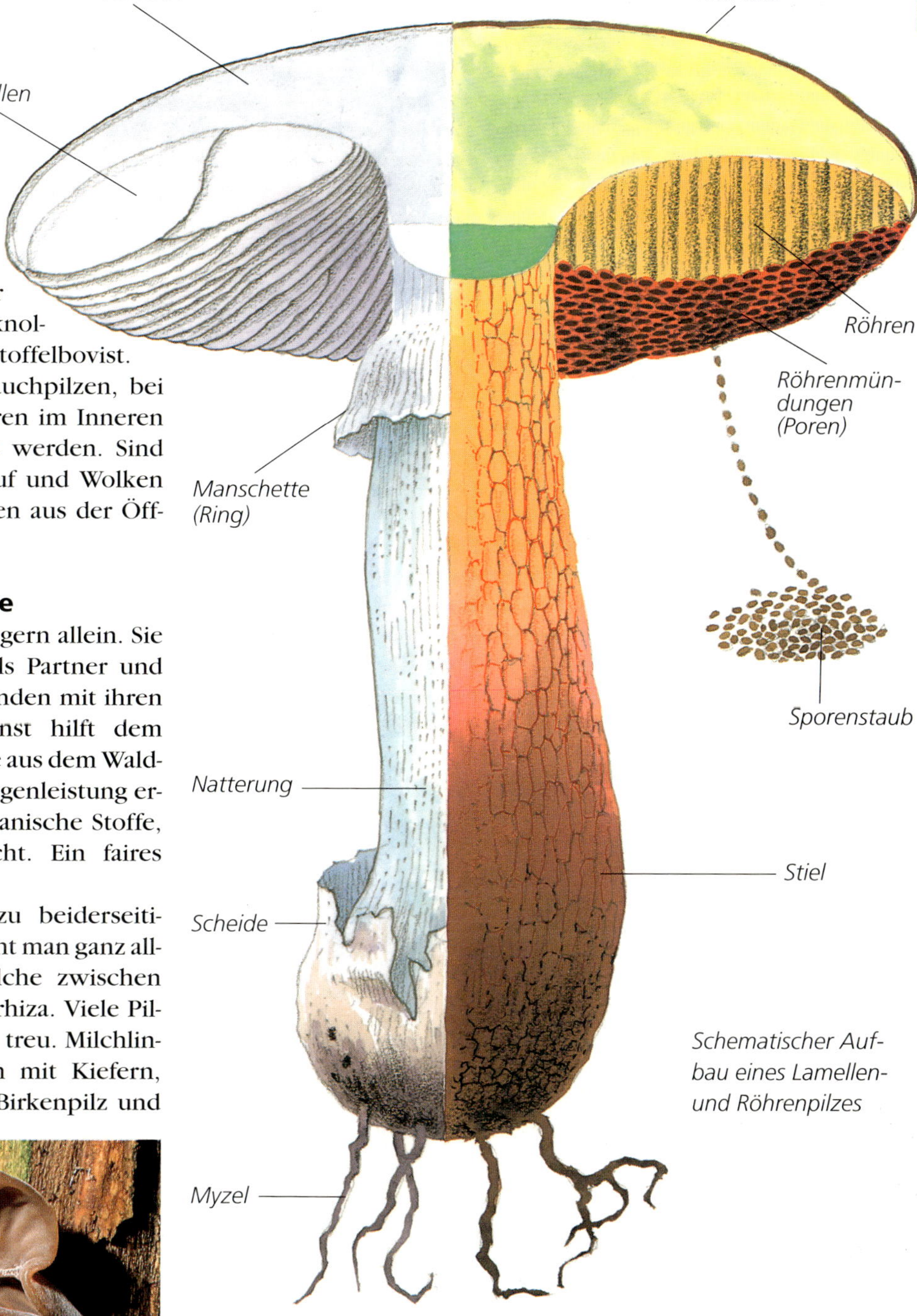

Schematischer Aufbau eines Lamellen- und Röhrenpilzes

Judasohr – wie kommt dieser Pilz wohl zu seinem Namen (links)?

Forschen im feuchten Element

Es ist kaum zu glauben, in welch mannigfaltiger Weise Wasser sich ergießen kann. Es sprudelt, stürzt, rinnt, fließt, strömt, wogt oder steht ganz einfach still. Je nachdem wie es sich gerade gebärdet, befinden wir uns an einem Sturzbach, einer Quelle, an einem schmalen Fluß oder breiten Strom, genießen die Ruhe eines kleinen Tümpels oder Weihers oder schauen über die weite Wasserfläche eines Sees. Dabei gleicht kein Fluß dem anderen, und jeder See ist für sich betrachtet einzigartig. Jedes Gewässer zeichnet sich durch sein eigenes Profil, seine Individualität aus und besitzt eine ihm eigene Tier- und Pflanzenwelt, denn es steht in vielfältiger Wechselwirkung mit der umgebenden Landschaft. So birgt jeder Tümpel Geheimnisse, die zu erforschen sich stets aufs neue lohnt.

Klettert gern: Laubfrosch (ganz oben).

Schneidert sich ein Kleid aus Wasserpflanzen: Köcherfliegenlarve (oben).

Schillernde Pracht: Eisvogel.

Vögel auf dem Wasser

Nicht nur der stolze Schwan und die niedlichen Entlein sind auf unseren Gewässern zu Hause – die unterschiedlichsten Vögel tummeln sich hier jahraus, jahrein.

Gefiederpflege muß sein: Lachmöwe beim Baden (oben rechts). Der Kormoran breitet seine durchnäßten Flügel zum Trocknen aus (S. 123 oben).

Am häufigsten und fast auf jedem Gewässer sind Enten zu beobachten. Majestätische Schwäne mischen sich unters Entenvolk und schwarze Bläßhühner tauchen hin und wieder ab, um an ganz anderer Stelle wieder aus dem Wasser zu schießen. An freien Uferflächen stolzieren Graugänse einher und warnen mit ihrem Geschnatter lauthals vor Eindringlingen. Sehr versteckt leben die gefiederten Röhrichtbewohner. Ihre Anwesenheit verraten Rohrschwirl, Rohrammer und Rohrsänger nur durch ihre melodischen Gesänge.

Sommergäste, Wintergäste, Jahresvögel

Während Stockente und Schnatterente, Teich- und Bläßhuhn, Schwan und auf größeren Seen auch die Lachmöwe Sommer wie Winter an ihrem Gewässer bleiben, verlassen einige Vögel im Herbst ihr Revier und ziehen in den Süden in wärmere Regionen. Dazu gehören vor allem die Röhrichtbewohner, aber auch die Graugänse. An ihrer Stelle finden sich andere Vögel ein, die entweder aus dem Norden kommend nur Zwischenstation auf ihrem Flug in den Süden machen oder als Wintergäste bleiben. Viele Möwen überwintern auf großen Binnenseen oder Flüssen, aber auch verschiedene Entenvögel, die das recht eintönige Stockentenszenario im Winter mit ihrer Vielfalt bereichern. Ein beeindruckendes Bild bieten die Kormorane, die auf ihrem Zug in den Süden an großen Seen oder Flüssen rasten oder sogar ihr Winterquartier aufschlagen. Mit weit ausgebreiteten Flügeln stehen sie am Ufer, um ihr Gefieder zu trocknen, das während der Fischjagd vollständig durchnäßt wurde.

Auf langen Beinen stelzt der Graureiher durchs Wasser und späht nach Beute .

Mit Fernglas auf Vogelpirsch

- Beobachte Vögel zu verschiedenen Jahreszeiten. Welche verlassen im Herbst das Gewässer und wann kommen neue Gäste? Bleiben sie oder machen sie nur Zwischenstation?
- Beobachte, wie die Wasservögel im Winter auf zufrierendem See stets durch Schwimmen eine kleine Fläche eisfrei halten.
- Halte bei deinen Beobachtungen immer gebührend großen Abstand. Bei Störung fliegen Wasservögel oftmals panikartig auf. In der Brutzeit kehren sie lange nicht an ihr Nest zurück, und die jungen Vögel bleiben dann ohne Nahrung und Schutz. Manche großen Wasservögel, wie Schwäne und Graugänse, können auch sehr aggressiv auf Störungen reagieren.

Schwimmen, tauchen, waten

Echte Wasservögel halten sich die meiste Zeit auf der freien Wasserfläche auf; dort manövrieren sie sehr geschickt. Ihre Beine sitzen sehr weit hinten am Körper, was ihnen auf dem Wasser zu einer raschen Fortbewegung verhilft, ihnen an Land allerdings den typischen watschelnden Gang verleiht. Enten und Bläßhühner gehen ebenfalls tauchend auf Nahrungssuche; sie zupfen die am Gewässergrund wachsenden Pflanzen ab. Stockenten sieht man oft in der wohlbekannten Haltung: Kopf im Wasser – Bürzel in der Höhe. Eine Lieblingsspeise vieler Wasservögel ist die Wasserlinse, die im Sommer die Wasseroberfläche kleiner Weiher fast vollständig bedeckt. Enten durchschnattern diesen grünen Teppich mit Vorliebe, was der kleinen Pflanze den Namen Entengrütze eingebracht hat.

Stelzen und stochern

Eine ganz andere Art gefiederter Gewässerbewohner kann man im Sommer oder als Durchzügler ab Herbst an den Ufersäumen und angrenzenden feuchten Flachwasserzonen der Seen und Weiher beobachten. Auf dünnen, langen Beinen stelzen die Watvögel einher und stochern mit ihren langen Schnäbeln im seichten Uferschlamm nach Insekten, Schnecken und Würmern. Der Graureiher hat sich wieder einige Reviere an Bach und See erobert. Am Ufer wartet er ruhig auf unvorsichtige Lurche und Kriechtiere.

Stockenten nehmen ihre Nahrung von der Wasseroberfläche auf („Durchschnattern" von Wasserlinsen, oben); sie tauchen aber auch Kopf und Vorderkörper ins Wasser („Gründeln", links).

Der Haubentaucher jagt im tieferen Wasser geschickt nach kleinen Fischen. An Land ist er dagegen sehr unbeholfen.

Was ist los am Gartenteich?

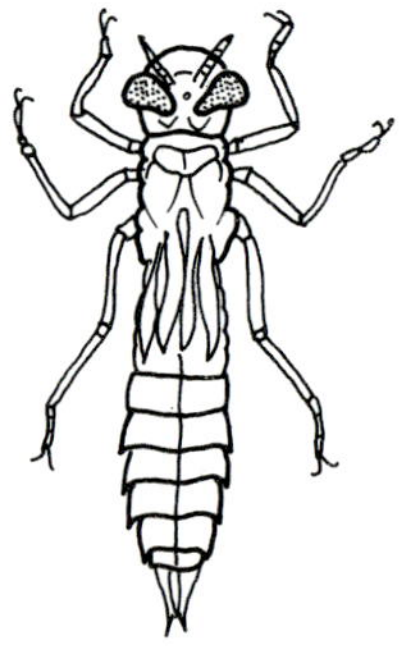

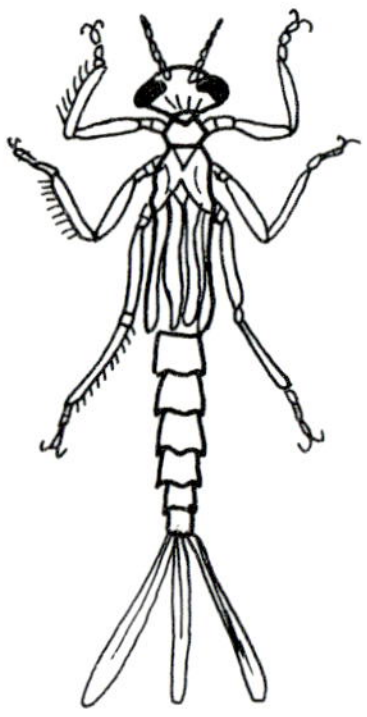

Großlibellenlarve (15–60 mm, ganz oben), Kleinlibellenlarve (10–30 mm + „Schwanzblättchen", oben).

Federleicht flitzen Wasserläufer über die Wasseroberfläche (rechts).

Die dünne Haut zwischen Wasser und Luft, in der sich die Wolken spiegeln, trennt grundverschiedene Welten. Drunter geht es meist viel lebendiger zu als drüber.

Im Wasser leben weitaus mehr verschiedenartige Tiergruppen als auf dem Festland. Fast die gesamte tierische Verwandtschaft ist in den Binnengewässern vertreten. Da wären z. B. die abgeplatteten Strudelwürmer, die elegant über Steine oder Pflanzenstengel gleiten, oder die lichtscheuen Egel, die sich nach Art der Spannerraupen fortbewegen. Natürlich findet man hier auch etliche Würmer aus der engeren Verwandtschaft des Regenwurms. Wo es im Wasser Pflanzen gibt, leben auch Wasserschnecken. Im Bodenschlamm stekken verschiedene Muscheln, darunter auch die größte heimische Art, die bis zu 20 cm lange Teichmuschel. Wasserasseln, Flohkrebse, Wasserflöhe und Hüpferlinge vertreten die umfangreiche Gruppe der Krebstiere, Wassermilben die der Spinnentiere. Vom gewaltigen Heer der Insekten durchlaufen zahlreiche Arten zumindest einen Teil ihrer stationsreichen Entwicklung im Wasser. So finden wir hier die Larven von Eintagsfliegen, Köcherfliegen, Libellen, Kriebelmücken, Stechmücken und vielen anderen. Die Käfer beteiligen sich ebenfalls am Wasserleben. Wasserwanzen betätigen sich als Taucher, Schwimmer oder Oberflächenläufer. Sogar einige Schmetterlingsraupen sind zu Wassertieren geworden. Fische und Lurche gehören zu den Wirbeltieren. Kaulquappen atmen anfangs noch wie ein Fisch mit Kiemen und stellen erst

Abenteuer in der Regentonne

Eine ganz gewöhnliche Regentonne bietet spannende Erlebnisse: Beim genaueren Hinsehen kann man erste Ansiedlungsversuche kleiner Wassertiere entdecken. Zumindest während der Sommermonate sind hier mit Sicherheit die Larven und Puppen von Stechmücken zu finden.

- Mit einem leeren Marmeladenglas schöpfst du etwas Oberflächenwasser ab. Die Mückenlarven hängen mit ihrem Hinterende an der Wasseroberfläche. Da sie keine Kiemen besitzen, durchstoßen sie mit ihrer behaarten Hinterleibsspitze die Grenzfläche Wasser/Luft. Bei Störung schwimmen sie schlängelnd in die Tiefe, um kurz darauf wieder aufzutauchen.
- Die Mückenpuppen sind dagegen sehr dickköpfig. Ihre Atemöffnungen befinden sich auf der Rückenseite des Vorderkörpers. Je näher der Schlüpftermin rückt, um so dunkler sind die Schwimmpuppen. Tauchen auch sie ab, wenn ein Schatten über die Wasseroberfläche huscht?
- Vielleicht sind auch die Mückengelege zu entdecken – es sind kleine, zu Flößen zusammengefügte Eipakete. Jedes Ei hat an der Unterseite eine Art Falltür, durch die die schlüpfende Larve sofort ins Wasser steigen kann.
- Leuchte mit einer Taschenlampe im Halbdunkel seitlich oder von oben in eine Schöpfprobe aus der Tonne oder aus dem Gartenteich. Die vielen darin zuckenden Lichtpünktchen geben ein Bild von der Siedlungsdichte. Es sind große Einzeller, Rädertiere, Hüpferlinge (Ruderfußkrebse) und andere Schwimmer und Schweber.

Die Posthornschnecke weidet Algen von Wasserpflanzen ab.

im Laufe weniger Wochen auf die Lungenatmung der Landwirbeltiere um. Vögel und Säugetiere kommen meist nur als Gäste ins Wasser.

In den Teich gegangen

Park- und Gartenteiche sind künstliche, meist auch noch recht junge Kleingewässer. Daher weisen sie nicht unbedingt die gleiche Artenfülle auf wie ein schon längere Zeit bestehender Weiher oder kleiner See in der freien Landschaft. Aber dennoch ist es immer wieder faszinierend zu erleben, wie rasch die Besiedlung eines Kleingewässers erfolgt. Wenn der neu angelegte Gartenteich erst einmal mit Wasser gefüllt ist, nimmt das Beobachten kein Ende mehr. Manche Tiere reisen durch die Luft an – Wasserkäfer und Wasserwanzen sind recht geschickte Flieger, von den fluggewandten Libellen ganz zu schweigen. Wassermilben oder andere wasserlebende Kleinsttiere, die selbst nicht weit genug laufen oder fliegen können, reisen als blinde Passagiere mit größeren zuwandernden Tieren. Besonders wirksame Verbreitungshilfen leisten gewässerbesuchende Vögel.

Der Taumelkäfer hat alles im Blick – er schaut gleichzeitig über und unter Wasser.

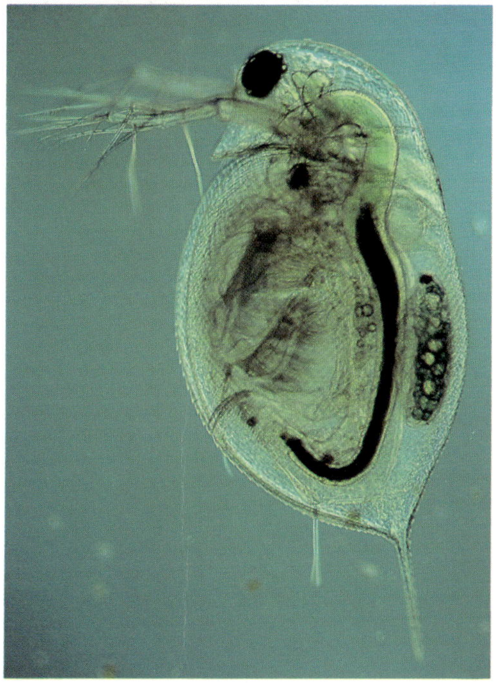

An der Grenze des Sichtbaren: Wasserfloh.

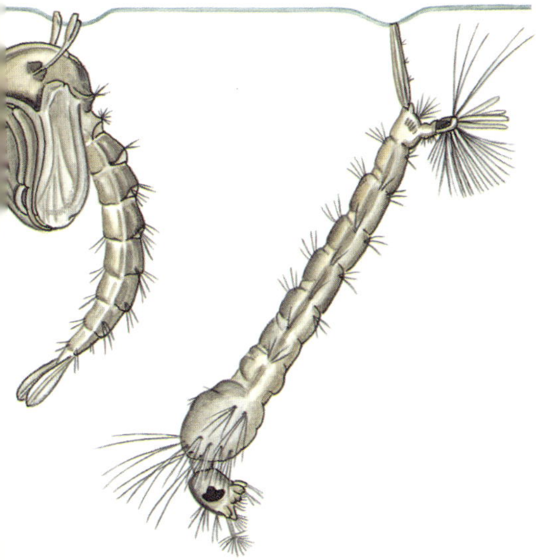

Die dickköpfigen Puppen und schmalen Larven der Stechmücken hängen wie Lampions unter der Wasseroberfläche.

Pflanzen auf Tauchstation

Auf dem Gewässergrund, wo noch ausreichend Sonnenlicht hingelangt, wachsen Pflanzen, denen es nichts ausmacht, ständig nasse Füße zu haben.

Wasserpflanzen teilen sich den im Weiher oder See vorhandenen Lebensraum auf. In den flachen Uferzonen wachsen Sumpfpflanzen wie die gelbblühende Wasser-Schwertlilie, die Röhrichtpflanzen Schilf, Rohrkolben und Binsen. Sie wurzeln im seichten Wasser; der weitaus größte Teil des Pflanzenkörpers ragt jedoch über die Wasseroberfläche hinaus. In den tieferen Bereichen stehender Gewässer leben vollständig untergetaucht Tausendblatt, Wasserpest und Hornblatt.

Die Zone zwischen Röhrichtgürtel und dem angrenzenden Wasser bis etwa 1-2 m Tiefe gehört den Schwimmblattpflanzen, den See- und Teichrosen, dem Froschbiß oder dem Wasser-Knöterich. Sie sind mit ihren Wurzeln fest im Untergrund verankert und lassen an langen Stielen ihre Schwimmblätter auf der Wasseroberfläche treiben.

Den freien Wasserbereich haben sich Schwimmpflanzen erobert, die unverankert frei im Wasser schweben.

Nur die Blüten ragen hoch aus dem Wasser: Ähriges Tausendblatt, Weiße Seerose, Wasser-Knöterich (oben, v.l.n.r.).

Die Blattform gab dem Pfeilkraut seinen Namen (rechts).

Im Wasser ist alles anders

Ein Pflanzenleben im Wasser erfordert einige Anpassungen. Das Wasser und erst recht der Bodenschlamm sind nicht sehr sauerstoffreich. Um die Wurzeln mit ausreichenden Mengen Sauerstoff zu versorgen, muß das Gas dorthin transportiert werden. Die Stengel der Röhrichtgewächse und die Stiele der Schwimmblattpflanzen sind regelrecht von „Luftröhren" durchzogen, durch die der von den Blättern über dem Wasser aufgenommene Sauerstoff hindurchgepreßt wird. Die ständig untergetaucht lebenden Pflanzen besitzen feingliedrige und tief geschlitzte Blätter.

Wasserpflanzen können im Gegensatz zu ihrer Verwandtschaft auf dem Lande auf Stützgewebe und verholzte, stabile Zellwände verzichten - das Wasser hält sie in

Form. Ebenso sind Wasserleitbahnen von der Wurzel in alle anderen Pflanzenteile überflüssig. Die Wurzeln dienen, wenn überhaupt vorhanden, nur der Verankerung im Gewässergrund.
Einige Spezialisten unter den Wasserpflanzen entwickeln mehrere Blattvariationen: Der Wasser-Hahnenfuß z. B. besitzt geschlitzte Unterwasserblätter und großflächige Schwimmblätter für den Grenzbereich Wasser/Luft. Die Schwimmblätter sind auf der Oberseite gut eingewachst, so daß Regen abperlt und sie nicht unversehens auf Tauchstation gehen.

Aus eins mach zwei ... und mehr

Obwohl Wasserpflanzen sich optimal an das wässrige Milieu angepaßt haben, findet bei vielen die Vermehrung über Wasser statt: Ihre Blüten erheben sich über die Wasseroberfläche, wo sie von Insekten bestäubt werden können. Die Samen werden allerdings zur Verbreitung ins Wasser zurückbefördert. Viele Wasserpflanzen vermehren sich noch auf andere Weise: Sie treiben Ausläufer oder bilden Ableger. Schilfpflanzen treiben meterlange Ausläufer durch den Uferschlamm. Die einzelnen Pflanzen verfilzen derart miteinander, daß ein undurchdringliches Geflecht aus Sproßausläufern und Wurzeln entsteht. Für die Befestigung des Seeufers spielt das eine große Rolle. Außerdem wirkt dieses dichte Netzwerk wie ein Sieb und filtert Schwebstoffe, die das Wasser trüben, wirkungsvoll heraus. Dichte Röhrichtgürtel sind sozusagen die natürliche Kläranlage eines Sees und daher von überaus großem Wert.

Betrachtungen an Wasserpflanzen

- Auch Wasserpflanzen betreiben Photosynthese. Bei der Wasserpest kann man besonders gut beobachten, daß bei diesem Prozeß Sauerstoff entsteht. Setze eine Pflanze in ein Glas und stelle es an einen sonnigen Platz. An den dünnen Blättchen bilden sich kleine Bläschen, die sich bald lösen und an die Wasseroberfläche steigen.
- Ziehe das Blatt einer Schwimmblattpflanze an Land und untersuche Ober- und Unterseite sorgfältig (evtl. mit der Lupe). Viele kleine Süßwassertiere benutzen Schwimmblätter zur Eiablage, um sich festzuheften oder als Weide wie die Wasserschnecken.
- Wasserpflanzen in Fließgewässern sind besonders reißfest. Versuche, Stiele des Flutenden Hahnenfußes zu zerreißen!

*Oben: Schwimmblätter von Teich- und Seerosen dienen als Versteck (**1** Grasfrosch), Jagdrevier und Ruheplatz (**2** Listspinne, **3** Blaugrüne Mosaikjungfer, **4** Azurjungfer), Eiablageplatz (**5** Seerosenzünsler, **6** Schlammschnecke) sowie als Unterlage zum Festheften (**7** Süßwasserpolyp).*

Leben im Wasser-tropfen

Ein Tropfen Wasser aus einem Weiher oder See erscheint durchsichtig und klar. Ein Blick durchs Mikroskop offenbart jedoch eine zauberhafte Welt.

Die Welt der Mikroorganismen steht an Vielfalt und Artenreichtum der Welt der „Großen" in nichts nach. Bakterien, Algen, Geißeltierchen, Sonnentiere, Wurzelfüßer, Räder- und Wimperntiere bevölkern das freie Wasser oder heften sich an jede mögliche Unterlage, die sich anbietet – Steine, Wasserpflanzen oder Schneckenhäuser.
Die frei schwebenden Algen besitzen lange Fortsätze, um nicht abzusinken; sie lagern zudem Öltröpfchen oder Gasbläschen in ihre Zellen ein, was ihnen Auftrieb verschafft. So driften sie fast schwerelos im Wasser. Geißeltierchen bewegen sich aktiv durchs Wasser. Sie verfügen über peitschenartige Geißeln, die sich wie Propeller drehen. Bei den Wimperntierchen sorgen kurze Wimpern, mit denen der Körper rundherum besetzt ist, für den nötigen Schub.

Schraubenalge unter dem Mikroskop (oben).

Mikroskopisch klein: Ruderfußkrebs (oben rechts).

Im Sommer können sich dichte Algenteppiche an der Wasseroberfläche bilden (rechts).

Kunstausstellung unter Wasser

Innerhalb der einzelnen Mikroorganismenklassen herrscht ein außerordentlicher Formenreichtum. Besonders die Algen verblüffen mit einem schier grenzenlosen Formenspiel. Ihre Gestalt reicht von einzellig kugelrund, viereckig, sichelförmig und sternförmig bis fädig verzweigt oder unverzweigt. Einzelzellen lagern sich perlschnurartig aneinander oder bilden Zellhaufen, die an Brombeeren erinnern. Sie vereinigen sich zu lockeren Netzen oder bilden kleine Zackenräder. Kieselalgen können nadelförmig spitz sein. Manche sehen aus wie ein Schuhkarton oder ein Geigenkasten. Besonders bizarr gestaltet ist die Hornalge, die zu den Panzergeißlern gehört. Sie hat große Ähnlichkeit mit dem Eiffelturm. Viele Mikroorganismen haben einen Namen erhalten, der ihre Gestalt treffend beschreibt. Das Pantoffeltierchen erinnert an Großvaters Filzschuh, beim Glockentierchen sitzt der glockenförmige Körper auf einem dünnen Stiel. Sonnentierchen haben einen runden Körper mit dünnen Fortsätzen, die in alle Richtungen ausstrahlen.

Sonnenanbeter und Schluckspechte

Mikroorganismen zeichnen sich durch unterschiedliche Lebensweisen aus. Es gibt solche, die Photosynthese betreiben wie die Pflanzen, z. B. Algen und einige Bakterien. Die dazu benötigten Zellstrukturen, sogenannte Chloroplasten, die bei den höheren Pflanzen immer eintönig linsen-

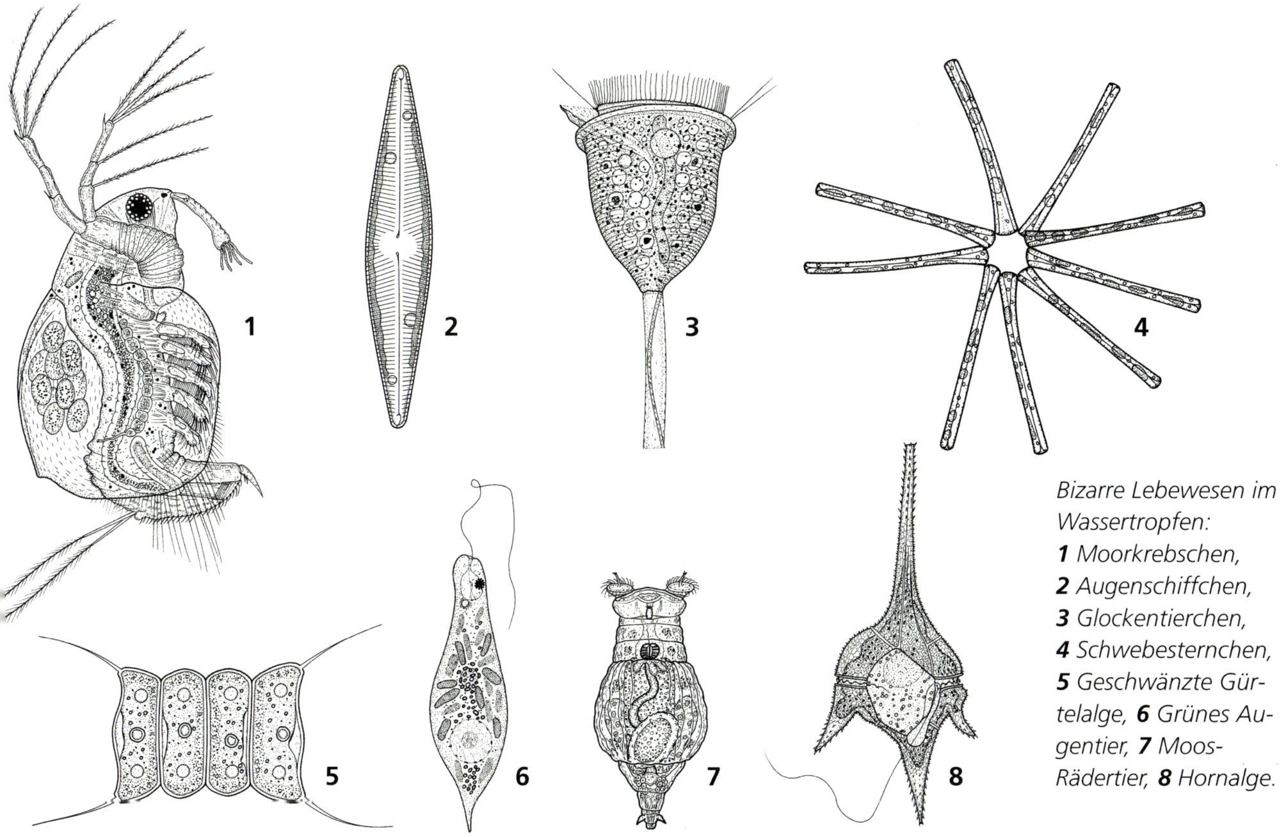

Bizarre Lebewesen im Wassertropfen: ***1*** *Moorkrebschen,* ***2*** *Augenschiffchen,* ***3*** *Glockentierchen,* ***4*** *Schwebesternchen,* ***5*** *Geschwänzte Gürtelalge,* ***6*** *Grünes Augentier,* ***7*** *Moos-Rädertier,* ***8*** *Hornalge.*

förmig aussehen, sind bei den Algen sehr formenreich gestaltet – fein gekörnt, netzförmig, spiralig, sternförmig, becherförmig, lappig oder plattenförmig.
Wimpern- und Rädertiere leben räuberisch. Sie verschlingen Algen, Bakterien und andere kleine Mikroorganismen. Amöben verleiben sich ihre Nahrung im wahrsten Sinne des Wortes ein. Beute umfließen sie mit dem ganzen Körper und verdauen sie.

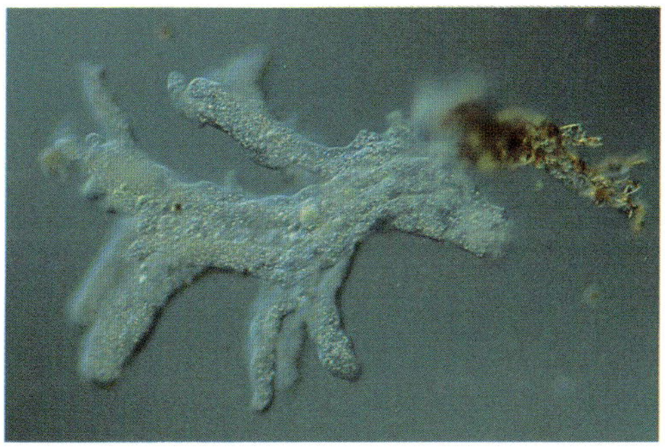

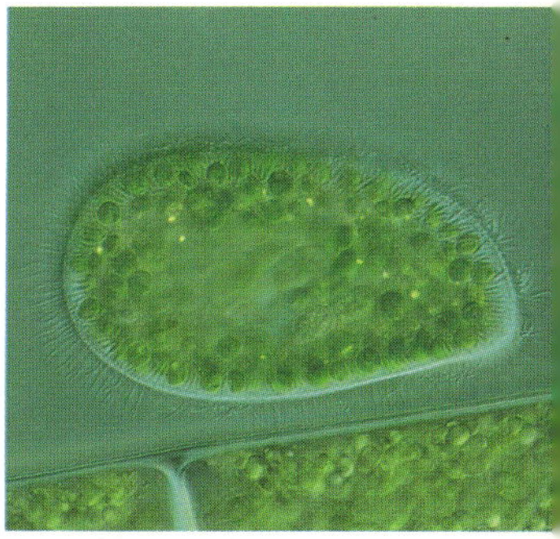

Amöben bewegen sich fließend fort (links oben).

Bis zum Platzen vollgefressen: Ein Pantoffeltierchen hat sich Grünalgen einverleibt (oben).

Forschungsreise im Mikrokosmos

- Algen kann man manchmal auch ohne Mikroskop erkennen. Im Sommer vermehren sich manche Grün-, Kiesel- oder Goldalgen derartig, daß sie das Wasser grün, gelb oder goldbraun färben. Man nennt diese Erscheinung Algenblüte. Wenn sich fädige Algen stark vermehren, schwimmen sie oft in dichten Watten an der Oberfläche und man kann sie leicht mit den Händen herausziehen.
- Willst du Mikroorganismen genau betrachten, brauchst du ein Mikroskop. Zum Sammeln benötigst du ein Planktonnetz. Es wird langsam an einer langen Stange durch das Wasser gezogen und der Inhalt in ein kleines, mit Wasser gefülltes Gefäß gegeben. Wenn du das Gefäß einige Stunden ruhig stehenläßt, sinken die Mikroorganismen nach unten und du kannst sie mit einer kleinen Tropfpipette entnehmen.
- Kieselalgen wirst du mit Sicherheit finden, wenn du etwas schmierigen Belag von Steinen abkratzt.
- Mikroorganismen lassen sich auch in einem Heuaufguß züchten. Gib etwas kleingeschnittenes Heu in ein Glas mit Teichwasser und laß diesen Ansatz einige Tage offen stehen. Du wirst darin Geißeltierchen, Pantoffeltierchen und Amöben finden.
- Festsitzende Mikroorganismen fängt man am besten, wenn man einige Objektträger mit Wäscheklammern an einer dünnen Schnur befestigt und mehrere Wochen in einen Teich hängt. Auf den Glasplatten bildet sich ein Aufwuchs verschiedener Arten.

Vom Laich zum Lurch

Im Frühling erklingt am Teich ein Konzert der besonderen Art. Ausdauernd, in immer wiederkehrender Tonfolge, mal lautstark anschwellend, dann wieder nachlassend.

Das Quaken der Frösche und Kröten ist der Auftakt zu einem Geschäft, das sich jedes Jahr mit schöner Regelmäßigkeit wiederholt. Das laute Rufen der Froschmänner lockt die Weibchen zu den Laichplätzen; die Paarungszeit beginnt. Zur gleichen Zeit wandern auch die Molche in Kleingewässer zurück, um für Nachkommenschaft zu sorgen. Ihr Werben um ein Weibchen spielt sich unter Wasser im Verborgenen ab. Im Gegensatz zum akustischen Spektakel der Frösche setzt der Teichmolch auf optische Signale. Das Teichmolchmännchen legt sich ein bunt schillerndes Hochzeitskleid zu, dem die Weibchen nicht widerstehen können.

Schlüpfrige Kinderstube

Hat sich ein Weibchen eingefunden, klettert der Kröten- oder Froschmann auf den Rücken der Partnerin und umschlingt sie fest mit seinen Vorderbeinen. Wenn das Weibchen ablaicht, werden die Eier besamt. Frösche setzen ihren Laich in dicken Klumpen ab, der auf den Teichgrund sinkt oder an der Wasseroberfläche treibt. Krötenlaich sieht aus wie meterlange, dicke Perlenketten, die um Stengel und Blätter der Wasserpflanzen geschlungen sind. Molchweibchen kleben ihre Eier einzeln an Wasserpflanzenblätter, die sie sorgfältig über dem Ei abknicken. Auf diese Weise sind sie vor gefräßigen Eierdieben weitgehend geschützt. Alle Lurcheier sind von einer dicken Gallerthülle umgeben, in der sich die jungen Larven entwickeln.
Bald schwimmen die Kaulquappen und Molchlarven frei im Wasser und verändern ihre Gestalt. Den Frosch- und Krötenkaulquappen wachsen zuerst Hinterbeine, dann Vorderbeine. Bei den Molchen ist es genau umgekehrt. Im Jugendstadium verfügen alle Lurchlarven über einen Schwanz. Bei Fröschen und Kröten wird er allerdings nach und nach vollständig zurückgebildet.

Immer auf dem Sprung

Sind die jungen Lurche fertig entwickelt, verlassen sie das nasse Element und begeben sich auf Landreise. Dabei entfernen sie sich oft kilometerweit von ihren Laichplätzen. Tagsüber verstecken sie sich unter Steinen, feuchtem Laub und in Mauernischen.

Die leuchtendgelbe Unterseite der Gelbbauchunke soll Feinde abschrecken (rechts).

Der Kamm-Molch benutzt seinen Schwanz geschickt als Ruder (ganz rechts).

Molche und Unken nutzen wassergefüllte Wagenspuren gerne als Laichplätze.

Am Froschteich

- Beobachte Frösche und Kröten, wenn sie rufen. Bei einigen sitzen die Schallblasen, die den Ruf verstärken, links und rechts neben dem Maul, bei anderen unter der Kehle.
- Schau dir die Haut von Fröschen und Kröten genauer an. Bei Fröschen ist sie glatt, bei Kröten warzig und rauh. Feuchte deine Hände gut an, wenn du Lurche anfaßt. Vorsicht bei der Gelbbauchunke! Sie sondert ein Sekret ab, das auf der Haut brennen kann.
- Beobachte die Fortbewegung: Frösche sind hervorragende Springer, Kröten laufen lieber.
- Das Sammeln von Laich, Kaulquappen und Molchen ist verboten. Amphibien stehen unter strengem Naturschutz!

In der Dämmerung, hin und wieder auch an regnerischen Tagen, kommen sie hervor und gehen auf Nahrungssuche. Sie vertilgen Schnecken, Käfer, Fliegen, Asseln oder Spinnen. Die kalte Jahreszeit verbringen sie eingegraben oder in einem gut versteckten Winterquartier in einer Art Winterstarre. Wenn die ersten Sonnenstrahlen die Erde erwärmen, beginnt für die dann geschlechtsreifen Tiere die große Heimreise. Die Erdkröten, die sich am weitesten von ihren Laichplätzen entfernt haben, ziehen manchmal zu Hunderten zurück. Auf ihrer Laichwanderung überwinden sie Straßen und Autobahnen, ungeachtet der Gefahr, die ihnen dabei droht. An traditionellen Amphibienwanderwegen hat man deshalb Fangzäune und Krötentunnel angelegt und weist mit entsprechenden Warnschildern Autofahrer auf Krötenwechsel hin.

Vom Laic

Die Laichgallerte – erste Nahrung für die schlüpfenden Kaulquappen.
Während des Ablaichens werden die Eier besamt.
Junge Kaulquappen atmen mit Außenkiemen.
Kaulquappe mit bereits entwickelten Hinterbeinen auf der Jagd nach winziger Wassertieren.
Schwimmendes Laichkraut
Algenbewachsene Steine werden abgeweidet.

um Lurch

Frösche schlüpfen nicht fix und fertig aus dem Ei. Die jungen Kaulquappen besitzen zuerst eine fischähnliche Gestalt. Erst nach und nach verwandeln sie sich in kleine Frösche.

Leicht beschwingt und große Augen

Die meisten Libellen sehen aus wie kleine Hubschrauber. Sie sind aber wesentlich geschickter als die menschliche Flugtechnik und vor allem viel leiser.

Libellen könnten tatsächlich für Helikopter Modell gestanden haben. Der kräftige Kopf und das verdickte Brustsegment erinnern an die rundliche Flugkanzel, die sechs feingliedrigen Beine an die Landekufen, die vier gläsernen Flügel an die Rotorblätter und der schlanke Hinterleib an den langgestreckten Hubschrauberrumpf. Der Vergleich hinkt allerdings: Libellen fliegen völlig lautlos oder allenfalls mit leisem Knistern. Zudem können sie aus voller Geschwindigkeit (bis 50 km/h) augenblicklich abbremsen, im Schwirrflug irgendwo stehenbleiben, punktgenau zur Landung ansetzen oder sogar rückwärts fliegen.

Zwei Modellserien

Alle heimischen Libellen kann man in zwei unterschiedliche Verwandtschaftsgruppen (Ordnungen) einteilen: Sie gehören entwe-

Das Schlüpfen einer Libelle (hier: Hochmoor-Mosaikjungfer) ist ein faszinierender Vorgang.

Libellen im Lebensraum

Schwebende Juwelen hat man Libellen wegen ihrer Farbigkeit genannt. Man beobachtet sie am besten vor Ort in ihren Revieren.

- An einem kühlen Sommermorgen sind Libellen noch nicht allzu fluggewandt. Man kann sie dann sehr schön auf Stengeln oder Halmen in Ufernähe von Fließ- und Stillgewässern aus der Nähe betrachten.
- Dabei kann man die eigenartigen Paarungsräder sehen: Das Weibchen greift das Männchen mit der Hinterleibszange zwischen Kopf und Brustsegment, das Männchen wendet seine Hinterleibsspitze nach vorne zum Brustsegment des Weibchens. Oft fliegen die Partner als Tandem (Weibchen vorne) davon.
- Großlibellen bevorzugen in ihrem Revier bestimmte Sitzwarten, von denen sie zum Beuteflug starten. Ist vielleicht eine Mahlzeit zu verfolgen?
- Auch Libellenlarven leben räuberisch, z. B. von anderen Wasserinsekten, Kaulquappen oder Fischbrut. Im Gartenteich ist ihre Pirsch und der raffinierte Beutefang mit der harpunenartig vorschnellenden Fangmaske zu sehen. Man kann sie zur Beobachtung auch einmal für kurze Zeit in ein größeres Glas setzen und mit sehr fein geschnittenen Fleischstückchen füttern.

der zu den Kleinlibellen oder zu den Großlibellen. Bei Kleinlibellen sind alle vier Flügel recht schmal und gleichgestaltet. Sie werden in Ruhestellung über dem Rücken zusammengelegt. Die großen Augen stehen weit auseinander. Bei den Großlibellen sind

Stets bereit zum Start: Plattbauchlibelle (links).

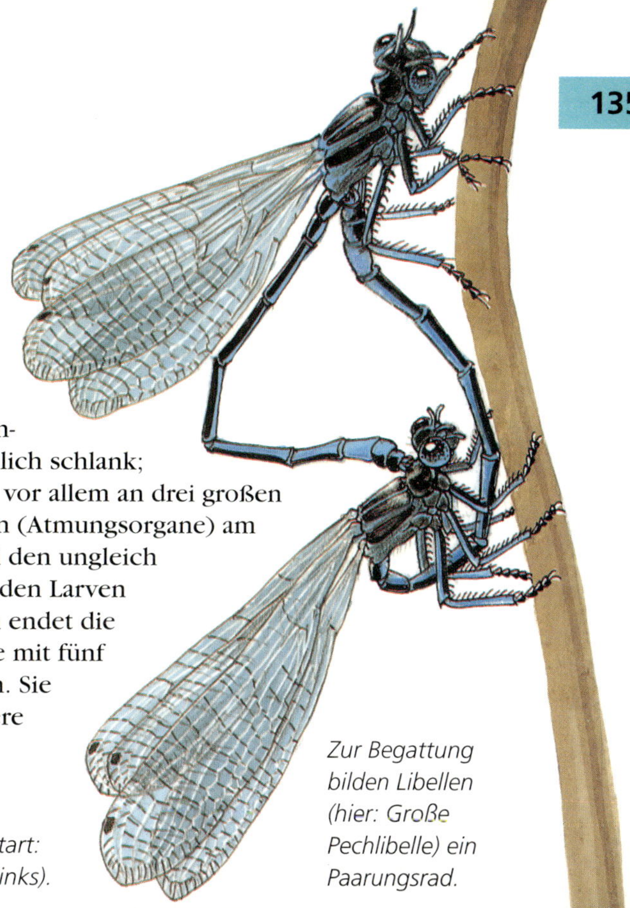

Zur Begattung bilden Libellen (hier: Große Pechlibelle) ein Paarungsrad.

Vom Aufbrechen der Larvenhülle bis zur vollständigen Entfaltung können mehrere Stunden vergehen.

die Hinterflügel an der Basis verbreitert und daher von den Vorderflügeln etwas verschieden. Außerdem werden sie in der Ruhe als ausgebreitete Tragflächen gehalten. Die Augen sind besonders groß und berühren sich in der Kopfmitte.

Libellen sind wie alle Insekten wechselwarme Tiere und erhalten den größten Teil ihrer Körperwärme von der Sonnenstrahlung. Auch bei kühlem Wetter suchen sie helle, gut reflektierende Stellen auf und nutzen jeden Sonnenstrahl, um sich vor dem Start etwas anzuwärmen.

Kindheit und Jugend im Wasser

Während die Libellen äußerst fluggewandte Landtiere sind, leben ihre Larven als unscheinbare Wasserbewohner. Kleinlibellenlarven sind ziemlich schlank; man erkennt sie vor allem an drei großen Kiemenblättchen (Atmungsorgane) am Körperende. Bei den ungleich plumper wirkenden Larven der Großlibellen endet die Hinterleibsspitze mit fünf Stachelanhängen. Sie atmen über innere Hautfalten im Hinterleib.

Stiller Weiher –

So vielfältig die Natur ihre Landschaften formt, so variantenreich gestaltet sie ihre Gewässer.

Auf der Bühne der Wasserwelt wird viel geboten: Quicklebendig sprudelt die Quelle aus dem Gestein, tosend stürzt der Bach zu Tal oder mäandert munter durch Wiesen und Weiden. Behäbig strömt der Fluß dem Meer entgegen. Viel unspektakulärer und stiller gestaltet sich das Schauspiel an stehenden Gewässern. Leise plätschern die Wellen auf dem tiefen See; Tümpel, Teich und Weiher verbreiten beschauliche Ruhe. In jedem Gewässertyp herrschen grundlegend verschiedene Bedingungen, was Temperatur, Sauerstoffgehalt, Sonneneinstrahlung und andere chemische und physikalische Faktoren betrifft. Entsprechend verschiedenartig sind auch die Akteure, die dem Gewässer Leben verleihen. Die hier lebenden Pflanzen und Tiere haben sich in spezieller Weise an die gebotenen Lebensbedingungen angepaßt.

An lauschigen Ufern

Eine überaus vielgestaltige Lebensgemeinschaft besiedelt den Weiher. Im Uferzonenbereich bilden Schilf und Rohrkolben breite Röhrichtgürtel, die vielen Tieren Verstecke und Nistplätze bieten. Rohrammer und Teichrohrsänger befestigen ihre Nester zwischen den Schilfstangen, Libellen sonnen sich an Binsenstielen. Die Wasseroberfläche eines Weihers ist häufig spiegelglatt, bestenfalls leicht gekräuselt, denn der dichte Röhrichtsaum hält wirksam den Wind ab. Der flinke Wasserläufer nutzt die freie Wasserfläche als Jagdrevier. Wenn er auf der Stelle verharrt, drücken seine Beine kleine Dellen in die dünne Oberflächenhaut des Wassers.

Nicht ganz so üppig, aber deshalb nicht we-

Die Spitzschlammschnecke gleitet auf einer Schleimspur vorwärts.

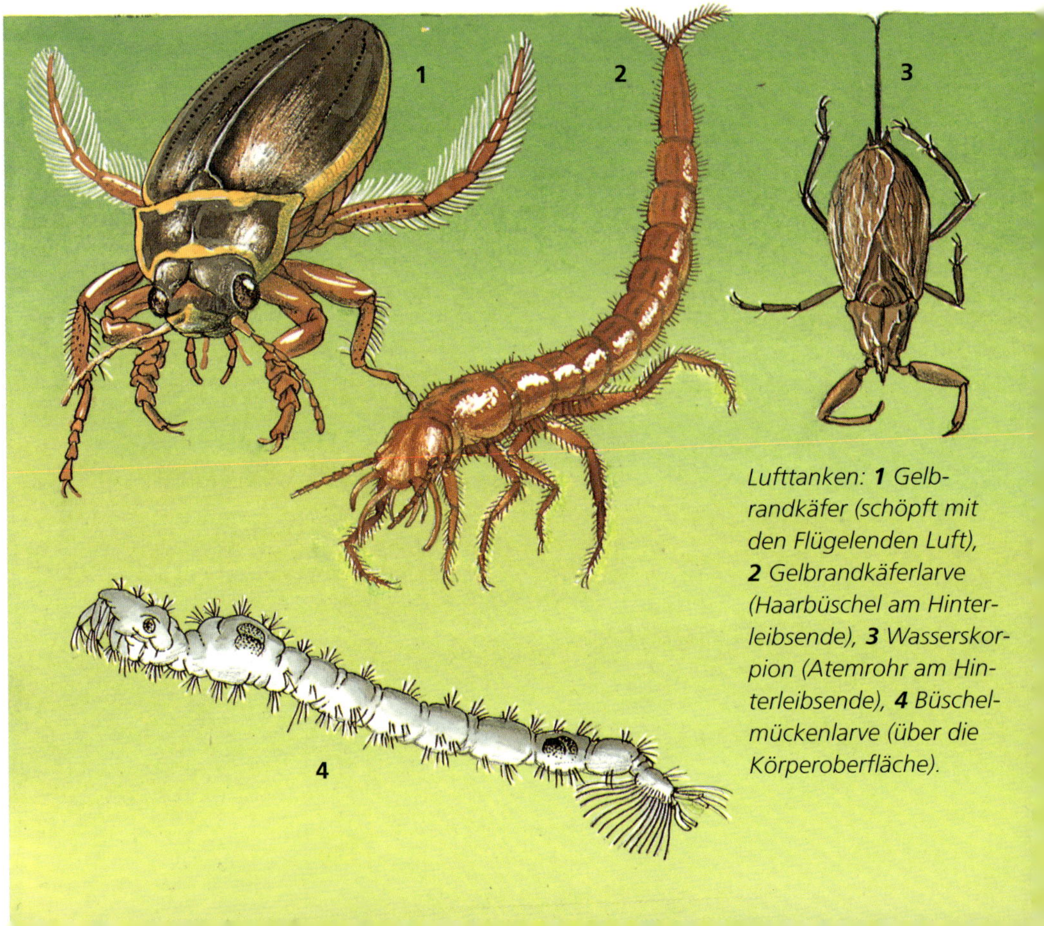

Lufttanken: ***1*** *Gelbrandkäfer (schöpft mit den Flügelenden Luft),* ***2*** *Gelbrandkäferlarve (Haarbüschel am Hinterleibsende),* ***3*** *Wasserskorpion (Atemrohr am Hinterleibsende),* ***4*** *Büschelmückenlarve (über die Körperoberfläche).*

niger interessant gestaltet sich das Leben am Ufer eines Baches. Von Stein zu Stein wippt die Bachstelze, und der Eisvogel schießt wie ein schillerndes Juwel übers Wasser. Eigentlich sollte er „Eisenvogel" heißen, denn sein Brustgefieder ist rostfarben. Auf der Jagd nach kleinen Fischen stürzt er sich ins Wasser, um gleich darauf mit seiner Beute wieder aufzutauchen. In ausgewaschene, steile Uferabbrüche gräbt er seine tiefen Bruthöhlen.

Die Teichmuschel lebt gut getarnt am Gewässergrund.

Einmal tief luftholen

Einzigartig und artenreich ist die Unterwasserwelt, die sich zwar dem direkten Einblick entzieht, in der sich aber die unterschiedlichen Anpassungsleistungen der Bewohner deutlich zeigen. Ein ernsthaftes Problem für die Wassertiere in einem stehenden Gewässer stellt die Atmung dar. Besonders Weiher zeichnen sich nicht gerade durch sehr hohen Sauerstoffgehalt aus. Um die Versorgung mit diesem lebenswichti-

Die Wasserspinne baut sich ein Luftschloß unter Wasser (links).

Schwankende Kinderstube: Der Teichrohrsänger baut sein Nest zwischen Schilfstangen (unten).

Mit Kescher, Sieb und Eimer

● Mit einfachen Hilfsmitteln kannst du dir einen guten Überblick über die Fließgewässerbewohner verschaffen. Einen mittelgroßen Stein aus dem Bach legst du rasch in eine mit Bachwasser gefüllte, helle Schüssel. Mit einem Pinsel kannst du nun vorsichtig die Kleinlebewesen absammeln und getrennt, am besten in Marmeladenglasdeckeln mit wenig Wasser, mit der Lupe betrachten.

Stein- und Eintagsfliegenlarven kannst du an der Anzahl der Fäden am Hinterleib unterscheiden: Steinfliegenlarven besitzen zwei, Eintagsfliegenlarven drei. Egel sind kreisrund mit zwei Saugnäpfen, Kriebelmückenlarven klein mit einem Saugnapf am Hinterleib und einem feinen Borstensaum am Vorderende. Plattwürmer erkennst du an ihrem platten Körper und dem etwas breiteren Kopf (siehe auch Zeichnung auf Seite 138).

Die Fortbewegung von Egeln erinnert an die einer Spannerraupe: Ein Ende bleibt festgesaugt, mit dem zweiten Saugnapf suchen sie neuen Halt, und das Hinterteil wird nachgeholt.

● Flohkrebse und Asseln fängst du am besten mit einem großen Küchensieb, das du durch Wasserpflanzen oder über den Bachgrund ziehst.

● Untersuche einen Bachlauf einmal in verschiedenen Abschnitten und versuche, die unterschiedlichen Tierarten zu zählen. Als ganz grobe Faustregel gilt: Je artenreicher der Bach, desto sauberer ist sein Wasser.

– rauschender Bach

gen Element sicherzustellen, erweisen sich die kleinen und größeren Weiherbewohner jedoch als außerordentlich erfinderisch. Fische und die Jugendstadien der Lurche besitzen Kiemen, mit denen sie den im Wasser gelösten Sauerstoff aufnehmen. Bei den Larven der Stein-, Eintags- und Köcherfliegen sowie bei Libellenlarven sitzen kiemenähnliche Büschel oder Anhängsel am Körper, die der Sauerstoffaufnahme dienen. Viele Würmer und einige Mückenlarven nehmen Sauerstoff direkt durch die ganze Körperhaut auf.

Viele Wasserbewohner sind allerdings auf Luftsauerstoff angewiesen und müssen daher hin und wieder zum Luftholen auftauchen. Die erwachsenen Lurche besitzen Lungen und schieben beim Luftschnappen meist nur Augen und Nase aus dem Wasser heraus. Käfer und ihre Larven strecken ihr Hinterteil oder den Kopf aus dem Wasser und tanken auf diese Weise Luft. Und die Schlammschnecke hängt zeitweilig „hausunter", mit ihrem Körper dicht unter der Wasseroberfläche.

Mit Schnorchel und Taucherglocke

Einige Insekten gehen das Problem sozusagen „technisch" an. Sie verfügen über ein Atemrohr, das sie wie einen Strohhalm an die Grenzschicht zwischen Wasser und Luft schieben. Ihr Körper bleibt dabei vor Feinden geschützt untergetaucht.

In einzigartiger Weise hat die Wasserspinne die Atmung unter Wasser gelöst. Sie spinnt zwischen den Blättern von Wasserpflanzen ein feines Netz und taucht mehrmals an die Wasseroberfläche, wo sie sich Luftblasen unter ihren behaarten Körper zieht und damit ihr Netz füllt. Der Sauerstoffvorrat in dieser „Taucherglocke" ermöglicht ihr einen langen, sorglosen Aufenthalt unter Wasser ohne Atembeschwerden.

Klammern und kleben

Die Versorgung mit Sauerstoff spielt bei der Besiedlung eines Ba-

*An die Strömung angepaßt: **1** Wasserassel, **2** Eintagsfliegenlarve, **3** Gemeiner Fischegel, **4** Flußnapfschnecke, **5** Steinfliegenlarve, **6** Plattwürmer, **7** Köcherfliegenlarve.*

Köcherfliege

ches eine untergeordnete Rolle. Lufholen an der Wasseroberfläche wird aufgrund der Strömung und des Wellenschlagens sehr erschwert. Bachbewohner müssen schon in der Lage sein, dem Wasser den lebensnotwendigen Stoff direkt zu entnehmen. Allerdings ist das kostbare Gas in sauberem, fließendem Wasser in der Regel keine Mangelware. Tiere, die im Bach leben, müssen auch noch mit der starken Strömung fertig werden. Stromlinienförmig sind alle Organismen, die dauerhaft im Wasser leben, die Fließwassertiere jedoch in besonderem Maße. Darüber hinaus verfügen sie über Verankerungs- und Halteeinrichtungen, mit denen sie der Abdrift trotzen. Eintags- und Steinfliegenlarven klammern sich mit Fußkrallen fest, und die Flußnapfschnecke sitzt wie festgeklebt unter ihrem spitzen, kegelförmigen Haus. Köcherfliegenlarven befestigen die Gehäuse, in denen sie leben, an der strömungsabgewandten Seite von Steinen und beschweren sie zusätzlich mit kleinen Steinchen. Möglichst mit dem ganzen Körper in engem Kontakt zum Untergrund bewegen sich die Plattwürmer über Stein und Geröll, während die Egel auf die Wirkung ihrer Saugnäpfe an Kopf und Hinterteil vertrauen. Die Eintagsfliegenlarve gräbt sich in den Untergrund und entgeht auf diese Weise der Abdrift. Die meisten Bewohner des Baches suchen bevorzugt Stillwasserzonen auf. Solche strömungsarmen Plätze finden sie hinter Steinen und im Uferbereich. Auch Wasserpflanzen und Moosbewuchs im Bachbett bieten viele, wenn auch kleine, Ruhezonen. Hier halten sich gern Flohkrebse und Wasserasseln auf.

Der Eisvogel lebt ausschließlich vom Fischfang.

Weiher im Kleinformat

Die Kleinlebewesen eines Weihers zu beobachten ist schwer. Allzu langes Tümpeln im Weiher wühlt den Untergrund stark auf und stellt einen größeren Eingriff dar. Wenn du einen Kescher mit langem Stiel im Uferbereich langsam durch das Wasser ziehst, fängst du sicher viele Tiere. Besser ist die Einrichtung eines Süßwasseraquariums mit etwas Sand als Grund und einigen Wasserpflanzen.

Du kannst am Weiher mit dem Kescher einige Käfer(larven) oder Libellenlarven fangen. Setze räuberische Tiere oder ihre Larven nur kurz zur Beobachtung ein. Sie sind gefräßig und fallen im engen Aquarium übereinander her. Schnecken kannst du im Aquarium gut beim Abweiden der Wasserpflanzen beobachten. Ganz wichtig: Du solltest alle Tiere nach ein paar Tagen wieder in den Weiher zurückbringen.

Meer erleben – Küsten kennen

Zierde der Salzwiesen: Strandflieder (ganz oben).

Nächtlicher Räuber: Grüner Seeringelwurm (oben).

Wenn man Wälder und Auen durchstreift, im Gebirge wandert oder einfach nur über Land radelt, nimmt man mit Kopf und Fuß die räumliche Ausdehnung von Landschaft wahr. Vom Meer erleben wir dagegen fast immer nur den äußerst schmalen und sichtlich begrenzten Küstensaum zwischen Land und Wasser. Hier stoßen wahrhaftig verschiedene Welten aneinander.

Eigentlich ist unsere Erde ein Wasserplanet – rund 71 Prozent der Erdoberfläche gehören den Ozeanen und ihren Nebenmeeren. Obwohl sie wirklich weltumspannend sind, bleibt ihre gewaltige Tiefenausdehnung außer acht. Tatsächlich ist das Meer der einzige Lebensraum, der sich in nennenswertem Maße auch in die dritte Dimension erstreckt. Rechnerisch umfaßt er damit mehr als 90 Prozent der gesamten Biosphäre. Feld und Flur, Wald und Wiese verblassen angesichts seiner Abmessungen zu Sonderfällen der Ökologie.

Rennt meistens seitwärts: Strandkrabbe.

Gezeiten – ein himmlisches Kräftespiel

Punktgenau vorhersagbar ändern sich an der Küste die Wasserstände. Die Gezeiten sind eine Uhr, die sich nach den Gestirnen richtet und vor allem nach dem Mond geht.

Das Schauspiel ist grandios und für „Landratten" immer wieder faszinierend: Wo sich morgens noch die Schaumkronen vom Wellenschlag am Sand rieben, kann man mittags trockenen Fußes entlangwandern. Und die phantasievolle Sandburg, die nachmittags Richtfest feierte, wird schon wenige Stunden später ein Raub der Flut. Eindrucksvolle Gezeiten sind am offenen Atlantik oder an der Nordsee zu erleben. Im Mittelmeer und in der Ostsee sind sie zwar vorhanden, fallen aber kaum auf.

Wechselbäder: Was bei Hochwasser eine Domäne des Meeres ist (rechts), wird bei Niedrigwasser zu einem amphibischen Streifen des Festlandes (S. 143 links).

Zerren nach allen Richtungen

Die Gezeiten mit ihrem rhythmischen Spektakel von Ebbe und Flut sind ein irdisches Ereignis mit astronomischen Beweggründen. Eine der Ursachen ist die Bahnbewegung von Erde und Mond um eine gemeinsame Drehachse, die andere die Massenanziehung zwischen diesen Himmelskörpern; denn auch sie ziehen sich gegenseitig an. Wäre das nicht so, wäre beispielsweise der Mond schon längst aus dem Einflußbereich der Erde davongeflogen.

Bei der gemeinsamen Drehung von Erde und Mond treten auf der mondabgewandten Seite der Erde Fliehkräfte (F_1) auf. Ihnen steht jedoch die Massenanziehung (M_1) des Mondes entgegen. Der Unterschiedsbetrag ($F_1 - M_1$) ist eine geringe Restkraft, die einen Menschen ungefähr um das Gewicht einer Träne leichter werden läßt, aber dennoch Gezeiten erzeugen kann.

Auf der mondzugewandten Seite der Erde entsteht ebenfalls eine gezeitenerzeugende Kraft als Differenz zwischen der Fliehkraft (F_2) aus der gemeinsamen Drehbewegung und der Massenanziehung (M_2) durch unseren Himmelsnachbarn. Da der Mond dieser

Erdseite näher steht, ist seine Massenanziehung größer als die Fliehkraft. Die Restkraft errechnet sich also als Unterschied $M_2 - F_2$. Sie ist im Betrag genauso groß wie die auf der mondabgewandten Erdseite.

Fahrplan des Meerwassers verfolgen

- Tidenkalender besorgen und Tidenzeiten für den betreffenden Küstenort ermitteln.
- Am Strand genauen Zeitverlauf einer Tide beobachten und mit Markierungen (Stöcke, Steine) die Wasserstände abstecken.
- Vom gleichen Standort in die gleiche Blickrichtung Fotos zu verschiedenen Tageszeiten machen und Veränderungen im Aussehen der Küstenlandschaft im Bild festhalten.

Vom Pulsschlag der See

Die kombinierte Wirkung von Mondanziehung und Fliehkraft schiebt die ozeanischen Wassermassen auf beiden Seiten der Erde zu einem Flutberg auf. Zwischen den beiden Hochwasserbergen bildet sich je ein Niedrigwassertal. Da der Mond die Wasserberge und -täler gleichsam ortsfest hält, muß sich die Erde in ihrem 24-Stunden-

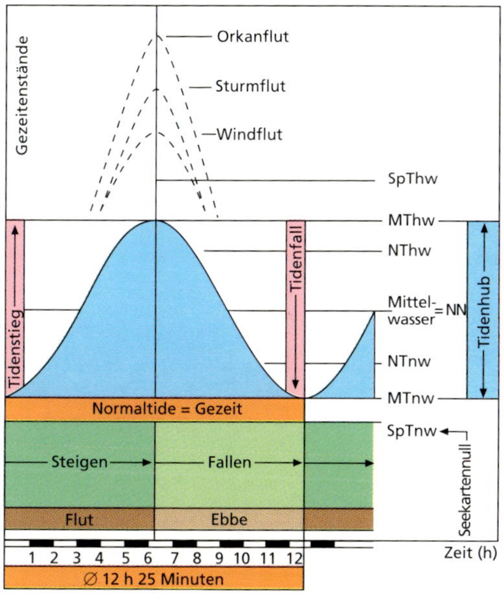

*Links: Ablauf einer Normaltide mit ihren verschiedenen Gezeitenwasserständen. **SpThw** Springtidenhochwasser, **MThw** Mittleres Tidenhochwasser, **NThw** Nipptidenhochwasser, **NTnw** Nipptidenniedrigwasser, **MTnw** Mittleres Tidenniedrigwasser, **SpTnw** Springtidenniedrigwasser.*

Rhythmus darunter wegdrehen. Wo kontinentales Festland im Weg steht, ist das nicht möglich. Deshalb stauen sich die Wassermassen aus dem Gezeitenberg zum Küstenhochwasser, während das folgende Wassermassental ein Niedrigwasser ergibt. Wenn eine Küste durch die Eigendrehung der Erde in den Flutberg hineingeschoben wird, läuft das Wasser auf - es ist Flut. Das Steigen des Wassers (Tidenstieg) endet mit dem Hochwasser. Während der anschließenden Ebbe fällt das Wasser wieder bis zum Niedrigwasserstand. Zwischen Hoch- und Niedrigwasser vergehen durchschnittlich 6 Stunden und 13 Minuten. Eine Gezeit oder Tide umfaßt den Zeitraum von einem Hochwasser (Niedrigwasser) zum nächsten und dauert an offenen Küstenorten demnach rund 12 Stunden und 25 Minuten. Bei zwei Tiden täglich verspätet sich die Flut von heute auf morgen um rund 50 Minuten. Deshalb ist nicht jeden Tag zur gleichen Zeit Hoch- oder Niedrigwasser.

Auch die Sonne macht mit

Außer dem Mond übt auch die Sonne massenanziehende Kräfte auf die Erde aus. Da sie viel weiter entfernt ist, bleibt ihre Massenanziehung hinter den Kräften des näheren Mondes deutlich zurück, ist aber dennoch von besonderer Bedeutung.

Zweimal im Monat stehen die drei Himmelskörper in einer Linie - entweder in der Reihenfolge Sonne/Erde/Mond (Vollmond) oder Sonne/Mond/Erde (Neumond). Weil sich dann die fluterzeugenden Kräfte summieren, laufen die Hochwasser besonders hoch auf, und die Niedrigwasser sind deutlich tiefer - es kommt zur Springtide. Rund eine Woche später stehen Sonne, Erde und Mond zueinander auf den Spitzen eines rechtwinkligen Dreiecks. Jetzt vermindert die Gezeitenkraft der Sonne die Mondanziehung, und die Tidenwasserstände fallen schwächer aus - jetzt haben wir Nipptiden. Das Spiel wiederholt sich ganz präzise alle 14,77 Tage.

Das Meer droht überzulaufen – Sturmflut überspült den Deich (unten).

Schatzsuche ...

Streifenweise läßt die Flut am Strand zurück, was das Meer so ausspuckt – eine Fundstätte besonderer Art und ein Paradies für Sammler und Schatzjäger.

Spülsäume, Flutsäume oder Strandlinien nennt man die Marken, an denen das Hochwasser den Auswurf des Meeres in langen Streifen zusammenschiebt. Ihre genaue Lage und Ausdehnung verändert sich mit jedem Hochwasserstand. Zur Springtidenzeit rutschen sie hoch am Strand hinauf, bei Nipptiden breiten sie sich weiter unten aus. Serienweise lagert das Meer allerhand Überreste von Lebewesen ab.

Strandgut erforschen

Das rostige Schloß einer Seemannskiste, die Scherben einer Flaschenpost oder sonstige Symbole der Vergänglichkeit gehörten neben Holz und Flaschenkork, zerfranstem Tauwerk oder verblichenen Knochen wohl schon immer zum Müll des Meeres. Heute bestimmen Nylonstricke, Plastikflaschen, Schaumstoffstücke, Folienfetzen, Ölreste und Chemiekanister das Bild mancher Strände. Tonnenweise werden sie vor Saisonbeginn von den Badestränden entfernt.

Zum Glück bringt die hereinkommende Flut aus dem Meer auch sehr viel interessantere Dinge mit. Nicht immer sind es vom Sturm abgerissene Tangmassen oder sonstiges Strandgut. Manchmal wirft die Brandung auch Fossilien oder - z. B. an Nord- und Ostsee - sogar Bernstein auf den Strand, soweit vor der Küste entsprechende Gesteinsschichten am Meeresboden anstehen.

Die Brandung schwemmt allerhand Spülgut zusammen (rechts oben); auch gestrandete Quallen findet man oft darunter (S. 145 unten). Spülsaumserien bilden den 14tägigen Wechsel zwischen Nipp- und Springtidenflutständen ab (rechts unten).

Natürliche Kunststücke

Die gesamte Meeresbotanik mit braunen, roten und grünen Tangen findet sich im ausgeworfenen Angespül versammelt. Früher fuhren die Bauern einen größeren Teil der aufgeschichteten Tangwälle auf die Felder, weil Algen reich an Kalium- und Stickstoffverbindungen sind. Bleiben die modernden Tangbüschel jedoch am Strand liegen, finden sich charakteristische Bewohner ein – Strandflöhe, die zu den Kleinkrebsen gehören, und Tangfliegen, deren Larven die toten Großalgenreste verzehren.

Treibholzreste, die das Meerwasser gesäubert, poliert und zu bizarren Formen gestaltet hat, sind besonders schön skulpturierte Naturkunststücke. Manchmal sind sie von kreisrunden, weißlich ausgekleideten Gängen durchzogen – es ist das Werk des

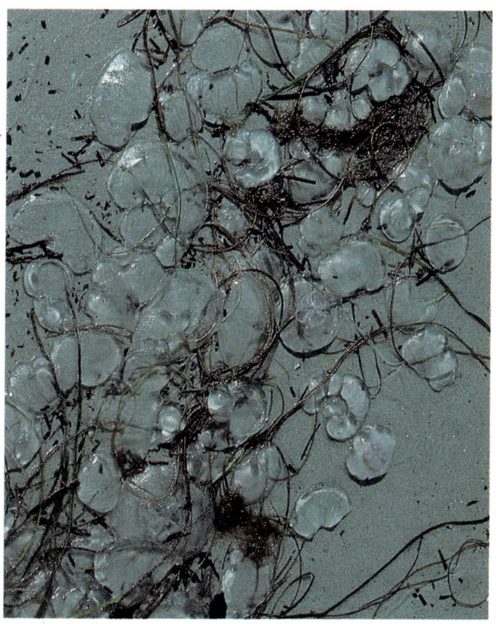

Spülsaumfunde (oben): ***1*** *Rückenpanzer der Seespinne,* ***2*** *Bohrmuschel,* ***3*** *Herzmuscheln,* ***4*** *Schwertmuschel,* ***5*** *Trogmuschel,* ***6*** *Tellmuschel,* ***7*** *Purpurschnecke,* ***8*** *Pfeffermuschel,* ***9*** *Schale der Sandklaffmuschel mit Seepockenbesatz,* ***10*** *Rückenpanzer der Strandkrabbe,* ***11*** *Rocheneihülle,* ***12*** *Astarte,* ***13*** *Miesmuschel,* ***14*** *Seeigelgehäuse,* ***15*** *Taschenkrebsschere,* ***16*** *Napfschnecke,* ***17*** *Auster (außen und innen)*

… am laufenden Band

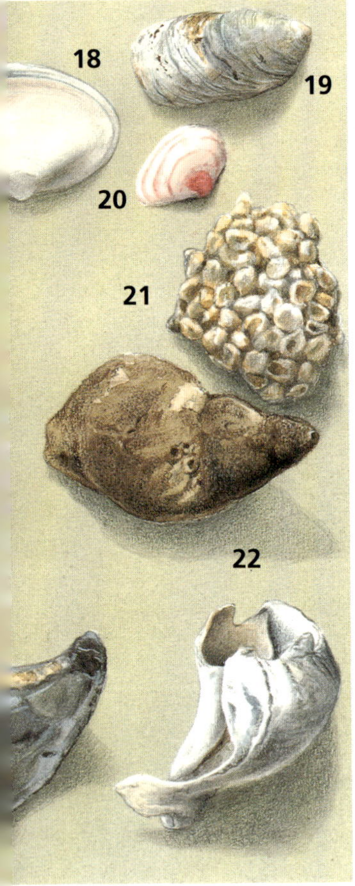

18 Strahlenkörbchen, 19 Pantoffelschnecke, 20 Plattmuschel, 21 Eiballen der Wellhornschnecke, 22 Wellhornschnecke.

sogenannten Pfahlwurms, einer holzbohrenden, aber gestaltlich stark umgebauten Muschel. Vielleicht sitzen an der Unterseite von Driftholz die eigenartigen Entenmuscheln aus der Verwandtschaft der Seepocken. Sie stammen gewöhnlich aus den wärmeren Regionen des Atlantiks.
An den Stränden Westeuropas treffen im Treibgut mitunter Pflanzenreste aus der Karibik ein – der Golfstrom verdriftete sie quer über den Atlantik.

Hüllen in Fülle

Besonders auffällig sind natürlich die Reste von Meerestieren. Leere Muschel- und Schneckenschalen übersäen manche Strandabschnitte. Häufig sind die großen Laichballen der Wellhornschnecke zu finden. Früher scheuerten die Matrosen damit die Holzplanken der Schiffe. Nixentaschen nennt man die lederigen bräunlichen oder schwarzen Eihüllen von Rochen oder kleineren Haifisch-Arten. Oft tragen sie an den Ecken noch die lederig-derben Spiralfäden, mit denen sie bis zum Schlüpfen der Jungtiere am Tang verankert waren. Weiß und brüchig wie ein übergroßer Löffelbiskuit liegen die Rückenschulpe der Tintenfische herum. Krabbenpanzer, Krebsscheren, eingetrocknete Seesterne, Seeigelgehäuse, abgerissene Kolonien von Blättermoostierchen, aber auch komplette Fischgelege, die Reste von Quallen, Fischskelette, Federreste mausernder Watvögel – die Liste nimmt kaum ein Ende. Ein komplettes Meeresmuseum kann man im Laufe weniger Strandspaziergänge zusammensuchen.

Steinreich zurückkehren: Grobkiesstrände bieten buntes und bizarres Strandgut.

Schwamm drüber

Nach stürmischem Wetter findet man im Angespül auch allerhand Material, das aus der Tiefe stammt. Manchmal sind Steine darunter, die noch mit größeren Tangen bewachsen sind. Palmentang und Fingertang

Zur Sicherheit beherzigen:

- Keine geschlossenen Behälter (Flaschen, Kanister, Fässer) sammeln oder öffnen – sie könnten giftige oder anderweitig gefährliche Stoffe enthalten. Behälter sofort melden.
- Keine toten Wirbeltiere (z. B. verölte Vögel) einsammeln. Funde notieren und die nächste zuständige Stelle benachrichtigen.

Strandgut erforschen

Die Strandgutsuche lohnt sich besonders nach stürmischem Wetter und zur Niedrigwasserzeit. Zum Transport des druckempfindlichen Fundgutes sollte man mehrere verschließbare Dosen mitnehmen. Fundstücke am besten gleich beschriften.

- Leere Gehäuse von Seeigeln, denen noch Teile der Stacheln anhaften, ein paar Tage in WC-Reiniger legen – er entfernt die letzten organischen Reste. Die Gehäuse werden dadurch zu besonders ansehnlichen Schaustücken.
- Spülsaumfunde auf Karton kleben oder zeichnen (Skizzenbuch, rechts).
- Am Strand bizarre Steine oder anderes Angespül zu „Kunstwerken auf Zeit“ arrangieren und fotografieren.

halten sich zwar nur mit wurzelartig verzweigten Krallen auf den Steinen fest, aber die Verbindung ist sehr innig und kaum zu lösen. Zwischen den Haftkrallen bleiben viele kleine Nischen übrig, in denen sich eine besondere Fauna ansiedelt. Kleine Krabben leben darin, Dreikantwürmer überkrusten die Umgebung mit ihren kalkweißen Wohnröhren und verschiedene Schwämme füllen die restlichen Lücken aus. Die kräftigen Stiele des Palmentangs fühlen sich im Gegensatz zu denen des sehr glatten Fingertangs rauh an – eine Einladung an koloniebildende Tiere wie Seescheiden und Moostierchen, aber auch an krustenbildende Rotalgen oder büschelige andere Kleinalgen, dichte Überzüge zu bilden.
Überhaupt ist es sehr spannend, den filzigen Aufwuchs der angedrifteten Tange mit der Lupe näher in Augenschein zu nehmen. Erstaunliche Kleinwelten tun sich dabei auf mit Posthörnchenwürmern, deren Wohngehäuse wie kleine Schnecken aussehen, oder mit zunächst sehr borstig erscheinenden Polypenstöckchen, deren feines Filigran sich unseren Augen erst in der sehr kleinen Dimension erschließt.

Strandflöhe halten sich gerne unter Tangbüscheln auf (links oben).

Zu Milliarden besiedeln die nur wenige Millimeter hohen Wattschnecken die Wattgebiete (links unten).

Strandläufer und Steinwälzer

Wenn man am Meer zunächst auch nichts anderes sieht – Vögel sind fast immer da. Das Wattenmeer der Nordsee ist sogar eines der fünf vogelreichsten Gebiete der Erde.

Vögel sind am Meer so zahlreich wie nirgendwo sonst. Mag man zu Hause im Garten oder im Stadtpark ständig Amsel, Drossel, Fink und Star begegnen – mit den Vogelzahlen des Wattenmeeres kann kein Binnenlandbiotop mithalten.

Soweit der Schnabel reicht: Großer Brachvogel, Pfuhlschnepfe, Austernfischer, Knutt, Sandregenpfeifer, Steinwälzer (v.l.n.r.).

Brüten und Rasten

Während der Brutzeit halten sich im Wattenmeer zwischen dem niederländischen Texel und dem dänischen Fanø rund 500 000 Brutvögel aus etwa zwei Dutzend verschiedenen Arten auf. Da sich die Gezeitenzone als Brutplatz nicht eignet, suchen die Vögel hochwassersichere Nistplätze wie Salzwiesen oder Sandinseln.
Ein Sonderfall sind die Felsbewohner unter den Meeresvögeln wie die Alken, Dreizehenmöwen oder Baßtölpel, die nur zum Brutgeschäft an Land kommen und sonst ganzjährig auf hoher See leben.

Drehscheibe des Zugbetriebs

Im Frühjahr und Herbst kommt erhebliche Verstärkung ins Watt. Wolkenweise treffen die ziehenden Arten auf ihrem Weg zwischen den hochnordischen Brutgebieten und den südlichen Überwinterungsquartieren ein – im Frühjahr ziemlich geballt innerhalb weniger Wochen, im Herbst in größerer zeitlicher Staffelung zwischen September und Dezember. Bis über drei Millionen Vögel aus rund 100 verschiedenen Arten halten sich dann gleichzeitig in den Wattengebieten auf.

Während die im hohen Norden brütenden Gänse schon mit neuem

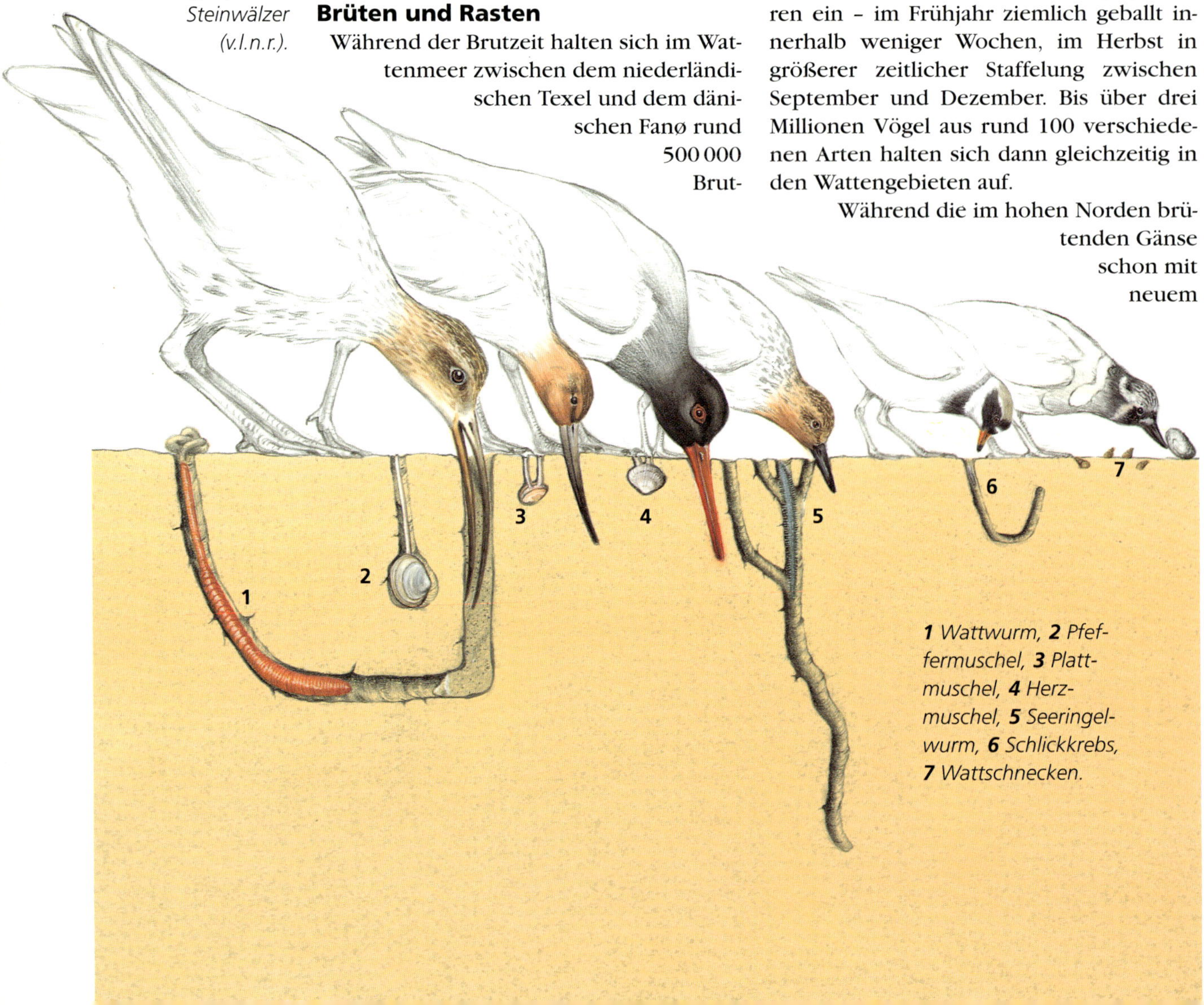

__1__ Wattwurm, __2__ Pfeffermuschel, __3__ Plattmuschel, __4__ Herzmuschel, __5__ Seeringelwurm, __6__ Schlickkrebs, __7__ Wattschnecken.

Federkleid eintreffen, nutzen viele andere Vogelarten wie Knutts oder Alpenstrandläufer den Aufenthalt im Watt zur Mauser. Insgesamt suchen während eines Jahres annähernd neun Millionen Vögel die Gezeitengebiete in der Deutschen Bucht zum Brüten, Mausern, Rasten und vor allem zur Nahrungsaufnahme auf.

Nahrung für Millionen

Das Wattenmeer ist für die brütenden, bleibenden oder auf dem Durchzug rastenden Vögel nur deswegen so attraktiv, weil es Nahrung in Hülle und Fülle bietet.

Ringel- und Nonnengänse sind reine Vegetarier. Sie fallen auf den Seegraswiesen, in den Salzwiesen oder seltener auch weiter im Binnenland ein. Fischfresser sind relativ selten.

Die übrigen Arten machen sich über die vielen Wirbellosen her und teilen sich das Angebot nach Schnabellänge auf. Alpenstrandläufer und Sandregenpfeifer suchen Wattschnecken, Schlickkrebse und Ringelwürmer von der Oberfläche. Steinwälzer schieben ihren kräftigen Schnabel unter Steine und Muscheln und werfen diese ruckartig herum, um Verstecktes zutage zu fördern. Pfuhlschnepfen und Knutts stochern nach Würmern im Wattboden, und am tiefsten reichen die Brachvögel mit ihren extra langen Schnäbeln.

Leuchtturm von Westerhever/Nordfriesland.

Knutts (links oben) und Ringelgänse (oben) bevölkern die Wattgebiete der Nordsee in großer Zahl.

Vögel im Watt beobachten

Die Vogelbeobachtung am Meer gehört sicher zu den schönsten Ferienbeschäftigungen. Da viele neue und sicher auch unbekannte Arten zu erwarten sind, sollte man neben einem guten Fernglas immer ein Bestimmungsbuch dabei haben. Folgende Tips sind besonders zu beherzigen:

- In Nationalparkgebieten Betretungsverbote für die Schutzzonen und Brutgebiete (Zone 1, besonders markiert) beachten.
- Nicht auf Wattflächen herumlaufen und von Vogelansammlungen mindestens 300 m Abstand halten, um die Tiere nicht unnötig aufzustören.
- Grundsätzlich nicht in Hochwasserruheplätze wie Salzwiesen eindringen!
- Geführte Wanderungen durch geschulte Vogelwärter mitmachen.
- Auf dem Deich bei auflaufendem Wasser Beobachtungsposten beziehen und sich ruhig verhalten – die nahrungssuchenden Vögel kommen dann mit der Wasserlinie immer näher.
- Bei Verwendung von Spektiven eine windgeschützte Stelle aussuchen.

Meeresfelsen und Meeresvögel

Auf dem Festland sieht man schon einmal einen Trupp Spatzen oder einen Starenschwarm. Aber lautstarke Massen größerer Vögel leben eigentlich nur am Meer – z. B. am Vogelfelsen. Zwischen März und Juli finden sich hier bestimmte Arten zu beeindruckenden Brutkolonien zusammen. Die Nist- und Sitzplätze werden dabei sehr ökonomisch untereinander aufgeteilt.

Vogelfelsen gibt es von der Bretagne bis nach Norwegen. Deutschlands einziger Seevogelfelsen ist die rote Buntsandsteinklippe von Helgoland. Auf den meisten atlantischen Seevogelfelsen leben zur Brutzeit folgende Vogelarten zusammen:
***1** Papagei-Taucher,*
***2** Baßtölpel, **3** Tordalk, **4** Eissturmvogel,*
***5** Trottellumme,*
***6** Dreizehenmöwe*
*und **7** Kormoran.*

Aus Neptuns bunten Wassergärten

Die Schönheit der grazilen Meeresalgen zeigt sich vor allem unter Wasser. Außerhalb klatschen sie zu nichtssagenden Lappen oder Fadenbüscheln zusammen.

Urlauber haben für die angeblich so glitschigen und übelriechenden Meeresalgen am Badestrand nur verachtende Blicke übrig. Vor wenigen Jahren tauchte gar das schlimme Wort von der Algenpest auf, und Killeralgen soll es auch geben.
Zugegeben: Einige wenige der rund 25 000 verschiedenen Algenarten sind giftig. Damit darf man aber nicht pauschal eine ganze Gruppe von Lebewesen in Verruf bringen, die im größten Lebensraum der Erde einfach unentbehrlich sind – und meistens sogar unerwartet attraktiv aussehen.

Der braunrote Knorpeltang gehört trotz seiner abweichenden Farbgebung zu den Rotalgen.

Buntes Treibgut

Auch im Meer kommen grüne Pflanzen vor – neben ganz wenigen Blütenpflanzen wie den Seegräsern die unverkennbaren Grünalgen. Mit ihren sehr kräftigen, fast ein wenig zu saftig erscheinenden Grünnuancen stellen sie jedes Salatblatt in den Schatten. Man findet auch noch ganz andersartige Meerespflanzen, z. B. die so auffällig derben, lederigen Braunalgen mit Färbungen zwischen grünlichem Olivgelb und dunklem Schokoladenbraun. Die besonders großen, mitunter über 1 m langen Arten faßt man (mit einem norwegischen Wort) als Tange zusammen. Außerdem findet man meist auch eine reiche Auswahl an Rotalgen, die entweder Braunrot, Grauviolett, aber manchmal auch Karmin oder Purpurrot zur Schau tragen.

Ausgesprochene Härtefälle

Von der Flora des Festlandes weiß man, daß die Pflanzen im weichen, lockeren Boden wurzeln. Bei den großen Meeresalgen ist das völlig anders. Der sandige Weichboden des Strandes ist gar nicht ihr eigentlicher Lebensraum. Sie wachsen unmittelbar auf nacktem Gestein, auf größeren Blöcken und untermeerischen Felsen, aber auch an Hafenmolen, Buhnen und Seezeichen, unter dem Rumpf von Schiffen und überhaupt an allen Stellen, wenn diese nur genügend fest und dauerhaft sind.
Wenn also Strandfelsen oder steil abfallende Klippen die traumhafte Badebucht säumen, wirft der Wellenschlag deutlich mehr

Farbige Schönheit im Herbar

Die größeren und kleineren Meeresalgen sind nicht nur bildschön, sondern ergeben auf Herbarblätter aufgezogen auch schöne Bilder. Die Präparation ist denkbar einfach:

- Aufgesammelte Algen noch am Strand in Meerwasser auswaschen und von Sand befreien; feucht, jedoch nicht in Wasser transportieren (z. B. in Plastiktüten).
- Algen zu Hause in Leitungswasser kurz abspülen, in flacher Schale (oder im Handwaschbecken) unter Wasser auf weiße Papierbögen (Schreibmaschinenpapier, DIN A4 bis A6) legen und diese vorsichtig herausziehen (Abbildung rechts); Verzwei-

Noch unter Wasser werden einzelne Algen vorsichtig auf Papierbögen aufgezogen.

Algen und Tange auf den Strand als an Küstenabschnitten, die meilenweit nur aus Weichböden bestehen.

Filigraner Formenzauber

Es lohnt sich, das bunte Strandgut im Bereich von Felsen genauer anzusehen. Sicher findet man einige lappige Gebilde, die zunächst ein wenig an farbige Folienfetzen erinnern. Neben solchen einfacheren Formen gibt es eine Menge fädiger, gabelig oder feinblättrig verzweigter und buschiger Algen – überraschend grazile Gestalten in ungewöhnlichen, interessanten Formen, die schick und elegant aussehen – es sind die Starmannequins unter den Meerespflanzen. Wenn man ein Algen- und Tangbüschel aufhebt, hält man meist nicht nur eine einzige Art in Händen. Im Meer wachsen die Pflanzen eben nicht fein säuberlich nebeneinander wie im Gartenbeet.

Algen und Tange aus dem Angespül – ein Abbild der Farbigkeit des Meeres (unten).

Von der Alge zum Aufziehbild – grazile Schönheit auf Papier (oben).

gungen der Pflanzen dabei mit Malpinsel oder Pinzette ordnen, nur einlagig aufziehen, zu dichte Büschel auslichten.

- Algenbelegte Bögen gründlich abtropfen lassen, auf Zeitungspapier legen, mit feinem Textilgewebe (Baumwolle, Gaze, Damenstrumpfstücke) bedecken und eine dickere Lage Zeitungspapier darauflegen.
- Unter mäßigem Druck (steinbeschwertes Brett o. ä.) pressen; nasse Zwischenlagen täglich ein- oder zweimal gegen trockene austauschen.
- Die getrockneten Algen bewahren im Dunkeln unbegrenzt, als Bilder im Rahmen jedoch nur an halbschattigen Wänden Form und Farbe.

Wattweich oder felsenfest

Die Gezeitenküste ist ein Lebensraum der langen Streifen. Horizontal ändert sich der Artenbestand der Siedlungsbänder über Hunderte von Kilometern Küstenlinie kaum, vertikal dagegen auf jeder Handbreite.

In der Gezeitenzone vollzieht sich im uhrwerkgenauen Tidenrhythmus ein stetiger und erstaunlich präziser Wechsel zwischen zwei Welten: Einmal ist der überflutete Küstensaum ein Bestandteil des Meeres, und wenige Stunden später gehört er für eine Weile dem Festland an. Die Gezeitenzone ist ein amphibischer Streifen - sozusagen Land, das dem Meer gehört.

Der Lebensraum einer Gezeitenküste ist in verschiedene Zonen gegliedert, die man an der Farbe unterscheiden kann (oben).

Seepocken sind zeitlebens festgewachsene Kleinkrebse (rechts).

Schwieriger Lebensraum

Mit dem Kommen und Gehen der Gezeitenwasserstände erfahren die Lebewesen höchst unterschiedliche Umweltbedingungen. Ob eine Pflanzen- oder Tierart in der so unsteten Zone zwischen den Tidemarken überleben kann oder nicht, entscheidet nur eine Fähigkeit - die Verhinderung oder Vermeidung einschneidender Wasserverluste während des Trockenfallens.

Lebensraum in schmalen Bändern

An atlantischen Felsküsten sieht man vom Nordkap bis nach Gibraltar fast überall die gleiche Abfolge: Von oben nach unten geht das Festland über eine gelbe, graue und schwarze Flechtenzone in den Gezeitenbereich über. Dann folgt ein breiter Gürtel mit verschiedenen oliv- oder gelbbraunen Brauntangen, in dem jede Tangart ihre besondere Sitzposition einnimmt. Der maximal fingerlange Rinnentang besetzt die oberen Etagen in der schwarzen Flechtenzone. Weiter nach unten folgen der handlange Spiraltang, dann Blasentang sowie die schon fast 1 m erreichenden Knoten- und Sägetange. Im Bereich der Niedrigwasserlinie wechselt die Szenerie vollständig. Den Sägetang ersetzt der sehr auffällige Riementang, und noch ein paar Handbreit tiefer beginnt das Reich von Zuckertang, Fingertang und Palmentang.

Ausharren oder Ausweichen

Für Tiere ist die Gezeitenzone ein schwieriger Lebensraum. Auf die Zeit des Trockenliegens reagieren sie mit Verkriechen oder Verschließen. Entweder ziehen sie sich in wassergefüllte Priele zurück wie Strandkrabbe oder Seestern, oder sie suchen feucht oder naß bleibende Ritzen und Fugen ihres felsigen Lebensraumes auf wie Strandschnecken oder Kleinkrebse. Miesmuscheln sitzen zwar buchstäblich auf dem Trockenen, verlieren aber durch ihre dicht schließenden Schalenklappen so gut wie kein Wasser.

*Wohnanlage Buhnenpfahl: **1** Nabel-Hauttang, **2** Darmtang, **3** Blättermoostierchen, **4** Miesmuscheln, **5** Seenelken, **6** Meersalat, **7** Aalmutter, **8** Sandklaffmuschel, **9** Seepocken, **10** Blasentang, **11** Strandschnecken, **12** Seestern, **13** Seeigel, **14** Pferdeaktinie, **15** Strandkrabbe.*

Von der Bildfläche verschwinden

Die Lebensgemeinschaften eines felsigen Hartbodens leben notgedrungen sehr oberflächlich und stellen sich auf anstehendem Fels, auf grobem Blockwerk oder an Molen förmlich zur Schau. Nur wenige Arten vertiefen sich in das Gestein, indem sie es anbohren oder mit körpereigenen Säuren tiefe Wohngänge hineinätzen. Dieses Verfahren der Schlupfraumbeschaffung funktioniert allerdings nur im relativ weichen Kalkgestein.

Einfacher haben es da die Bewohner der Meeresweichböden, der weiten Sand-, Misch- oder Schlickwatten. Von ein paar Vögeln abgesehen, sehen die Wattbodenflächen bei Niedrigwasser ziemlich leer aus. Der Eindruck täuscht jedoch – die meisten Wattbewohner haben sich nämlich finger- oder handbreit unter die Oberfläche begeben. Viele von ihnen sind überwiegend während der Flutzeiten unter Wasserbedeckung aktiv.

Miesmuscheln bauen im Weichbodenwatt Muschelbänke auf (links).

Am oder im Meeresboden

- Mohlen, Buhnen, Muschelbänke oder größere Steine in der Gezeitenzone nach Organismen absuchen. Welche Artengruppen kommen vor?
- Von oben nach unten auf die verschiedenen Besiedlungszonen achten. Wo beginnt das Siedlungsband der Seepocken, wo treten die Grün-, Braun- und Rotalgen auf?
- Mit Hilfe eines kleinen Drahtrahmens (10 × 10 cm) Besiedlungsdichte der Seepocken an verschiedenen Stellen (wellenoffener bzw. geschützter Standort) auszählen und vergleichen.
- Bei Dunkelheit an den Strand gehen und nur im nächsten Umkreis (!) mit der Taschenlampe nach Tieren suchen.

Leben unter den Füßen

Naßglänzender Sand oder Schlick von Horizont zu Horizont, und gar nichts los? Falsch gedacht – denn der Wattboden quillt über vor Leben.

Im Unterschied zu den Lebensgemeinschaften im Felswatt sieht man von den meisten Weichwattbewohnern auf den ersten Blick fast gar nichts. Sie sind - zumal zur Ebbezeit - buchstäblich von der Bildfläche verschwunden. Daher erscheint ein Schlick- oder Sandwatt ziemlich öde und leer. Der Wattboden hat es jedoch in sich. Hunderte bis Tausende von Schlickkrebsen, Wattwürmern, Wattschnecken und Muscheln halten sich unter jedem Quadratmeter Weichboden auf, ebenso Millionen feiner Mikroalgen, die für das Leben im Sediment eine so große Rolle spielen.

Komplizierte Entstehung, aber tolles Muster: Rippelmarken im Wattboden.

Einblick in die Unterwelt

Beim Burgenbauen bemerkt man es sofort: Schon wenige Zentimeter unter der weißlich-grauen bis rotbraunen Oberschicht beginnt im Wattboden eine schwarzgraue bis tiefschwarze, zum Teil auch deutlich anrüchige Sedimentschicht.

Diese so verschieden gefärbten Wattbodenstockwerke sind eine Folge unterschiedlicher Stoffumsetzungen. Oberflächennah lassen Tidenwasser oder die freie Atmosphäre den Sauerstoff problemlos zwischen die Korn- und Teilchenpackung des Sediments eindringen, so daß hier alle Stoffe oxidiert werden können. Tiefer im Boden bauen Bakterien organische Reststoffe unter starkem Sauerstoffverbrauch ab. Dann entsteht unter Beteiligung anderer Bakterien, die völlig sauer-stofffrei leben können, tintenschwarzes Eisensulfid.

Aktion in Grund und Boden

- Aus zwei (Plexi-)Glasscheiben (etwa 20 × 20 cm), einem 50 cm langen Schlauchstück (etwa 1 cm Durchmesser) und ein paar Aktenklammern ein Sedimentaquarium (Abbildung rechts) bauen. Wattwurm vorsichtig ausgraben, auf die Bodenfüllung legen und beobachten.
- Am Rande (!) von Schlickwattflächen mit einem Drahtrahmen (10 × 10 cm) Besatzdichte von Wattschnecken oder Schlickkrebsen auszählen und auf einen Quadratmeter Watt hochrechnen.
- Mit einer Glas- oder Kunststoffröhre ein Stück Mischwattboden ausstechen und das untere Ende der Röhre mit einem

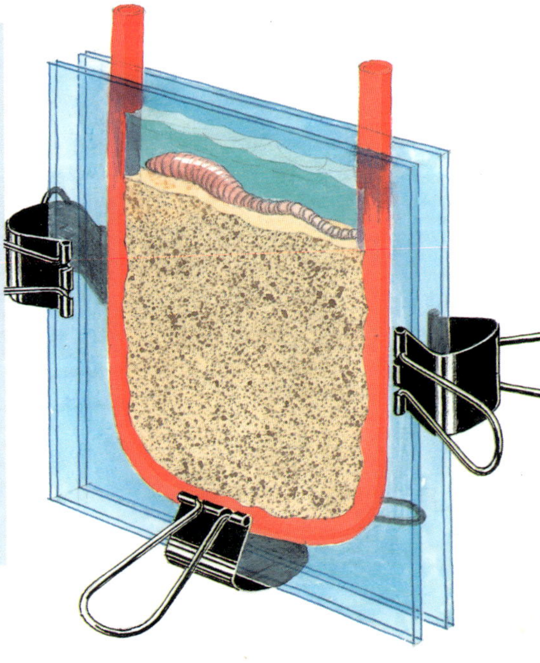

Spuren des Lebens

Wenn die Sonne auf den feuchten Wattboden scheint, glänzt er bräunlich goldgelb – im Unterschied zu den einheitlich grauen Kotsträngen, die der Wattwurm soeben an die Oberfläche geschoben hat: Millionen mikroskopisch kleiner Kieselalgen kriechen bei Ebbe und Licht nach oben und überkleiden die Oberfläche mit einem feinen Algenfilm. Außerdem verkleben Mikroalgen die Sedimentteilchen mit Schleim und tragen somit zur Festigung des Wattbodens bei.

In dunklen Löchern

Wenn man nur genauer hinschaut, findet man sicher auch die nur wenige Millimeter langen Schlickkrebse, die das feine Wattknistern verursachen. Sie erzeugen beim Nahrungseinsammeln rings um ihre Wohnlöcher feine Kratzspuren. Überall werden weitere kleinere oder größere Öffnungen im Boden zu sehen sein – jede ein Wohnröhreneingang von Bodentieren: Pygospiowurm, Opalwurm, Kotpillenwurm oder Tellmuschel haben in unterschiedlichen Bodentiefen ihr Dauerquartier bezogen. Zum Mischwatt hin wird man Sandklaffmuscheln, Herzmuscheln und vor allem die bekannten Wattwürmer antreffen.

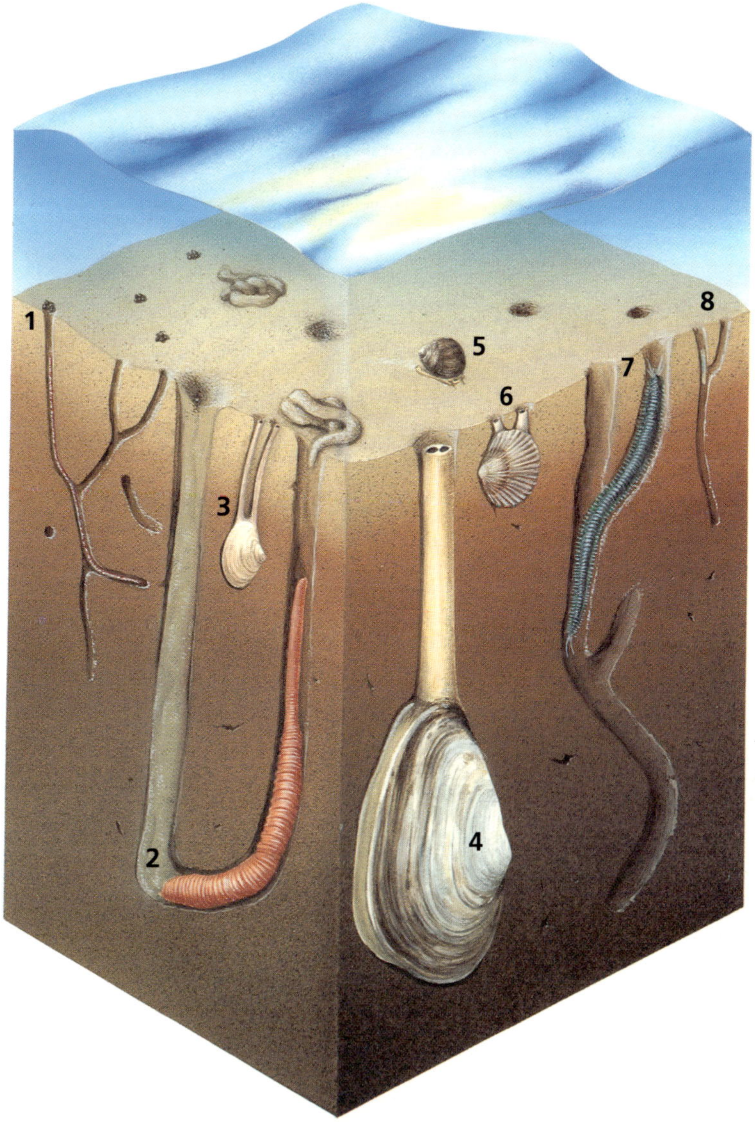

Nylonnetz verschließen. Oben auf die Bodenprobe einen Süßwassereiswürfel auflegen und unten die Bewohner des Lückensystems in einer Petrischale mit Meerwasser auffangen. Mit Lupe (oder besser Mikroskop) beobachten.

● Von schmutzigrosa gefärbten Pfützen am Rande von Prielen eine kleine Probe entnehmen und im Mikroskop betrachten – meist sind zahlreiche, rundlich-gläserne *Noctiluca*-Zellen darin, die Verursacher des Meeresleuchtens. Probe im Glasgefäß in einen dunklen Raum bringen (Augen zuvor etwa 10 Minuten lang an die Dunkelheit gewöhnen), schütteln und Lichtblitze beobachten.

Aus der Unterwelt des Watts (oben): ***1*** *Kotpillenwurm,* ***2*** *Wattwurm,* ***3*** *Tellmuschel,* ***4*** *Sandklaffmuschel,* ***5*** *Strandschnecke,* ***6*** *Herzmuschel,* ***7*** *Seeringelwurm,* ***8*** *Pygospiowurm.*

Schlickkrebse verursachen bei Niedrigwasser auf dem Wattboden ein geheimnisvolles Knistern (links).

In Düne und Salzwiese

Die Lebensgemeinschaften des Festlandes grenzen nicht haarscharf an den Strand. Dazwischen erstreckt sich immer eine Zone, die zwar zum Land gehört, aber von Wind und Wellen geformt wurde.

Wenn der Strandflieder blüht, verändert die Salzwiese ihr Gesicht (oben).

Lebensgemeinschaft in Serie

- Abfolge verschiedener Arten in Düne und Salzwiese beobachten.
- Blattgröße und Sukkulenzgrad verschiedener Salzpflanzen vergleichen.
- Geschmackstest: Wo schmecken die Salzpflanzen der Salzwiese am würzigsten? (Blätter oder Sproßstücke probieren; Salzpflanzen sind ungiftig).
- Kleintierleben am Boden beobachten, z. B. Wohnröhrenbau von Salzkäfer in der Quellerzone, Salzlaufkäfer (mit schaufelförmigen Vorderbeinen) in anderen Bereichen der Salzwiese, Spitzmausrüsselkäfer bei der Nahrungssuche zwischen Halligflieder.
- Bodenleben in der Düne beobachten: Ameisen, Laufkäfer, Spinnen – wo ist der Unterschlupf der Tiere?
- Dünengräser genauer kennenlernen: Blattgestalten und Blattfestigkeit untersuchen, Blütenstände vergleichen und zeichnen, Dünengräser-Herbar anlegen.

Gezeitenströme schleppen vom Meeresboden Sande unterschiedlicher Korngrößen heran, lagern sie in stillen Buchten ab oder ziehen sie zu kilometerlangen Stränden auseinander. Bei Niedrigwasser trocknet der Wind sie von der Oberfläche aus und hat dann leichtes Spiel mit den feinen Körnern: Allmählich türmt er die Sandmassen immer weiter auf und gestaltet daraus höchst eindrucksvolle Dünenszenerien.

Andererseits transportiert das Wasser der Tidenströme aber auch feine organische Partikel, die sich mit Sand zum Mischwatt verbinden oder tonige, sehr zähe Schlickflächen aufbauen. Solche vom Meer geschaffenen Weichböden gehen landseitig in Salzwiesen oder Marschland über. Ihre Lebensgemeinschaften sind vom offenen Watt grundverschieden.

Lockere Verhältnisse

Kaum haben sich jenseits der obersten Strandlinie, zu der gerade noch die Wellenzüge der Flutstände hinaufreichen, die er-

Strandhafer – gefeit gegen Sonne, Sand und Wind.

sten Sandhügel aufgeschichtet, sind auch schon die ersten Pflanzen zur Stelle: Strand-Quecke, Meersenf und wenige andere vereinnahmen den Standort, den ihnen kaum jemand streitig macht. Bei weiterer Materialzufuhr wachsen die noch flachen Sandwälle allmählich zu einem steilkuppigen Sandberg in die Höhe, und wieder helfen Gräser, das lockere Machwerk einigermaßen zu befestigen: Strandroggen und vor allem Strandhafer. Sie sind erstaunlich übersandungsfest, bilden – falls sie einmal zugeschüttet werden – neue Wurzeletagen und kommen mit frischen Trieben wieder zum Vorschein. Auch der ständige Flugsand scheint ihnen wenig anzuhaben.

Salz und Sukkulenz

Von einer Düne sind die Salzwiesen auf tonigem, zusammenhängendem Marschboden grundverschieden. Während Dünen normalerweise hochwasserfrei bleiben und bei Sturm allenfalls mit Salzgischt eingesprüht werden, erlebt der größere Teil einer Salzwiese vor allem bei Springtiden planmäßige Untergänge.

Die hier wachsenden Blütenpflanzen sehen völlig anders aus als auf einer üblichen Mähwiese. Sie müssen nämlich den schwierigen Umweltfaktor Salz bewältigen, mit dem andere Landpflanzen nicht in Berührung kommen. Um nicht unnötig Meersalz über die Wurzeln aufnehmen zu müssen, schränken sie vor allem ihren Wasserverbrauch ein. Ihre Blätter werden dicklich, kleinflächig und entwickeln voluminöse Speichergewebe – Merkmale der Sukkulenz. Der Strand-Wegerich hat noch klar erkennbare, wenngleich schon salzbefrachtete Blätter; der kakteenähnliche Queller im unteren Teil der Salzwiese besitzt nur noch verdickte Stengel.

Der Salzkäfer gehört zu den wenigen spezialisierten Insektenarten, die ständig in der Salzwiese leben.

nd-Quecke und ndroggen befesti- die niedrigen lünen.

Steilkuppige Weißdünen begrünen sich mit den Etagenhorsten des Strandhafers.

In der Graudüne kommen Kriech-Weide und Silbergras hinzu.

Die Braundüne trägt eine dichtgeschlossene Decke aus Heidekraut und Krähenbeere.

Schaufenster zum Meeresgrund

Niedrigwasser legt die weiten Tangfelder der Gezeitenküste weithin trocken. Kleine Tümpel in den Küstenfelsen trotzen den Tiden – für eifrige Tümpler gleichsam wäßrige Fundgruben.

Natürlich entstandene Vertiefungen des Gesteins irgendwo zwischen den Tidemarken halten zur Ebbezeit größere und kleinere Wasseransammlungen zurück. Der Gezeitenrhythmus zwingt ihnen keinerlei nennenswerte Wasserstandsänderungen auf. Tidentümpel oder Gezeitenaquarien nennt man sie, weil sie je nach Tiefen- und Flächenausdehnung von beidem etwas haben – portionsweise verpflanzte Ausschnitte der Dauerflutzone.

Abgetrennte Kleinwelten

Manche sind extrem flachgründig und nehmen nur einige Quadratdezimeter Grundfläche mit wenigen Litern Wasserfüllung ein. Andere sind weitflächiger, tiefer und sichtlich stärker untergliedert. Ihre Verteilung, Anzahl und Lage hängen lediglich davon ab, wie die Verwitterung durch Wind und Wetter die Felsbastionen des anstehenden Gesteins zerlegt hat.

Der genauere Blick auf den Organismenbesatz eines natürlichen Gezeitenaquariums zeigt bereits, daß hier gerade solche Arten fehlen, die sonst das Bild der Gezeitenzone prägen. Die oft meterlangen Braunalgen wird man kaum antreffen, ebensowenig Seepocken oder Miesmuscheln. Wenn demnach den Gezeitentümpeln

*Bewohner der mittleren Gezeitenzone: **1** Korallenmoos, **2** Meersalat, **3** Rauhe Strandschnecke, **4** Aschgraue Kreiselschnecke, **5** Wachsrose, **6** Napfschnecke mit Grünalgen, **7** Garnele, **8** Krustensteinblatt.*

Gezeitentümpeln auf den Grund gehen

- Verschiedene Gezeitentümpel aufsuchen und Besiedlungsbild vergleichen.
- Schöne Kleinlandschaften unter Wasser fotografieren. Ein Polarisationsfilter auf der Kameralinse nimmt die Oberflächenspiegelung und erlaubt noch tiefere Einblicke.
- Einige Minuten ruhig verharren und im Tümpel keine Schattenspiele verursachen – geflüchtete Tiere kommen wieder aus ihren Verstecken hervor.
- Garnelen, Flohkrebse, Napf- und Kreiselschnecken, Pferdeaktinien und Wachsrosen beobachten.
- Nicht in Tümpeln herumwaten und alle Steine wieder an die gleiche Stelle legen!

viele Arten der oberen und mittleren Gezeitenzone fehlen, bleiben eigentlich nur noch solche aus deren unterem Bereich oder der oberen Dauerflutzone übrig. Tatsächlich finden sich aus diesen Bereichen um so mehr Arten zusammen, je weiter die Tümpel an der Niedrigwasserlinie liegen. Bestandsbildend sind z. B. die eigenartig violettgrauen Krusten von Kalkrotalgen. Sie kleiden die Hohlformen der Tümpel flächendeckend aus.

Hart im Nehmen

Dieses vom Gesamtbild der übrigen Gezeitenzone so auffällig abweichende Aussehen der Gezeitentümpel ist nur zum Teil durch die Konkurrenz verschiedener Arten oder größeren Beweidungsdruck durch Meerschnecken in den ständig überfluteten Kleinräumen zu erklären. Selbstverständlich spielen solche Effekte eine Rolle, wie

schon allein der üppige, weil für die Napfschnecken unerreichbare Büschelalgenbewuchs auf dem eigenen Gehäuse zeigt. Der übrige Algenaufwuchs des Tümpels besteht lediglich aus steinharten und deswegen unangreifbaren Kalkalgenkrusten.

Lebensraum mit Wechselbädern

Tidentümpel erwärmen sich (gerade während der Sommermonate) viel rascher als das übrige Meerwasser, kleinere ungleich schneller und stärker als größere. Erwärmung verursacht Wasserverdunstung, und damit steigt automatisch auch der Salzgehalt im Tümpel an.

Wenn die nächste Flut aufläuft, ändert sich alles schlagartig. Die nach mehrstündiger Sonneneinstrahlung erreichte Temperatur fällt jäh ab, wenn die Flut wie eine kalte Dusche hereinschwappt. Zeitgleich damit stellen sich fast augenblicklich die zuvor erreichten Sauerstoffwerte um.

Sollte es während der Ebbezeit auf einen kleinen Tidentümpel heftig regnen, süßt er merklich aus. Für die tümpelbewohnenden Organismen bedeuten diese Veränderungen ihres gewohnten Salzmilieus eine erhebliche Belastung, die erst gegen Ende der Ebbezeit abbricht.

Bewohner der unteren Gezeitenzone: ***1*** *Pinseltang,* ***2*** *Korallenmoos,* ***3*** *Seestern,* ***4*** *Zuckertang,* ***5*** *Schotentang,* ***6*** *Seeampfer,* ***7*** *Fingertang,* ***8*** *Krustensteinblatt,* ***9*** *Steinpicker,* ***10*** *Strandkrabbe.*

In Gezeitentümpeln findet man die schwach nesselnde Wachsrose (oben).

Ausgeleert und weggeworfen

Die Weichtiere sind mit rund 130 000 bekannten Arten die zweitgrößte Tiergruppe. Man merkt es, denn die Schalen von Schnecken und Muscheln bauen ganze Strände auf.

Obwohl sie Weichtiere heißen, besitzen viele Arten eine harte und oft sogar recht massive Schale aus Kalk. Diese ist so beständig, daß sie unter Umständen Jahrmillionen überdauern kann: Kalkgestein aus dem Erdmittelalter enthält neben Massen mikroskopisch kleiner Einzellerskelette immer auch die fossilen Schalen von Muscheln, Schnecken oder Kopffüßern.

Wie man sich in Schale wirft

Schneckengehäuse und Muschelschalen entstehen aus einer besonderen Hautfalte der Tiere und wachsen zeitlebens streifenweise mit. Auch bei Meeresschnecken sind die Häuser gewunden oder gewendelt wie eine Treppe, die sich an einer zentralen Säule festhält – meistens rechts herum, seltener auch in Gegenrichtung. Bei einigen Arten sind sie nur sehr wenig gekrümmt wie bei der amerikanischen Pantoffelschnecke, die um die Jahrhundertwende in die Nordsee verschleppt wurde, oder sie besitzen überhaupt keine Windungen wie die eigenartigen Napfschnecken, deren Gehäuserand immer millimetergenau in die Unebenheiten ihres Dauerankerplatzes paßt. Wenn die Schnecke abstirbt, wird ihre Kalkschale ein Spiel der Wellen. Im Spülsaum am Strand findet man sie in allen Stadien – vollständig mit kompletter Ausfärbung, vom Sand bis auf die Perlmuttschicht abgeschliffen oder zersplittert mit vielen Fensterdurchbrüchen. Wenn die Gehäuse längere Zeit im Wattboden gelegen haben, sind sie von Eisensulfid schwärzlich verfärbt.

Klappe halten

Im Unterschied zu den Schnecken besitzen Muscheln immer eine zweiteilige, rechts- und linksseitige Schale. Am Rücken sind sie durch ein unverkalktes, flexibles Schloßband verbunden. Damit die Hälften sich beim Öffnen und Schließen nicht verschieben oder verrenken, trägt der obere Schalenrand genau ineinandergreifende Vorsprünge und Vertiefungen („Zähne"), die zusammen das Schloß bilden.
Obwohl man so viele Muscheln im Angespül findet, sieht man außerhalb des Bodens nur ganz wenige Arten. Austern zementieren sich an Felsen oder Pfahlwerk fest, und Miesmuscheln vertäuen sich untereinander bankweise durch sehr zähe Fa-

Gehäuse der Flachen Strandschnecke gibt es in vielen Farbvarianten (unten rechts).

Wie die Trogmuschel die Klappe hält (unten):

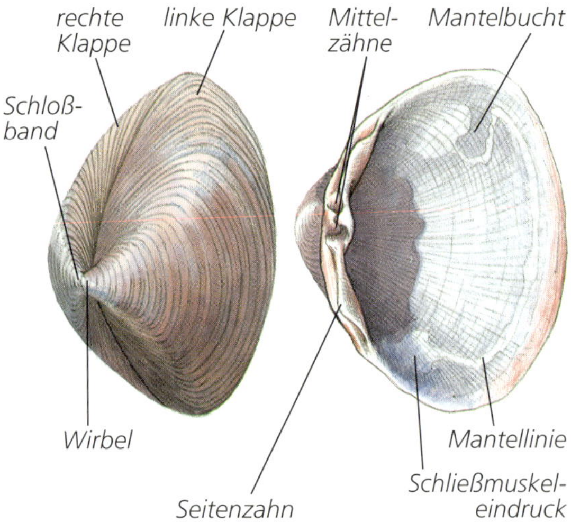

denmassen von beachtlicher Reißfestigkeit. Die meisten anderen Muscheln leben im weichen Boden. Manche von ihnen, wie die große Sandklaffmuschel, stecken senkrecht und vergleichsweise tief im Wattboden, andere wie die Tellmuscheln liegen flach auf der Seite in den oberen Sedimentschichten. Zeigt der Wattboden hier und da schlüssellochförmige Öffnungen, steht man an den Sitz- und Liegeplätzen der Schwert- oder Messermuscheln.

Schalenschicksal

Die Brandungszone ist erbarmungslos wie ein Mahlwerk. Schon nach kurzer Zeit hat sie so zerbrechliche Bauteile wie Schneckengehäuse und Muschelschalen in Stücke geschlagen und zu Schill zerkleinert. Unter der Lupe kann man aber immer noch erkennen, von welchen Arten die einzelnen Bruchstücke stammen. Sobald der Schill Sandkorngröße erreicht hat oder gar in die Eieruhr paßt, ist die Bestimmung schwierig bis unmöglich. Sand vom Badestrand besteht zu einem hohen Anteil aus zertrümmerten Schnecken- und Muschelwohnungen – je greller weiß der Urlaubsstrand, um so mehr Gehäusegereibsel liegt uns zu Füßen.

Die Wellhornschnecke gehört zu den größten heimischen Meeresschnecken mit Gehäuse.

Ein Weichtier ohne harte Schale: die grellfarbige Faden-Nacktschnecke (oben).

Im Angespül liegt genügend Startkapital für die eigene Schalensammlung (links).

Massenhaftes Leergut

- Einige häufige Schneckenarten wie die Flache Strandschnecke treten in vielen Färbungen von zitronengelb bis fast schwarz auf. Farbserien zusammenstellen (vgl. Foto S. 162).
- Größere Schneckengehäuse, z. B. von der Wellhornschnecke, mit einer Feile und Schmirgelpapier bis zum idealen Längsschnitt abschleifen und Treppenstruktur im Inneren betrachten.
- Sägezähnchen, Tellmuschel, Teppichmuschel und etliche andere Arten werden von Raubschnecken in Schloßnähe angebohrt. Gelöcherte Schalen für eine Muschelkette sammeln.
- Leere Schneckengehäuse finden häufig Nachmieter: Einsiedlerkrebse mit ihrem Wohnmobil in ein Glas setzen und beobachten. Manchmal sitzt auch noch ein Ringelwurm in der Schale.
- Farbvariationen der Baltischen Tellmuschel suchen und Musterserien zusammenstellen.

Die Bergwelt erobern

Eine Ferienreise in die polnäheren Gebiete der Arktis führt von Mitteleuropa über mindestens 2000 Kilometer nach Norden und ist sicherlich ein aufwendiges Unternehmen. In den Alpen schafft man den gleichen Übergang bei guter Kondition eventuell an nur einem Tag und außerdem zu Fuß. Obwohl die zwei-, drei- oder gar viertausend Höhenmeter der Alpenberge im Vergleich zum Erdradius eine Winzigkeit sind, ändern sich die Lebensumstände für Pflanzen und Tiere von der Talsohle bis zur Gipfelflur beträchtlich. Unten sieht es im Bergland fast so aus wie auch sonst in Mitteleuropa, in der Mitte schon eher wie in der nordosteuropäischen Taiga, und ganz weit oben geht es wirklich arktisch zu wie in der Tundra. Miterleben und verstehen, wie die Lebewesen so enorme Unterschiede bewältigen, gehört zum Ferienerlebnis Alpen und Hochgebirge einfach dazu.

Verwegener Kletterkünstler: Alpensteinbock.

Wachsamkeit mit Pfiff: Alpenmurmeltier (ganz oben).

Große Blüten, kleine Blätter: Bärtige Glockenblume (oben).

Wolken, Wind und Wetter

Alle reden vom Wetter – besonders in der Ferienzeit. Wetternachrichten machen die eigene Beobachtung der Witterungsabläufe aber nicht überflüssig, denn Überraschungen sind immer möglich.

Satellitenaufnahmen in Fernsehen und Zeitung zeigen die Großwetterlage von ganz Europa auf einen Blick. Wo früher Tausende von Beobachtungsdaten einzeln übermittelt und in Karten eingetragen werden mußten, bietet die Filmaufzeichnung aus dem erdnahen Weltraum ein kaum zu übertreffendes Sofortbild der Wolkenverteilung und mutmaßlichen Wetterentwicklung. Die Trefferwahrscheinlichkeit der Wettervorhersage ist zwar beachtlich, aber dennoch nicht hundertprozentig.

Wolkenmützen an hohen Berggipfeln zeugen von mit der Tageszeit wechselnden Luftbewegungen (rechts).

Haufen- oder Quellwolken (Cumulus, unten links) und Föhnwolken (unten rechts) erkennt man an ihrer unverwechselbaren Form.

Föhn fegt die Berge frei

Der über 1000 km lange Alpenriegel trennt Mittel- und Südeuropa und ist somit auch ein hochwirksamer Wettermacher. Die Gipfelketten zwingen vom Meer kommende Luftmassen zum Aufsteigen und Abkühlen, so daß sich deren mitgebrachte Feuchtigkeit verdichtet und Wolken bildet. Nördlich vom Hauptkamm kann es dann regnen, südlich davon ist es dagegen trocken und warm. Eine Wetterbesonderheit der Nordalpen sind die vor allem im Frühjahr oder Herbst auftretenden und sehr verrufenen Föhnwetterlagen. Dabei werden von Norditalien her feuchte Luftmassen gegen die Bergkämme gedrückt und regnen sich noch in den Südalpen recht ergiebig ab. Bei der Tröpfchen- und Niederschlagsbildung wird etwas Wärme frei - ein kleiner Teil derjenigen Energie, die zuvor für die Wasserverdunstung aufzuwenden war. Die am Gebirgsrand hochgedrückte Wolke kühlt sich nun um ungefähr 0,5 °C je 100 m Höhe ab. In 3000 m Höhe an der Obergrenze der Wolkenbildung beträgt ihre Temperatur etwa -5 °C.

Mitunter haben sich die Wolken an der Aufstiegsflanke noch nicht völlig ausgeregnet und reichen dann mit einer charakteristischen Wolkenbarriere, der Föhnmauer, bis in die Bergketten des Alpennordrandes. Abkömmlinge daraus reichen bis ins Vorland und erscheinen hier als schmale, zigarrenförmige Föhnfetzen, die ein wenig an einen

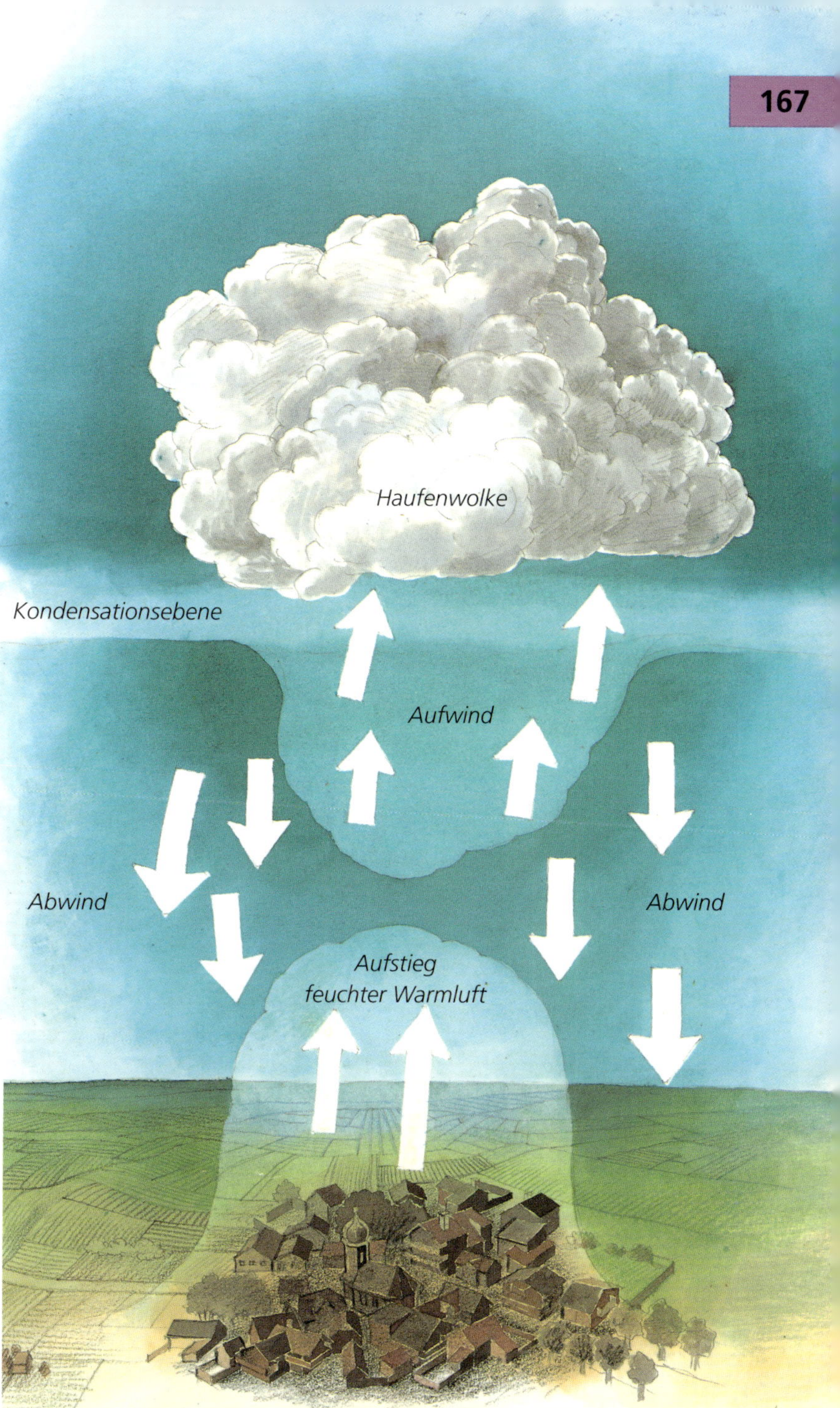

sehr lockeren Fischschwarm erinnern. Als kalte, aber trockene Luft überquert die Föhnfront den Alpenkamm, weht als heftiger Fallwind herunter und erwärmt sich nun um etwa 1 °C je 100 m Abstieg. Mit bis zu 15 °C kommt sie daher im Vorland an. Frühjahrsföhn bringt auf seinem Weg den Schnee zum Schmelzen und läßt das Wasser in Sturzbächen zu Tal schießen. Herbstföhn verlängert den warmen Spätsommer und ermöglicht eine geradezu phantastische Fernsicht.

Himmlische Botschaft

Bei wolkenarmem Wetter erwärmt die Sommersonne die beschienenen Bergflanken und läßt die aufgeheizte, leichtere Luft aufsteigen. Vom Tal bläst jetzt der Wind bergwärts und bietet für die großen Greifvögel wie Adler und Geier eine prächtige Thermik, die sie in ausgedehnten Segelflügen immer höher trägt. Nach Sonnenuntergang kühlen die Gipfelfluren rascher ab als die Talzüge – kalte Luft ist schwerer und strömt als Talwind nach unten zurück. Tageszeitlich wechselt die Luftbewegung zuverlässig zwischen Aufwind und Fallwind. Nimmt der Aufwind aus der Niederung sehr viel Feuchtigkeit mit, bekommen die Gipfel etwa ab Mittag Wolkenmützen, die sich bis zum Nachmittag zu Regen- oder Gewitterwolken verdichten können. Die tageszeitlich verschiedene Verteilung von Warmluft und Feuchtigkeit verursacht also ganz typische Erscheinungen in der Atmosphäre.

Fast wie ein Schornstein – über dunklen Flächen (z. B. Siedlungen) erwärmt sich die Luft stärker und steigt auf.

Wetter beobachten

- Eigene Wettervorhersage machen: Schönwetterboten sind z. B. Morgengrau, Abendrot, fallender Nebel, einzelne Haufenwolken mit Auflösung gegen Abend, eine unregelmäßig aufbrechende Wolkendecke. Schlechtwetterboten sind z. B. Morgenrot, Abendgrau, steigender Nebel, zunehmende Windstärke.
- Wolkentypen und ihre Übergangsformen unterscheiden lernen: Haufenwolken (Cumulus), Schichtwolken (Stratus), Schleierwolken (Cirrus).
- Die Berglandschaft wird erst durch Wolken richtig schön. Wolkenbildungen und -bilder fotografisch festhalten. Polarisationsfilter (bei Schwarzweißfilmen Gelbfilter) betonen die Wolkendramatik!
- Eine bestimmte Berglandschaft vom gleichen Aufnahmepunkt zu verschiedenen Tageszeiten aufnehmen.

Lebensräume in Etagen

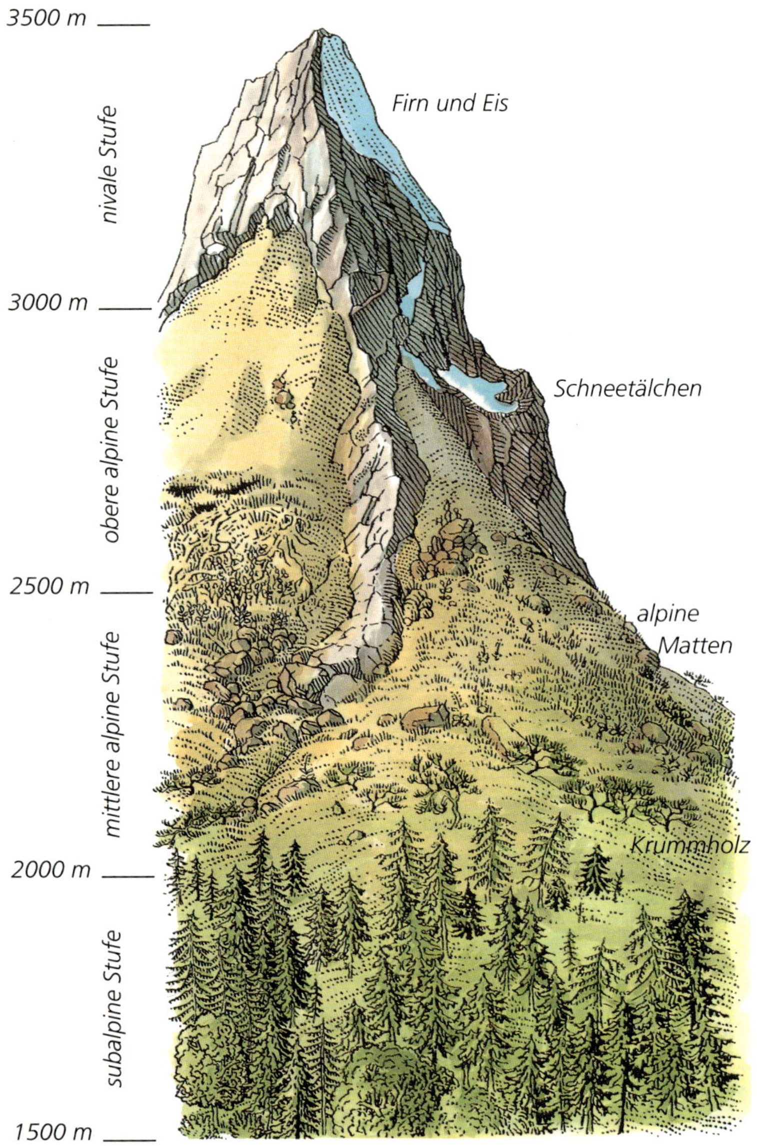

Auf in die Arktis: Vom Mischwald über die Nadelwald- und Krummholzstufe zu den alpinen Matten und Schneetälchen bis hinauf in die Firn- und Eisregion (oben).

Die Krummholzstufe löst den geschlossenen Gebirgsnadelwald ab (rechts oben).

Auf dunkle Wälder folgen saftige Matten und steinige Fluren: Im Hochgebirge ändert sich die gesamte Umwelt mit zunehmender Höhenlage von Etage zu Etage.

Die frische Gesichtsfarbe nach der Gipfeltour zeigt es ebenso an wie sommerlicher Neuschnee in den Hochregionen: Ganz weit oben auf den Graten und Höhenfluren

sind Strahlung, Temperatur, Niederschlagsverhältnisse und Wind völlig anders als an den unteren Teilhängen. Die Pflanzenwelt überkleidet das Bergland mit klar unterscheidbaren und deutlich abgegrenzten Stockwerken. Die in der Höhe aufeinander folgenden Vegetationsgürtel entsprechen in ihrer Reihenfolge ziemlich genau den Zonen, die sich jeweils von Süden nach Norden ablösen. In 2500 m Höhe kann man daher ungefähr die gleiche Pflanzenwelt erwarten wie 2500 km weiter nördlich in Skandinavien.

Im Frühtau zu Berge

- Bei der nächsten Bergwanderung auf die unterschiedliche Pflanzenwelt der einzelnen Höhenstufen achten (kleine Skizze vom Erscheinungsbild anfertigen oder mit Fotos dokumentieren). Nord- und Südhänge vergleichen.
- Besonders markante Wetterbäume (Buchen, Ahorn, Fichten, Arven, Lärchen) zeichnen oder fotografieren.
- Übergänge zwischen den einzelnen Pflanzenzonen und Höhengürteln im Bild festhalten.

Wechselnde Bilder

Bis auf etwa 1000 m Höhe reichen am Nordalpenrand die sommergrünen Wälder mit großblättrigen Laubbäumen wie Buchen und Eichen. Den Laubwald löst geschlossener immergrüner Nadelwald ab. Einzelne Laubbäume wie der Berg-Ahorn kommen zwar noch deutlich höher vor, doch sind

geschlossene Laubholzbestände oberhalb der 1500 m-Linie im allgemeinen nicht mehr möglich.
In den Zwischen- und Zentralalpen wandelt sich das Bild. In den gleichen Höhenlagen, in denen an den Alpenrändern noch Laubbäume vorkommen, beherrschen hier Nadelholzbestände die Szene, und zwar Fichten-/Tannen-Bestände in den Zwischenalpen und Wald-Kiefern in den Zentralalpen.

Wo der Wald am Ende ist

Etwa in 2000 m Höhe verläuft in den Nord- und Zwischenalpen die Grenze, wo sich der geschlossene Nadelwald sichtlich in einzelne Flecken auflöst und ein wenig höher nur noch einzelne, meist sehr bizarre, von Wind und Wetter gezeichnete Baumgestalten (Wetterfichten) die Stellung halten. In den Zentralalpen bilden anstelle von Fichten die offenbar viel widerstandsfähigeren Arven und Lärchen in etwa 2200 m Höhe die Wald- und Baumgrenze. Manchmal hat die Bewirtschaftung die Grenze künstlich nach unten gedrückt.

Der Bergwald wird zum Zwergwald

Am oberen Grenzsaum der Bergwaldstufe beginnt die alpine, baumfreie Region. Zwischen den geschlossenen Nadelwald und die blumigen Matten schiebt sich meist noch ein breiterer Gürtel aus Strauchgehölzen, die nur etwa kniehoch werden und ihres Aussehens wegen Krummholz heißen. An trockeneren Hängen sind es die Latschen oder Legföhren, an sehr feuchten Riesel- und Sickerfluren Gebüsche aus Grün-Erle. Im Sommer wachsen in ihrem Saum äußerst blumige und artenreiche Hochstauden.
Mit zunehmender Höhenlage werden auch die Krummholzbestände kleiner und lückiger. Zwerg- und Spaliersträucher mischen sich jetzt darunter, und natürlich eine Fülle farbenprächtiger Alpenblumen.
Ab etwa 2500 m Höhe beschränkt sich die Pflanzendecke dann nur noch auf einzelne Flecken oder Mulden. Sehr genügsame Polsterpflanzen bestimmen jetzt das Bild. Sie werden in höheren Lagen nur noch von ein paar Moosen und Flechten übertroffen.

Einzeln stehende Bäume wie die Zirbelkiefer sind oft markante Wettergestalten (oben).

Das Alpenpanorama läßt alle wichtigen Pflanzengürtel von der Laubholzregion bis zur (fast) vegetationsfreien Dauerschneestufe erkennen (links).

Was der Bergwald so verzapft

Zapfen sind eine besondere Zierde der Nadelgehölze – dekorativ, formschön und sehr vielseitig. Bis zur Samenreife bilden sie eine geschlossene Gesellschaft.

Koniferen oder Zapfenträger nennt man die Nadelbäume, weil sie ihre Samen in charakteristischen Behältern produzieren, die zur Reifezeit im Gegensatz zu den meisten Laubholzfrüchten völlig verholzt und ziemlich starr sind. Im Bergland nutzte man sie früher gerne als Brennmaterial.

Hölzerne Blütenstände

Bei den Nadelgehölzen sind die Blüten immer eingeschlechtig. Die männlichen Zapfen bestehen nur aus Staubbeuteln, die Millionen gelblicher und extrem leichtgewichtiger Pollen durch den Wind zur Bestäubung verdriften lassen. Ausschüttung und Luftversand erfolgen so massiv, daß sich die Pollen in Mengen auf Gewässern oder Pfützen sammeln und diese wie mit Schwefelpulver einpudern (Schwefelregen). Nachdem sie alles verpulvert haben, fallen die männlichen Blüten einfach ab, ohne am Baum irgendwelche bleibenden Spuren zu hinterlassen. Anders sieht es dagegen bei den weiblichen Blütenständen aus. Schon zur Blütezeit ist die spätere Zapfenform in etwa erkennbar. Außerdem kann man jetzt bei vielen Arten besonders klar erkennen, daß ein weiblicher Zapfen aus vielen Einzelblüten besteht, zu denen jeweils eine Samenschuppe und ihr Tragblatt, die Deckschuppe, gehören. Später verwachsen bei Fichten und Kiefern die dickere Samenschuppe und die dünnhäutige Deckschuppe untrennbar miteinander. Bei Tannen und Douglasien lugen die getrennt bleibenden, schmalzipfligen Deckschuppen dagegen zwischen den kräftigen, breiten Samenschuppen hervor.

Frühe Blüte – späte Reife

Von den Beerensträuchern und Obstbäumen erwartet man, daß sie im Frühjahr

Der Tannenhäher ernährt sich hauptsächlich von Zirbelnüssen, zerpflückt aber auch Fichtenzapfen.

Von A(ufsammeln) bis Z(erlegen)

- Entwicklungsfolgen und Verfärbungen vom unreifen zum reifen Zapfen am gleichen Baum beobachten.
- Reife Zapfen von verschiedenen Nadelholzarten (auch als Schmuckstücke) sammeln und vergleichen.
- Feuchte Zapfen trocknen lassen, Öffnung beobachten und herausfallende Samen im Blumentopf ankultivieren.
- Flügelsamen, z. B. von Kiefern und Fichten, fliegen lassen und Reichweiten bestimmen.
- Besondere Fraßspuren an den Zapfen oder andere tierische Spuren an den Nadelbäumen beachten.

Lärchenzweig mit weiblichen Blütenständen (aufrecht) und kleineren männlichen Blüten.

blühen und spätestens im Herbst reife Früchte anbieten. Bei Lärchen, Fichten und Tannen ist es ebenso – ihre Zapfen reifen bis in die Herbstwochen des Blühjahres aus. Andere Nadelhölzer lassen sich dagegen mehr Zeit. Bei der Wald-Kiefer dauert es bis zum Herbst des Folgejahres, und bei der Arve sind die Samen erst im Frühjahr des dritten Jahres reif.

Unter Tannen wird man vergeblich nach schönen Zapfen suchen. Die so sprichwörtlichen Tannenzapfen lösen sich bei der Reife lagenweise auf und segeln in Einzelportionen vom Baum. Bei Fichten und Wald-Kiefern erzwingt Trockenheit die Öffnung der Zapfenschuppen und läßt dann die geflügelten Samen gemächlich davonsegeln. Bei der Arve sind die sehr dicken und ölreichen Samen (Zirbelnüsse) ungeflügelt. Sie können nicht vom Winde verfrachtet werden, sondern benötigen die Mithilfe eines Vogels. Der Samen sammelnde Tannenhäher, den man wohl besser Arven- oder Zirbelhäher genannt hätte, besorgt dieses wichtige Geschäft.

Falsche Früchte – beerenstark

Obwohl sie zu den Nadelhölzern gehören, sind einige in den Alpen vorkommende Arten dennoch keine richtigen Koniferen. Beim meist zwergwüchsigen Alpenwacholder werden die Zapfenschuppen nicht holzig, sondern verwachsen miteinander zu fleischigen, beerenartigen Saftkugeln. Wegen ihres Erscheinungsbildes spricht man zwar von Wacholderbeeren, aber richtiger müßte es Beerenzapfen heißen. Sie enthalten sehr aromatische, für den Menschen aber schon in mäßigen Mengen giftige Inhaltsstoffe. Vögeln machen diese offensichtlich nichts aus.

Noch ein weiteres alpines Nadelholz ist keine Konifere – die schmucke und sehr giftige Eibe, die mit Tannen, Fichten und Kiefern ebensowenig verwandt ist wie mit dem Wacholder. Aus ihren weiblichen Blüten entwickeln sich keine Zapfen, sondern einsamige Nüsse, die ein für Vogelaugen sehr einladender, karminroter Samenmantel umgibt.

Zapfen der Zirbelkiefer oder Arve enthalten eßbare, nußartige Samen (unten links).

Die männlichen Blütenzapfen der Berg-Kiefer sind nur kurzlebig (unten).

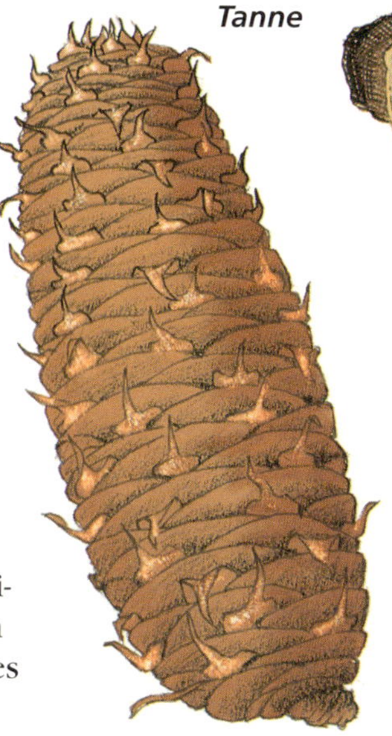

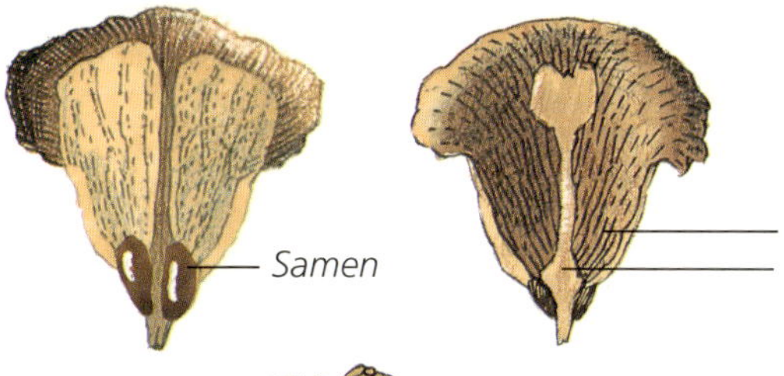

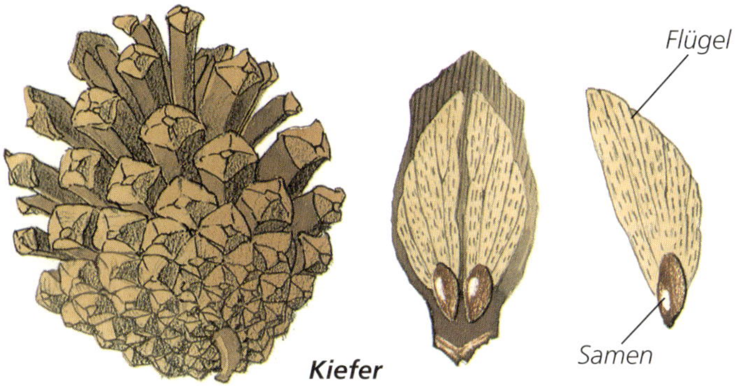

Zapfen von Tanne und Kiefer im Vergleich

Tierische Alpinisten

Mönchsgeier, Waldrapp, Biber, Bär und Wolf waren noch im letzten Jahrhundert verbreitete Alpentiere. Andere konnten sich eher behaupten und blieben Bestandteil der Alpenfauna.

Echte Hochgebirgstiere wie Schneehase, Schneemaus, Murmeltier, Gemse und Steinbock leben vorwiegend oberhalb der Waldgrenze und sind nie in den tieferen Tallagen anzutreffen. In den Alpen bewohnen sie damit abgegrenzte Höheninseln. Durch besondere Anpassungen an die Witterung und vor allem an das Nahrungsangebot sind sie gegenüber anderen Arten klar im Konkurrenzvorteil und daher in den Hochlagen unangefochten.

Dachs, Fuchs, Reh und Rothirsch kommen ebenfalls in den Alpen vor. Sie meiden allerdings die baumfreie, eigentlich alpine Höhenstufe und verlassen kaum einmal den Bereich des schützenden Bergwaldes. Sie sind eher Arten, die aus ihren Verbreitungsräumen des Tief- und Hügellandes bis in die mittlere Gebirgsstufe vordringen und dort Lebensräume bevorzugen, wie sie auch weiter unten vorhanden sind.

Im Sommer geht es hoch hinaus: Gemsgeiß mit Kitz (oben).

Im Übergangskleid sehen Schneehasen besonders buntscheckig aus (rechts).

Schwarze Gestalten

Die Gruppe der Lurche ist in den kalten Hochlagen zwischen 800 und 3000 m mit dem Alpensalamander und der Gebirgsform des Kamm-Molches vertreten. Sie sind tagaktiv und zeichnen sich durch eine tiefschwarze (Rücken-)Färbung aus. Auch der Alpenmolch neigt mit kräftigem Grau zu dunkleren Tönen. Diese Vollpigmentierung kann die gesamte Bandbreite der eintreffenden Sonnenstrahlung „verschlukken“, ohne etwas davon zurückzuwerfen, und wandelt dabei selbst die relativ kurzwelligeren Anteile in Wärme um. Mit ihrer sehr dunklen Färbung gleichen die Tiere also die fehlende körperliche Eigenwärme aus.

Auch zwei in der Bergwelt vorkommende Kriechtiere zeigen diese Besonderheit: Die Kreuzotter kommt in den Alpen (allerdings nicht nur hier) in einer pechschwarzen Form vor, und bei der Berg-Eidechse sind zumindest die Jungtiere fast annähernd schwarz.

Wechsel zu Weiß

Farbanpassung an die Umgebung ist ein wichtiges Mittel, um neugierigen Blicken zu entgehen, auch wenn ein dunkleres oder gar völlig schwarzes Gewand gerade im

Winter aus wärmetechnischen Gründen vorteilhafter wäre.

Schneemäuse zeigen ganzjährig ein helles, fast weißliches Grau und sind damit die einzigen wirklich grauen Mäuse der heimischen Kleinsäugerfauna. Schneehasen vollziehen dagegen im Herbst und im Frühjahr einen markanten Fell- und Farbwechsel. Rechtzeitig zum Einbruch der sehr kalten Jahreszeit ist die neue Garderobe in reinem Schneeweiß fertig. Sollte ein Hochgebirgshase allerdings von einem

Kämpferische Steinböcke – fast mit dem Fels verwachsen (links).

Murmeltiere leben gerne im Familienverband (oben).

Tiere zu allen Jahreszeiten

- Im Bergsommer in der Umgebung von Kleingewässern vorsichtig nach Amphibien Ausschau halten. Gebirgsarten und -rassen kennenlernen.
- Schneemäuse sind auch im Winter aktiv und sonnen sich in der Mittagssonne – z. B. in der Umgebung von Almhütten.
- Gemsen wandern im Winter hinunter bis an den Rand der Bergwaldstufe. Schneefreie Stellen mit dem Fernglas absuchen und Tiere bei der Äsung beobachten.
- Steinböcke bleiben im Winter in der Felsregion. Wind und Mittagssonne räumen ihnen an Südwänden den Schnee weg; hier kann man sie durch das Fernglas beobachten.
- Im Spätsommer und Frühherbst kann man Murmeltiere bei der Einrichtung ihrer Schlafhöhlen beobachten – büschelweise tragen sie Polstermaterial ein.

sommerlichen Schneefall überrascht werden, sticht er mit seinem normalen hasenbraunen Fell sehr von der Umgebung ab, soweit er nicht eine schützende, tarnende Sasse aufsucht. Das Hermelin ist der einzige heimische Kleinsäuger, der auch weit außerhalb der Alpen für den Winter ein (bis auf die schwarze Schwanzspitze) ziemlich einheitlich weißes Kleid anlegt. Ein Winterkleid ganz in Weiß zeichnet auch den Hochgebirgsspezialisten Schneehuhn aus. Bei hoher Schneelage verschwindet es nicht nur durch seine Färbung, sondern auch tatsächlich von der Bildfläche, weil es dem klirrenden Frost in selbst gegrabenen Schneehöhlen ausweicht. Das Sommergefieder behält an der Bauchseite und in der Laufbefiederung die weiße Farbe bei – im Lebensraum dieses Vogels ist Sommerschnee durchaus keine Seltenheit.

Ein ganzes Jahr an einem Tag

Wenn im Tal schon die Sommerwiesen blühen, kann man dem Frühling in die höheren Lagen nachsteigen und den Jahreslauf gleichsam rückwärts erleben.

In zunehmender Höhenlage zieht der Bergfrühling mit mehrwöchiger Verspätung ein.

Blühkalender und Saisonboten

- Auf Wuchs- und Lebensformen verschiedener Alpenpflanzen (Rosetten, Polster, Spalier) achten.
- Thermometer mit auf die Bergtour nehmen und um die Mittagszeit die Temperaturen im Blüten- und Blatthorizont sowie in der Luft und direkt am Boden messen.
- Wieviel Verspätung erfährt die Frühlings-Blühwelle je 100 Höhenmeter? Wo und mit welchen Arten zeigt die Pflanzenwelt die Frühjahrs-/Sommer-Grenze an?
- Im Frühsommer an Bergbachauen (auch im Alpenvorland) auf blühende Schwemmlinge achten.

Ganz oben in der weißen Gipfelflur ist praktisch immer Winter – zumindest unter den Resten von Firn oder unter der Eiskappe von Gletschern. Dennoch sind die Verhältnisse in der Region des ewigen Schnees anders als im Dauerfrostgebiet der Arktis. So sehr sich hochalpine und arktische Regionen auf den ersten Blick auch ähneln mögen, so unterschiedlich sind sie doch bei genauerem Vergleich. Im Gegensatz zur Arktis versinken die Alpengipfel zu keiner Jahreszeit im winterlichen Dauerdunkel und erfahren auch im Hochsommer einen klaren Tag-/Nachtwechsel. Tagsüber erwärmt die Sonne auch die hochgelegenen Stellen deutlich über den Gefrierpunkt, während sie nachts natürlich wieder stärker abkühlen.

In der Arktis steht die Sommersonne dagegen nur flach über dem Horizont und läßt die Temperaturen nur mühsam und ohne größere Tagesschwankungen klettern. Lebewesen selbst in den höchsten alpinen Lagen erfahren also trotz aller Unwirtlichkeit ihres Biotops eine bessere Licht- und Wärmeversorgung als vergleichbare Arten in der Arktis. Nur aus diesem Grund sind die Alpen insgesamt auch viel artenreicher als die hochnordischen Gebiete.

Aufwärts in den Jahreslauf

Mindestens zwei Monate Schneefreiheit benötigen die meisten Alpenpflanzen zum Wachsen, Blühen und Fruchten. Kaum setzt die Schneeschmelze ein, recken sich die Alpenglöckchen, auch Soldanellen genannt. Ihre dunklen Stengel und Blattorgane speichern die Sonnenwärme recht gut, so daß sie sich sogar ihren Weg durch den Restschnee selbst freischmelzen können. Der massenhaft blühende Frühlings-Krokus aktiviert rechtzeitig die Energiereserven seiner tief im Boden sitzenden Zwiebel und ist deswegen deutlich früher dran als die pflanzliche Konkurrenz seines Standorts.

Wenn spätestens Anfang Mai die Talfluren und unteren Hangbereiche schneefei sind, hält der Bergfrühling mächtig Einzug. Weiter oben ist es aber nach wie vor winterlich. Bis weit in den Hochsommer kann es dauern, ehe die Firnfelder und Schneeflecken auch in größerer Höhe das Feld freigeben. Alpen-Aurikel, Frühlings-Enzian, Alpenglöckchen und Frühlings-Krokus folgen mit ihrem Blühbeginn dem aufsteigenden Saisonbeginn. Erst Ende Mai oder Anfang Juni öffnen sie in mittleren Höhenlagen ihre Blüten, und im hochalpinen Milieu dauert ihr verspäteter Saisonstart gar bis August.

Vergleich Talpflanze (Wiesenprimel, links) und Gebirgspflanze (Zwergprimel, rechts): Die Gebirgspflanze ist viel kleiner, bildet aber ein längeres und dichteres Wurzelgeflecht als die Pflanze im Tal.

Sommerliches schon im Frühjahr

Es gibt allerdings auch den umgekehrten Fall: Typische Blumen aus der alpinen Hochregion, die in ihrer eigentlichen Umgebung erst im Hochsommer blühen sollten, tauchen viel weiter unten in den Talfluren auf und verfrühen sich mit ihrem Blühtermin sogar um Wochen. Sie wachsen in den Niederungen außerdem an Stellen, die für Hochgebirgspflanzen überhaupt nicht vorgesehen sind – nämlich entlang der Schotterauen und Geröllfluren von Fließgewässern.

Wenn die Schneeschmelze einsetzt, nimmt das Schmelzwasser mit, was immer an beweglichem Gut im Wege liegt, darunter auch Früchte oder Samen der Alpenblumen. Am sandigen Gleithang oder auf der mit Feinerde durchsetzten Schotterbank des Bergbaches setzt es seine Schwemmfracht ab. Hier keimen, wachsen und blühen dann die sogenannten Alpenschwemmlinge. Einseles Akelei kann hier weit unter Niveau auftreten, dazu auch Alpen-Gemskresse, Alpen-Leinkraut, Kriechendes Gipskraut oder Alpen-Knöterich.

Frühlingspflanze im Hochsommer: Frühlings-Enzian in der Mattenregion.

Vom Adler bis zum Birkenzeisig

In der großartigen und großräumigen Alpenlandschaft haben sich viele gefiederte Bewohner zusammengefunden. Viele Alpenvögel sind allerdings Zuwanderer aus anderen Gebieten.

Ebenso wie sich die Pflanzenwelt den Alpenraum etagenweise aufteilt und verschiedene Zonen mit unterschiedlichen Arten besiedelt, haben sich auch viele Alpenvögel gleichsam nach Stockwerken getrennt. Einige davon geben ihre angestammten Höhengebiete nicht einmal während des Winters auf, während andere in die Talgründe oder ins Vorland abwandern, sobald im Herbst die Frost- und Schneefallgrenze um ein paar 100 Meter sinkt.

Hühnervögel von unten nach oben

Besonders eindrucksvoll zeigen die vier Arten der Rauhfußhühner (die befiederten Beine und Füße gaben ihnen den Sammelnamen) die Verteilung auf verschiedene Wohnetagen. Noch in der untersten Waldstufe der Alpen, in der Laubholzregion, ist das sehr scheue Haselhuhn zu Hause. Man bekommt es eher einmal zu hören als zu sehen. Die anschließende Nadelholzstufe ist der eigentliche Lebensraum des großen Auerhuhns. Es ernährt sich im Winter von Knospen und Nadeln der Baumgehölze. Die Krummholzregion bevorzugt das etwas kleinere Birkhuhn, während das Alpenschneehuhn ganz weit oben zwischen Matten und Fels lebt und sich dort vor allem von den Beeren der Zwergsträucher ernährt.

Zwischen Birkhuhn und Alpenschneehuhn liegt der Wohngürtel des eigenartigen Steinhuhns. Es gehört innerhalb der Hühnervögel einer anderen Verwandtschaftsgruppe an, da es keine befiederten Läufe hat.

Der Schnabel der Alpenkrähe ist gebogen und rot (oben links), der der Alpendohle gerade und gelb (oben Mitte).

Von anderen Arten schwer unterscheidbar: der Bergpieper (oben rechts).

Alpenvögel kennenlernen

- Gehör für Vogelstimmen mit Hilfe von Tonträgern (CD, Cassette) schulen und typische Rufe oder Gesänge unterscheiden lernen.
- Vogelstimmenexkursion am sehr frühen Morgen (vor Helligkeitsanbruch) unternehmen und Konzertbeginn der verschiedenen Arten verfolgen.
- Fernglas mitnehmen und eifrige oder exponierte Sänger auf ihren Sitzwarten beobachten.
- Brut- oder Ruhegebiete beachten, Vögel nicht aufstören – vor allem nicht im Winter.

Klippenvögel im Hochgebirge

Ebenso wie der Steinadler oder die noch selteneren Geierarten sind die beinahe vegetationslosen Felsnischen und Steilwände der Brutraum weiterer typischer Hochgebirgsvögel. Die rotbeinig-gelbschnäbeligen Alpendohlen sammeln sich scharenweise und laut lärmend an Almhütten und Bergbahnen, um unter den Abfällen Nachlese zu halten.

Viel seltener und zurückhaltender ist die rotbeinig-rotschnäbelige Alpenkrähe. Sie trägt gewiß den falschen Namen, denn weitaus häufiger brütet sie in Seevogelkolonien an den Steilklippen westatlantischer Küsten.

Stadtpark in Hochlage?

Eine Bergwanderung in den frühen Morgenstunden Ende

Mai oder Anfang Juni könnte durchaus Zweifel darüber aufkommen lassen, ob man sich tatsächlich in den Alpen aufhält oder gleich nebenan im Stadtpark. Da sind schon beim ersten Morgenlicht die etwas kratzenden Strophen des Hausrotschwanzes zu hören, dann die Amseln, Singdrosseln und Misteldrosseln. Wenig später kommen die Koloraturarien der Zaunkönige hinzu, gefolgt von den Liedvorträgen der Rotkehlchen, Bachstelzen, Buchfinken, Klappergrasmücken und Meisen. Fast alle Singvogelarten, die man zwischen Waldgrenze und Krummholzregion hören und eventuell auch sehen kann, kommen auch weiter unten in den Siedlungen des Vorlandes vor.

Offenbar weisen die dörflichen und städtischen Wohngebiete vergleichbare Lebensraumstrukturen und Nahrungsangebote auf wie die Naturlandschaft der Alpen. Die ersten Vögel, die das neue Lebensraumangebot wahrnahmen, waren die Fels- und Nischenbrüter wie Hausrotschwanz oder Segler und Schwalben. Das baumbestandene Gartenland der Kulturlandschaft ließ die typischen Waldvögel wie Meisen und Finken zuwandern. Da die Grünanlagen in den Dörfern und Städten auch des Alpenvorlandes fast überwiegend aus Nadelgehölzen bestehen, kommen Kreuzschnäbel, Tannenmeisen und Goldhähnchen hinzu. Schließlich finden die Alpenbirkenzeisige in den Zwergkoniferen der Vorgärten in etwa die gleichen Strukturen wieder wie in der Krummholzregion des Hochgebirges.

Wie auf der Hühnerleiter (v.l.n.r.): Haselhuhn, Auerhuhn, Birkhuhn, Steinhuhn, Schneehuhn – jede Art ist an ihre Wohnetage bestens angepaßt.

Singvögel im Winterwald

Selbst im tief verschneiten Gebirgswald kann man während des Winters viele Vögel erleben. Arten aus den Regionen der Berggipfel treten jetzt häufiger in den Tallagen auf, meiden dort aber die Nähe von Siedlungen. Im Alpenvorland erscheinen dagegen auch in Gärten und Parkanlagen einzelne Arten aus hochnordischen Gebieten, die den Nahrungsnöten des grimmigen kontinentalen Winters entfliehen. Besonders im Bereich von Nadel-

baumbeständen erwartet uns eine erstaunlich vielfältige Truppe nahrungssuchender Arten. Zu den winterlichen Standvögeln gehören: ***1*** *Wintergoldhähnchen und* ***2*** *Tannenmeise. Zuzügler aus dem Norden sind* ***3*** *Seidenschwanz,* ***4*** *Fichtenkreuzschnabel (Weibchen; rechts daneben Männchen) und* ***5*** *Bergfink. Der Tannenhäher* ***6*** *ist in den Alpen ganzjähriger Standvogel, in anderen Gebieten eventuell Winterzieher.*

Streichholzkurze Strauchbestände

Gehölze sind gewöhnlich wie Goliath oder Methusalem – ansehnlich groß und auch ziemlich alt. Manche von ihnen kommen jedoch über Finger- oder Streichholzformate kaum hinaus.

Eine besondere Umgebung erfordert besondere Anpassungsleistungen. Wenn Gehölze einen Siedlungsraum besetzen möchten, der deutlich oberhalb der vom Berglandklima gezogenen Wald- und Baumgrenze liegt, sind bestimmte Kompromisse nötig.
Dabei wäre z. B. die Wuchshöhe abzuwandeln. Pflanzenarten, deren allernächste Verwandtschaft sonst zu respektablen Strauch- und Baumgestalten heranwächst, schlüpfen gleichsam in die Gestalt von zwergenhaften Bonsais, weil ihr Lebensraum himmelstrebendes Wachstum einfach nicht zuläßt.

Hochalpines Kleinholz

Wo der Schnee auch in den Hochlagen den wärmenden Sonnenstrahlen über rund drei Monate hinweg nicht standhalten kann, ist im allgemeinen mit üppigen Alpenblumen zu rechnen. In den schattigen Schneetälchen oder am Rande von Firnfeldern verkürzt sich die schneefreie Zeit jedoch entsprechend. Wo sie gerade noch mindestens einen Monat beträgt, überziehen winzige Holzpflanzen das bloße Gestein und den flachgründigen Boden. Besonders kennzeichnend für Schneetälchen sind unge-

Die Stumpfblättrige Weide (rechts) siedelt gern auf Grobschuttböden, die Kraut-Weide (ganz rechts) bildet bodenanliegende Teppiche.

Die Netz-Weide erkennt man gut an ihren dunkelgrünen Runzelblättern.

Revue der Zwerge

- Verschiedene Spalier- und Zwergstraucharten unterscheiden lernen und am Standort fotografieren.
- Stämmchen von der Netz- oder Kraut-Weide mitnehmen, zu Hause Querschnitt anfertigen und mit Lupe oder Mikroskop auf Jahrringe untersuchen.
- Blätter von Spalier- und Zwergsträuchern auf verdunstungshemmende Einrichtungen (Blattgröße, Behaarung, Einrollen, gegenseitige Abschirmung durch dichte Stellung u. a.) überprüfen.

wöhnlich kleinwüchsige Weiden-Arten, z. B. die Netz-Weide oder die Kraut-Weide. Von diesen Gehölzen sind oft nur die nicht einmal halb fingerlangen Endabschnitte der Stämmchen oder Äste zu sehen, die aus dem Boden ragen. Der größere Teil der Pflanzen wächst kriechend unterirdisch oder dicht bodenanliegend. Man bezeichnet sie als Spaliersträucher.

Unter einer Decke stecken

An jedem Zweig sitzen meist nur zwei voll entfaltete Blätter. Die für die kommende Saison sehr rechtzeitig angelegten Knospen zeigen eine kräftig rötliche bis purpurne Schutzfärbung. Nur an länger schneeoffenen Stellen kommen die genetisch zwergwüchsigen Weiden auch zur Blüte und Fruchtreife.

Viel häufiger vermehren sie sich jedoch vegetativ. Irgendwann einmal stirbt der Hauptstamm ab. Äste und Zweige haben sich längst bewurzelt und sind zu selbständigen Holzpflänzchen geworden.
Alle Zwergweiden sind winterkahl und benötigen als Kälteschutz unbedingt eine dicke Schneedecke, die sie vor allem vor Austrocknung bewahrt.

Immergrün oder winterkahl

Auch die Vertreter der nachfolgenden Größenklasse, die eigentlichen Zwergsträucher, sehen oft eher wie besonders dichtlaubige Kräuter aus. Zu diesen Arten gehören z. B. Krähenbeere, Preiselbeere, Blaubeere, Heidekraut und Zwerg-Birke. Irgendwo in den Abmessungen zwischen handbreit- oder allenfalls kniehoch angesiedelt, bilden sie ebenfalls sehr dichtwüchsige Kleinstgebüsche. In einem solchen rundum geschlossenen Minibusch können die einzelnen Pflanzen die Bodenwärme optimal nutzen. Wegen ihrer ausgeprägten Kleinlaubigkeit sind sie auch sehr wirksam vor unnötigen Wasserverlusten durch Verdunstung geschützt. Folglich können Zwergsträucher gerade solche Standortprobleme hervorragend meistern, an denen andere Laubsträucher erbarmungslos scheitern müssen. Nicht von ungefähr sind ausgedehnte, flächenüberspannende Zwergstrauchheiden in den Hochgebirgen und ebenso in der arktischen Tundra sehr weit verbreitet und typisch.

In Schneetälchen anzutreffen: Die Kraut-Weide kriecht mit ihren Zweigen knapp unter der Erdoberfläche entlang. Nur die rundlichen Blattpaare und die kurzen Blütenkätzchen sind sichtbar.

Zerschlagen, verschoben, verschliffen

Wie eine Wand erheben sich die Alpen über dem weithin ebenen Vorland südlich der Donau – bergeweise interessantes Gestein und überall Geologie zum Anfassen.

Steinharter Fels ist durchaus nicht für alle Ewigkeit beständig. Gesteine unterliegen dem gleichen Wandel von Aufbau und Vergehen wie alle übrigen Dinge der Natur. Auch Tausende von Metern aufragende und so völlig unverrückbar aussehende Gipfelmassive sind zeitgebunden, haben ihre eigene Geschichte und sind im Bestand klar begrenzt. Wenn man nur genau genug hinschaut, kann man überall sehen, wie der Zahn der Zeit auch das Alpengestein modelliert hat.

Die fossilen Seelilien aus dem Erdmittelalter waren Meeresbewohner (oben links).

Vom eiszeitlichen Schmelzwasser eingetieft und ausgeschliffen – eine Gletschermühle (oben rechts).

Spuren im Stein

- Geologische Karte der Alpen (großmaßstäbliche Übersichtskarte und Detailkarten) besorgen und mit dem Gelände vor Ort vergleichen.
- Vielfach sind in den Feriengebieten besondere Geologische Wanderwege eingerichtet, die zum Kennenlernen einladen.
- Erdgeschichtliche Besonderheiten (Tobel, Klamm, Erdpyramiden, Höhlen, Wasserfälle, Gletschermühlen) aufsuchen.
- Heimatmuseen in Alpenorten haben oft eine spezielle geologische Abteilung, die interessante Hinweise geben kann.
- Proben auffallender Gesteine sammeln.

Ein Erbe der Eiszeit

Eismassen von Hunderten oder gar Tausenden Metern Dicke bleiben nicht an Ort und Stelle, sondern fließen ab und greifen dabei ihre Unterlage hart an. Dadurch entstand während der letzten Eiszeit (vor ca. 15 000 Jahren) die Grundstruktur der gesamten Alpenlandschaft mit ihren Bergketten, Einzelmassiven und tief eingegrabenen Talzügen. Andererseits reichen die landschaftsarchitektonischen Wirkungen der Vergletscherung auch weit in das Vorland hinaus. Neben Moränen und Drumlins sind vor allem die zauberhaften Moore und Seen ein unmittelbares Erbe der Eiszeit.

Das Kraftwerk des Wassers

Schon in der Nacheiszeit leistete das Schmelzwasser beachtliche Arbeit an Relief von Berg und Tal. Auch heute hat das Wasser als mitgestaltender Faktor der alpinen Landschaft seine Bedeutung längst noch nicht verloren. Frostsprengung durch Eiskeile in Klüften und Spalten greift die Berge nach wie vor von der Oberfläche her an. Die breiten Schuttkegel am Hangfuß der Berge oder Steinlawinen in Muren sind ein beredtes Zeugnis der ständigen Abtragung. Mehr oder weniger dichter Pflanzenwuchs auf den Schuttfluren kann das Problem nicht aufhalten, sondern nur mit grüner Oberflächenkosmetik zudecken.

Die alljährlichen Schmelzwassermengen transportieren das mechanisch zerlegte Gestein auf ihrem Weg zu Tal. Würden die Bergbäche nicht so laut rauschen, könnte man viel besser das Poltern und Stoßen der mitgeführten Steinstücke hören. Oben im Quellbereich der Bäche sind sie noch grob und kantig, weiter unten schon zu sympathischen Handschmeichlern gerundet oder abgeflacht.

Wahllos führen die Bäche alle möglichen

Gesteine aus ihrem Einzugsgebiet zusammen. Schaut man sich während der sommerlich geringeren Wasserführung im Bett eines Alpenbaches um, fällt die enorme Buntheit der versammelten Gesteine auf. Je nach Alpenlandschaft kann man hier Bändergneise, Dolomite, Radiolarite, Grün- und Buntschiefer, Quarzite, Granite, Marmorstücke, Kalkmergel und viele andere Gesteinstypen finden. Soweit es sich um unveränderte Sedimentgesteine handelt, können darin auch Fossilien als Spuren früheren Lebens enthalten sein.

Zeugen der Vergletscherung: ***1*** *Kar und Karsee,* ***2*** *Grat,* ***3*** *Kartreppe,* ***4*** *Hängetal,* ***5*** *Klamm,* ***6*** *Trogtal (U-Tal),* ***7*** *Seitenmoräne,* ***8*** *Endmoräne,* ***9*** *Findlinge,* ***10*** *Drumlins,* ***11*** *Sölle (Toteislöcher),* ***12*** *Oser (Wallberg),* ***13*** *Trockental,* ***14*** *äußere Endmoräne.*

Worterklärungen

Airbrush-Technik: modernes Malverfahren, bei dem die Farben mit einer feinen Sprühvorrichtung aufgetragen werden.

Alaunbeize: Arbeitsgang beim Färben von Naturfasern und Textilien, verwendet Alaun (Kaliumaluminiumsulfat).

Bakterien: winzige, einzellige Lebewesen ohne Zellkern, sind für die Funktion der natürlichen Lebensgemeinschaften unentbehrlich.

Balgengerät: Zusatzgerät für die fotografische Kamera für Nahaufnahmen im Lupenmaßstab.

Biosphäre: Sammelbegriff für alle Lebensräume und Lebensgemeinschaften der Erde.

Biotop: chemisch-physikalische Umwelt (Lebensraum, Lebensstätte) eines Lebewesens, wird unter Einbeziehung aller beteiligten Pflanzen und Tiere zur Lebensgemeinschaft (Biozönose).

Blaualgen: einfache, einzellige oder fädige, meist wasserlebende Organismen von bläulicher oder blau-rötlicher Färbung, gehören zu den Bakterien und werden daher auch Cyanobakterien genannt.

Buhnen: besondere Form der Strand- bzw. Küstenbefestigung, meist aus langen Reihen mit Holzpfählen.

Eiskeil: gefrorenes Wasser in Klüften und Spalten des Bodens und der Festgesteine, trägt zur Verwitterung bei.

Eiszeit: Kälteperiode der jüngeren Erdgeschichte mit ausgedehnter Vergletscherung der Hochgebirge und des Vorlandes; die letzte ging vor rund 12 000 Jahren in die deutlich wärmere Nacheiszeit (Postglazial) über.

Erdpyramide: besondere Verwitterungsform von Schuttböden, bei denen Serien turm- oder pyramidenförmiger Spitzen entstehen.

Felswatt: Küsten- bzw. Gezeitenbereich mit Untergrund aus anstehendem Fels.

Firn: sommerliche Schnee- und Eisauflage der höchsten Hochgebirgsgipfel, schmilzt um die Mittagszeit an.

Fliehkraft: Beschleunigung aus einer Drehbewegung, wie man sie z. B. beim Karussellfahren spüren kann.

Fußwurzel: Ansammlung kleiner Knochen, die die Verbindung zwischen den langen Beinknochen und den übrigen Fußknochen herstellen (ähnlich Handwurzel).

Gaze-Netz: besonders feinmaschiges Netz für Planktonfänge aus dem Wasser.

Gleichwarme: beziehen ihre (meist hohe) Körpertemperatur fast ausschließlich aus der Abwärme des eigenen Stoffwechsels (Vögel und Säugetiere).

Gletschermühle: Hohlraum und Vertiefung, die vom Schmelzwasser der Gletscher mitgeführte Steine ausgeschliffen haben.

Grünalgen: wichtige Gruppe wasserlebender, sehr einfacher Pflanzen, nach ihrer charakteristischen Färbung benannt.

Gürtelpuppe: besondere Puppenform der Schmetterlinge, befestigt sich mit einer gürtelartigen Seidenschlaufe an Pflanzenteilen.

Hackfrüchte: Sammelbezeichnung für alle Feldfrüchte, bei deren Anbau der Boden mehrfach gehackt werden muß (Gemüse, Kartoffeln, Rüben).

Hautflügler: große Verwandtschaftgruppe der Insekten, umfassen u. a. die Ameisen, Hummeln, Bienen und Wespen.

Huftiere: Bezeichnung für pflanzenfressende Säugetiere, bei denen sich um die letzten Zehenglieder hornige Umkleidungen (Hufe) gebildet haben; umfassen die Paarhufer (z. B. Schafe, Hirsche) und die Unpaarhufer (z. B. Rinder, Pferde).

Hyphen: haarfeine Zellketten, mit denen Pilze wachsen.

Insekten: überaus artenreiche Verwandtschaftsgruppe der Gliedertiere (wegen ihres stark untergliederten Körpers); niedere Insekten mit unvollkommener Verwandlung (kein Puppenstadium zwischen der letzten Larve und dem erwachsenen Tier, z. B. Springschwänze, Eintagsfliegen, Fransenflügler), höher entwickelte mit vollkommener Verwandlung (mit Puppenstadium, z. B. Hautflügler, Schmetterlinge, Käfer).

Kalkalgen: Meeresalgen, die massiven Kalk ausscheiden und dadurch steinhart werden.

Kauende Mundwerkzeuge: spezielle Ausstattung der Mundwerkzeuge mancher Insekten (z. B. Käfer), im Unterschied zu den stechenden (Mücken) oder saugenden (Schmetterlinge) Apparaten.

Klamm: canyonartig eng und tief eingeschnittenes Bachtal im Gebirge.

Koniferen: Sammelbezeichnung für die zapfentragenden Nadelhölzer.

Lichtstärke: technisches Maß für die Leistungsfähigkeit optischer Geräte.

Lichttod: vom Licht verursachte Schädigung (ähnlich wie Sonnenbrand) empfindlicher Lebewesen, die zu deren Tod führen kann.

Lurche: andere Sammelbezeichnung für die Wirbeltierklasse Amphibien, die zunächst als kiemenatmende Larve (Kaulquappe) im Wasser leben und sich dann in ein lungenatmendes Landtier umwandeln.

Marschland: von den Gezeitenströmen abgesetztes und geformtes Schwemmland der Küste.

Massenanziehung: Anziehungskraft zwischen zwei Körpern, läßt den Apfel zur Erde fallen.

Mikroorganismen: Kleinstlebewesen wie Einzeller oder Rädertiere, die man mit bloßem Auge nicht mehr sehen kann.

Mure: Schutt- und Geröllstrom an steilen Berghängen.

Myzel: Gesamtheit aller Hyphen (Zellfäden der Pilze), in der Mehrzahl auch Myzelien genannt.

Nahrungskette: Weitergabe organischer Stoffe (Nahrung) von den grünen Pflanzen (Primärproduzenten) über Pflanzenfresser an fleischfressende bzw. räuberisch lebende Tiere.

Ökosystem: kleinerer oder größerer Lebensraum mit verschiedenen Lebensgemeinschaften aus Pflanzen, Pilzen und Tieren.

Oxidation: chemische Verbindung von Stoffteilchen mit Luftsauerstoff, geschieht z. B. beim Rosten von Metallen.

Perlmuttschicht: stark glänzende, oft in Regenbogenfarben schillernde Schicht von Muschelschalen.

Phasenkontrast: besonderes Beobachtungsverfahren am Lichtmikroskop, das unscheinbare Objektränder plastisch darstellt.

Polarisation: Verwendung von polarisiertem Licht (mit einheitlicher Schwingungsrichtung der Lichtwellen), erreicht man durch bestimmte Filter.

Priel: flache oder tiefere Rinne im (Weichboden-)Watt, durch die bei Ebbe oder Flut das Wasser strömt.

Salzwiese: wiesenartige Pflanzengemeinschaft mit salzverträglichen Arten.

Sandwatt: Weichbodenstrand oder -küste aus feinen bis gröberen Sandkörnern.

Schlickwatt: Weichbodenstrand oder -küste aus sehr feinen, tonigen Bodenteilchen.

Stoffkreislauf: Weg der Stoffe (Kohlenstoff, Stickstoff, Phosphor) von den aufbauenden (Produzenten) zu den verbrauchenden (Konsumenten) und abbauenden (Destruenten) Lebewesen.

Strudelwürmer: artenreiche Verwandtschaftsgruppe einfach aufgebauter Tiere von Wurmgestalt mit meist stark abgeflachtem Körper.

Süßwasserschwamm: im Süßwasser lebendes, sehr einfach aufgebautes Tier aus der artenreichen Klasse der Schwämme.

Taiga: Nadelwaldzone der polnahen Gebiete Eurasiens und Nordamerikas.

Tobel: kleiner Sturzbach im Gebirge.

Tundra: Vegetationszone hoher Breiten mit Zwergsträuchern, Moos- und Flechtenbeständen.

Watvögel: Sammelbezeichnung für mehrere Vogelfamilien, die bevorzugt in Feuchtgebieten vorkommen und besonders lange Beine und Schnäbel haben.

Wechselwarme: Sammelbegriff für alle Tiere, die ihre Körperwärme überwiegend aus der Umwelt (Sonneneinstrahlung, warmes Gestein oder Wasser) beziehen, z. B. Fische, Amphibien und Reptilien, im Unterschied zu den Gleichwarmen.

Weichwatt: Küsten- oder Strandbereich mit Weichboden aus Schlick oder Sand.

Wirbellose: Sammelbezeichnung für alle tierischen Verwandtschaftsgruppen, die keine knöcherne Wirbelsäule, sondern andere Stütz- und Skelettstrukturen entwickelt haben (z. B. Kalkschalen wie Seeigel und Muscheln oder Chitinpanzer wie Krebse und Insekten).

Wirbeltier: Vertreter eines Tierstamms, der sich durch den Besitz einer knöchernen Wirbelsäule auszeichnet.

Zoom-Okular/-Objektiv: Linsensystem mit veränderlicher Brennweite, holt weit entfernte Objekte stufenlos näher heran.

Zum Weiterlesen

Aichele, D.: Was blüht denn da? Der Fotoband. Franckh-Kosmos, Stuttgart 1991.

Aichele, D. u. R.; Schwegler, H.-W.: Blumen der Alpen. Franckh-Kosmos, Stuttgart 1987.

Bellmann, H.: Heuschrecken beobachten, bestimmen. Naturbuch, Augsburg 1993.

Bellmann, H.: Libellen beobachten, bestimmen. Naturbuch, Augsburg 1993.

Bellmann, H.: Spinnen, Krebse, Tausendfüßer. Mosaik, München 1990.

Berthold, P.: Vogelzug. Eine kurze, aktuelle Gesamtübersicht. Wissenschaftliche Buchgesellschaft, Darmstadt 1992.

Blauscheck, R.: Naturspaziergang Am Wasser. Franckh-Kosmos, Stuttgart 1990.

Brauns, A.: Taschenbuch der Waldinsekten. Gustav Fischer, Stuttgart 1991.

Campbell, A. C.: Der Kosmos Strandführer. Franckh-Kosmos, Stuttgart 1987.

Diesener, G., Reichholf, J.: Lurche und Kriechtiere. Mosaik, München 1986.

Drews, R.: Mikroskopieren als Hobby. Faszinierende Einblicke in die Natur. Falken, Niedernhausen 1992.

Dreyer, E., Dreyer, W.: Der Kosmos Waldführer. Franckh-Kosmos, Stuttgart 1990.

Dreyer, E., Friedrich, W. U.: Tiere am Teich. Franckh-Kosmos, Stuttgart 1993.

Engelhardt, W.: Was lebt in Tümpel, Bach und Weiher? Franckh-Kosmos, Stuttgart 1994.

Faust, B., Hutter, C. P.: Wunderland am Wegesrand. Thienemann, Stuttgart 1988.

Foelix, R. F.: Biologie der Spinnen. Thieme, Stuttgart 1992.

Grünert, H. u. R.: Pilze. Mosaik, München 1984.

Hess, R.: Wetterbeobachtung durch das Jahr. Mosaik, München 1993.

Hofmeister, H.: Lebensraum Wald. Paul Parey, Hamburg 1990.

Jacobs, W., Renner, M.: Biologie und Ökologie der Insekten. Gustav Fischer, Stuttgart 1988.

Janke, K., Kremer, B. P.: Düne, Strand und Wattenmeer. Franckh-Kosmos, Stuttgart 1993.

Jonsson, L.: Die Vögel Europas und des Mittelmeerraums. Franckh-Kosmos, Stuttgart 1992.

Keen, M.: Das Mikroskop und was es zeigt. Tessloff, Nürnberg 1993.

Kremer, B. P.: Bäume. Franckh-Kosmos, Stuttgart 1992.

Kremer, B. P.: Naturspaziergang Alpen. Franckh-Kosmos, Stuttgart 1990.

Kremer, B. P.: Naturspaziergang Wald. Franckh-Kosmos, Stuttgart 1990.

Kremer, B. P.: Naturspaziergang Wiese. Franckh-Kosmos, Stuttgart 1990.

Kremer, B. P., Janke, K.: Naturspaziergang am Meer. Franckh-Kosmos, Stuttgart 1991.

Kremer, B. P., Muhle, H.: Flechten, Moose, Farne. Mosaik, München 1991.

Lang, A.: Spuren und Fährten unserer Tiere. BLV, München 1991.

Nachtigall, W.: Mikroskopieren. Technik und Objekte. BLV, München 1994.

Nicolai, J.: Greifvögel und Eulen. Gräfe und Unzer, München 1993.

Niemeyer-Lüllwitz, A.: Arbeitsbuch Naturgarten. Otto Maier, Ravensburg 1992.

Novak, I., Severa, F.: Der Kosmos Schmetterlingsführer. Franckh-Kosmos, Stuttgart 1992.

Nuridsnay, C.: Wunderwelt der Mikrofotografie. Laterna Magica, München 1979.

Pott, R.: Farbatlas Waldlandschaften. Eugen Ulmer, Stuttgart 1993.

Pott, E.: Vögel an Bach und Weiher. Franckh-Kosmos, Stuttgart 1988.

Reichholf, J.: Feld und Flur. Mosaik, München 1989.

Reichholf, J.: Feuchtgebiete. Mosaik, München 1988.

Reichholf, J.: Gebirge und Tundra. Mosaik, München 1991.

Reichholf, J.: Meere und Küsten. Mosaik, München 1990.

Reichholf, J.: Siedlungsraum. Mosaik, München 1989.

Reichholf, J.: Wald. Mosaik, München 1989.

Reisigl, H., Keller, R.: Alpenpflanzen im Lebensraum. Gustav Fischer, Stuttgart 1987.

Rogner, M.: Treffpunkt Gartenteich. Franckh-Kosmos, Stuttgart 1989.

Steinbach, G.: Werkbuch Naturbeobachtung. Franckh-Kosmos, Stuttgart 1991.

Steinbach, G.: Werkbuch Naturschutz. Franckh-Kosmos, Stuttgart 1988.

Steinberg, C., Zintz, K., Waiditschka, G.: Naturparadies See. Naturbuch, Augsburg 1993.

Stichmann-Marny, U., Kretzschmar, E.: Der neue Kosmos Tier- und Pflanzenführer. Franckh-Kosmos, Stuttgart 1994

Streble, H., Krauter, D.: Das Leben im Wassertropfen. Franckh-Kosmos, Stuttgart 1988.

Walch, D., Neukamp, E.: Wolken und Wetter. Gräfe und Unzer, München 1990.

Walter, R.: Geologie von Mitteleuropa. E. Schweizerbart'sche Verlagsbuchhandlung, Stuttgart, 1992.

Witt, R.: Naturoase Wildgarten. BLV, München 1993.

Register

Aalmutter 155
Absaugglas 20
Admiral 39, 66 f.
Adonisröschen, Sommer- 96
Ahorn, Berg- 168
Akelei, Einseles 175
Algen 34 f., 100, 128
Algenblüte 129
Alizarin 40
Alk 148
Alpenbirkenzeisig 177
Alpendohle 176 f.
Alpenglöckchen 174
Alpenkrähe 176 f.
Alpenmolch 172
Alpenmurmeltier 165
Alpensalamander 172
Alpenschneehuhn 176 f.
Alpensteinbock 165
Alpenstrandläufer 149
Alpentiere 172 f.
Alpenvögel 176 f.
Alpenwacholder 171
alpine Stufe 168
Ameise, Gelbe Wiesen- 89
Ameisen 110 f.
Ameisenbuntkäfer 100
Ameisenburg 110 f.
Ameisenhaufen 110 f.
Ameisensäure 110
Ammer, Gold- 24, 27, 86
-, Grau- 86
-, Rohr- 122, 136
Amöbe 129
Amsel 25, 179
Ananas 33
Ananasgalle 108
Angespül 146
Anthocyane 76 f.
Aquarium, Süßwasser- 139
Arktis 174
Arve 169, 171
Assel 114 f., 137
-, Mauer- 58
Asselburg 58
Astarte 145
Auerhuhn 176 f.
Aufwind 167
Augenschiffchen 129
Augentier, Grünes 129
Aurikel, Alpen- 175
Aurorafalter 90 f.
Auster 145, 162
Austernfischer 148
Avocado 32
Azurjungfer 127

Bach 136 ff.
Bachstelze 137, 177
Bänderschnecke, Garten- 61
Bärtierchen 113
Bäume 68 f.
Bakterien 108, 114, 128
-, Milchsäure- 35
Baldachinnetz 31
Balkenschröter 100
Baßtölpel 148, 150 f.
Bauchpilz 118
Baumhöhe 117
Baumstubben 100
Baumwanze 87
Bazillen 35
Becherling 118
Beinwell 95
Beize, Alaun- 40
Beobachtungstagebuch 18
Berberitze 41
Bergfink 24 f., 178 f.
Bergfrühling 174 f.
Bergpieper 176
Bernstein 144
Bestäubung 70 ff., 94 f.
Bete, Rote 33, 96
Biene 70 ff.
Binse 126
Birke 41, 69
-, Zwerg- 181
Birkenpilz 119
Birkenporling 119
Birkhuhn 176 f.
Bläßhuhn 122 f.
Blätter pressen 63
Blättermoostierchen 155
Blätterpilz 118
Bläuling, Geißklee- 39
Blasentang 154
Blattgrün 76
Blattgrund 89
Blatthäutchen 89
Blattkäfer 59
Blattlaus 89, 110
Blattscheide 88 f.
Blattskelett 62
Blaualgen 34 f.
Blaubeere 181
Blaumeise 25, 54
Blaustern 102
Blindschleiche 86 f.
Blühkalender 88
Blütenstand 95
Blumenattrappe basteln 70
Bockkäfer 100
Bocksbart 88
Bodenalgen 34
Bohne, Feuer- 52 f.
-, Garten- 58 f.
-, Keimung 52
Bohrfliege 93
Bohrmuschel 145
Borke 116 f.
Borkenbilder 117
Borkenkäfer 100
Bovist 118
Brachvogel, Großer 148 f.
Braunalge 152
Braundüne 159
Brauntang 154
Brennessel 39
Buchdrucker 106 f.
Buche, Rot- 116
Buchecker 68, 106 f.
Buchengalle 109
Buchengallmücke 108 f.
Buchenschwamm 119
Buchfink 25, 27, 54, 177
Bürstenmoos 112
Büschelmückenlarve 136
Bussard 86, 104

Carotenoide 76 f.
Chlorophyll 76 f.
Chloroplast 128 f.
Chromatogramm 77
Chromatographie 76 f.
Cirrus 167
Cocconeis 35
Coelochaete 35
Cumulus 166 f.
Cyanobakterien 34 f.

Dachs 81
Darmtang 155
Dauerflutzone 161
Dauerschneestufe 169
Deckschuppe 170 f.
Dickkopffalter, Dunkler 39
Distelfalter 72
Distelfink 27
Doldenblütler 72, 95
Dompfaff 26, 54
Dornschrecke 89
Dotterblume, Sumpf- 90 f.
Dreikantwurm 147
Dreizehenmöwe 148, 150 f.
Drossel 27
Drosselamboß 105
Drosselnest 92
Drucken mit Blättern 63
Drumlin 182 f.
Düne 158 f.
Dünengräser 158 f.
Dunkelkeimer 68

Ebbe 142 f.
Egel 124, 137 ff.
Eibe 171
Eichelbohrer 105
Eichelhäher 51, 69
Eichengalle 108
Eichenwirrling 119
Eichhörnchen 81, 104 ff.
Eidechse, Berg- 172
Einschlaglupe 16
Einsiedlerkrebs 163
Eintagsfliegenlarve 124, 137 ff.
Eisengallus-Tinte 109
Eiskeil 182
Eiskristalle 28
Eissturmvogel 150 f.
Eisvogel 121, 137
Eiszeit 182
Elaiosom 85, 103
Entenmuschel 146
Enzian, Frühlings- 175
Erdkröte 66 f., 131
Erdläufer 115
Erdpyramide 182
Erdstern 99
Erle, Grün- 169
Esparsette 88
Eule 105

Fadenwurm 100, 108, 113 ff.
Fadenzähler 16
Fährte 81 ff.
Färberdistel 41
Färberflotte 40
Färberpflanzen 40 f.
Fahnenblume 95
Fallwind 167
Faltenwespe 64
Fangmaske 134
Farbstoffe, Pflanzen- 76 f.
Fasan 82, 106 f.
Feenlämpchen 93
Feldgehölz 86
Feldgrille 88 f.
Feldhase 80 f.
Feldhecke 87
Feldmaus 89
Feldwespe 92
Felsküste 154
Fernglas 15
Fichte 171
Fichtengallaus 108
Fichtenkreuzschnabel 105, 178 f.
Findling 183
Fingertang 146 f., 154, 161
Firn 168, 174
Firnfelder 180
Fischegel, Gemeiner 138
Flaschengarten 46 f.
Flavonole 76 f.
Flechte, Echte Pflaumen- 48
-, Falsche Pflaumen- 48
Flechten 48 f., 113
Flechtenwüste 49
Fledermäuse 65
Fledermaus-Sommerkasten 65
Flockenblume, Wiesen- 95
Flohkrebs 124, 137, 139, 160
Florfliege 43 ff., 59
Flugfrucht 85
Flut 142 f.
-, Orkan- 143
-, Sturm- 143
-, Wind- 143
Flutsaum 144
Föhn 166 f.
Folgeblatt 69
Fotogramm 62
Fraßspuren 104 f.
Frauenmantel 88
Frisch, Karl von 73
Frosch 130 f., 132 f.
Froschbiß 126
Frostsprengung 182
Fruchthülle 69
Fruchtverbreitung 85
Früchte 68 f.
Frühblüher 102 f.
Fuchs 81
Fuchs, Kleiner 39
Futterglocke 27
Futterpflanze 39
Futterrübe 96

Gänseblümchen 58, 88
Gallaus 108
Gallen 93, 108 f.
Gallmilbe 108
Gallmücke 108
Gallussäure 109
Gallwespe 108
Gangart 82 f.
Garnele 160
Gartenteich 123 f.
Gazenetz 20
Gehölze 68 f., 74 f.
Geißblatt 58
Geißeltierchen 128
Geläuf 81, 83
Gelbbauchunke 130
Gelbgrünalgen 35
Gelbrandkäfer 132 f., 136
-, Larve 136
Gelbspötter 54
Gemse 172
Gemskresse, Alpen- 175
Gerbstoff 109
Gerste 97
-, Mäuse- 88
Gesamtblüte 95
Getreidekorn 96
Gewölle 104 ff.
Gezeiten 142 f.
Gezeitenaquarium 160 f.
Gezeitenküste 154
Ginster, Färber- 40 f.
Gipsabdruck 82
Gipskraut, Kriechendes 175
Girlitz 54
Glanzgras 88
Gletscher 174
Gletschermühle 182
Glockenblume 88, 94
-, Bärtige 165
Glockentierchen 129
Glühwürmchen 59
Goldalgen 35
Goldhähnchen 177
-, Winter- 178 f.
Goldkäfer 100
Grasfrosch 90 f., 127
Grasmücke, Dorn- 86
-, Klapper- 177
-, Zaun- 54
Grat 183
Graudüne 159
Graugans 122
Graureiher 83, 122 f.
Grauschnäpper 54
Grille 89
Großlibelle 135
-, Larve 124, 135
Grünalgen 34 f., 49
Gründeln 123
Grünfink 25 ff., 54
Günsel, Kriechender 95
Gürtelalge, Geschwänzte 129
Gürtelpuppe 38

Haarmützenmoos 112
Habicht 104 f.
Häkchentest 84
Hänfling 54
Hängetal 183
Hafer 97
Hahnenfuß 88
-, Acker- 96
-, Flutender 127
Halmnest 92
Haselhuhn 176 f.
Haselmaus 66 f., 92 f.
Haubentaucher 123
Haufenwolke 166 f.
Hauskatze 81
Hausmutter 44 f.
Hausrotschwanz 54, 177
Haussperling 25 f.
Hausspinne 44 f.
Hautflügler 36, 64, 70
Hauttang, Nabel- 155
Hecke 86 f.
Heckenbraunelle 27, 54, 86
Heckensaum 86
Heidekraut 159, 181

Hermelin 81, 173
Herzmuschel 145, 148, 157
Heuaufguß 129
Heufalter, Grünlicher 39
Heuschrecken 88 f.
-, Feld- 89
-, Laub- 89
Hexenring 118
Hirsch 81 f.
Hochgebirge 168 f.
Hochstaudenflur 169
Hochwasser 143
Höhle 182
Höhlenbrüter 54
Holzschlupfwespe 100
Honiggras, Wolliges 89
Honigtau 110
Hornalge 128 f.
Hornblatt 126
Hornklee 94
-, Wiesen- 39, 88
Hornzahnmoos 46
Hüpferling 124
Huf 81
Hummel 64, 70 ff.
Hund 81
Hundertfüßer 115
Hundskamille, Acker- 97
Hutfleisch 119
Huthaut 119
Hutpilz 118
Hyphen 100, 118

Igel 51, 65 ff., 86
Iltis 81
Imago 37
Indanthrene 40
Indigo 41
Insekt 42, 108, 113

Jahrring 116 f.
Johanniskraut, Tüpfel- 95
Judasohr 119

Käfer 36, 70 ff.
Kalkrotalgen 161
Kamera 21
Kamille 96
-, Färber- 23, 41
Kaninchen 81
Kapuzinerkresse 51
Kar(see) 183
Kartoffel im Glas 32
Kartreppe 183
Kaulquappe 124, 130 ff.
Keimblatt 69
Keimling 68
Keimung, Buchen- 68 f.
Kerbel, Wiesen- 88, 90 f.
Kernbeißer 24, 86
Kerne 32 f.
Kernholz 117
Kescher 20
Kiefer, Berg- 171
-, Wald- 169, 171
-, Zirbel- 169, 171
Kieselalgen 34 f., 128 f.
Klamm 182 f.
Klappertopf 88 f.
Klebetest 84 f.
Klee, Weiß- 90 f.
Kleiber 27, 54
Kleinlibelle 135
-, Larve 124, 135
Klettfrucht 85
Knäuelgras 89
Knarrschrecke 89
Knöterich, Alpen- 175
-, Wasser- 126
Knolle 102 f.
Knorpeltang 152
Knospen 74 f.
Knotentang 154
Knutt 148 f.
Kobel, Eichhörnchen- 92
Köcherfliege 36
Köcherfliegenlarve 121, 124, 138 f.
Königin 110 f.
Körnerfresser 27
Kohlmeise 25, 104
Kohlrabi 33
Kohlweißling 36 ff.
Kokken 35
Koniferen 170 f.
Korallenmoos 160 f.
Korallenpilz 118
Korbblütler 95
Kormoran 123, 150 f.
Kornblume 96
Kornrade 12, 96 f.
Kotpillenwurm 157
Krähe 82
Krähenbeere 159, 181
Krallen 81
Krapp 41
Kreiselschnecke, Aschgraue 160
Kreuzotter 172
Kreuzschnabel 177
Kreuzspinne, Garten- 30 f.
Kriebelmückenlarve 124, 137
Kröten 86, 130 f.
Krötentunnel 131
Krokus, Frühlings- 174 f.
Kronwicke 88
Krummholz 168 f.
Krustensteinblatt 160 f.
Kuchenflechte, Grüne 49
-, Mauer- 48
Kurzfühlerschrecken 89

Labkraut, Wiesen- 88
Lachmöwe 122
Lackabdruck 28 f.
Lackmuspapier 76
Lärche 169, 171
Laich 130 f.
Laichkraut, Schwimmendes 132 f.
Lamellenpilz 118 f.
Landkärtchen 39
Landschnecke 60 f.
Langfühlerschrecken 89
Latsche 169
Laubfrosch 121
Laufkäfer 89, 115
-, Gold- 59
Laufspuren aufnehmen 82
Leberblümchen 99, 102 f.
Lebermoos 112 f.
Legföhre 169
Leimkraut, Taubenkropf- 87, 89 ff.
Lein, Wiesen- 90 f.
Leinkraut, Alpen- 175
Lerchensporn, Hohler 102 f.
Leuchterflechte 49
Leuchtkäfer 59
Libelle 36, 134 ff.
Lichtnelke, Kuckucks- 90 f.
-, Rote 79, 87, 90 f.
Lichttod 56
Listspinne 127
Löwenzahn 88
Lupe 16
Luzerne, Sichel- 95

Mähwiese 89
Marder 81
Margerite 88
Marienkäfer 89
-, Siebenpunkt- 23, 42 f.
-, Zweipunkt- 44 f.
Mark 116
Marschland 158 f.
Mattenregion 168, 176 f.
Mauerraute 46
Maulwurf 88, 90 f.
Maulwurfsgrille 66 f., 89
Mausohr, Großes 64
Mauswiesel 66 f.
Meeresalgen 152 f.
- herbarisieren 152 f.
Meeresleuchten 157
Meeresschnecken 162 f.
Meersalat 155, 160
Meersenf 159
Messermuschel 163
Methylenblau 35
Miesmuschel 145, 155, 162
Mikroalgen 34, 156
Mikroben 34
Mikroskop 17
Milben 100, 108, 114
Milchling 119
Miniermotte 105
Mischwatt 153
Misteldrossel 177
Mohn 84
-, Klatsch- 96 f.
Mohrrübe 33
Molch, Kamm- 130, 172
-, Teich- 130
Molchlarve 130
Moorkrebschen 129
Moose 112 f.
Moosgarten 112
Moosmilbe 113
Moostierchen 147
Moräne 182 f.
Morchel 118
Mosaikjungfer, Blaugrüne 127
-, Hochmoor- 134 f.
Mulmbock 100
Murmeltier 172 f.
Muscheln 162 f.
Mykorrhiza 119
Myzel 101, 118 f.

Nachtfalter 58 f.
Nachtkerze 58
Nachtviole 58
Nacktschnecke 60
-, Faden- 163
Napfschnecke 145, 160, 162
-, Fluß- 138 f.
Natterung 119
Naturgarten 66 f.
Nektar 94 f.
Nektardrüse 70
Neuntöter 86
Niedrigwasser 143
Nipptide 143
Nischenbrüter 54 f., 177
Nischenbrüterkasten 55
nivale Stufe 168
Nixentasche 146
Noctiluca 157
Nonnengans 149

Ochsenzunge 96
Öhrchen 97
Ohrwurm 64, 114 f.
Opalwurm 157
Oser 183

Paarhufer 82
Paarungsrad 134 f.
Palmentang 146 f., 154
Pantoffelschnecke 146, 162
Pantoffeltier 128 f.
Panzergeißler 128
Papageitaucher 150 f.
Pastinak 71
Pechlibelle, Große 135
Perlmuttschicht 162
Pfahlwurm 146
Pfeffermuschel 145, 148
Pfeilkraut 126
Pferdeaktinie 155
Pfuhlschnepfe 148 .
Photosynthese 62
Pilze 100, 114, 118 f.
Pilzhyphen 114
Pilzmücke 118
Pinselblume 95
Pinselkäfer 72
Pinseltang 161
Pinzette 18
Pinzettenschnabel 27
Pipette 18
Pippau 88
Planktonnetz 129
Plastiden 77
Plattbauchlibelle 135
Platterbse 88
Plattmuschel 146, 148
Plattwurm 137 f.
Pollen 70 ff., 170 ff.
Pollenblume 95
Pollensack 95
Polster 174
Polsterpflanze 169
Porling 118
Posthornschnecke 125
Posthornwurm 147
Postillon 39
Präpariernadel 18
Preiselbeere 181
Pressen von Blättern 63
Priel 154
Primel, Wiesen- 88
Pseudoskorpion 115
Puppe 37 f.
Puppenruhe 37
Puppenstadium 37 f.
Purpurschnecke 145
Pygospiowurm 157

Qualle 144 f.
Quecke, Strand- 159
Queller 158 f.
Quellwolke 166

Rädertier, Moos- 113, 128 f.
Radieschen 33
Radnetz 30 f.
Rahmenfäden 30
Rauhfußhuhn 176
Raupe 36 ff., 59
Raupenkasten 38
Rebhuhn 83
Regenwurm 56 f., 59, 114 f.
Regenwurmfarm 56 f.
Reh 80 f.
Rehgeiß 99

Rettich 33
Rhizom 102 f.
Riementang 154
Rinde 116 f.
Ringelgans 149
Ringelwürmer 56
Rinnentang 154
Rippelmarken 156
Rispengras, Gemeines 89
-, Wiesen- 88, 90 f.
Rittersporn, Acker- 96
Rocheneihülle 145 f.
Röhrenblume 95
Röhrenpilz 118 f.
Röhrichtgürtel 127, 136
Röte, Färber- 40 f.
Rötelmaus 104
Roggen 97
Rohrkolben 126, 136
Rohrsänger 122
-, Teich- 136 f.
Rohrschwirl 122
Roseneule 58
Rosenkäfer 87
Rosette 174
Roßkastanie 41
Rotalge 147, 152
Rotfuchs 79
Rotkappe 119
Rotkehlchen 24, 27, 54, 177
Ruchgras 89
Rückenschulp 146
Ruderfußkrebs 128
Rupfung 104 ff.

Sackspinne 93
Sägetang 154
Sägezähnchen 19, 163
Saflor 41
Safran 40
Saftkugler 114 f.
Salbei 94
-, Wiesen- 88 ff.
Salzkäfer 158 f.
Salzlaufkäfer 158
Salzwiese 148, 158 f.
Samen 68 f.
Samenschuppe 170 f.
Samenverbreitung 85
Sandklaffmuschel 145, 155, 157, 163
Sandregenpfeifer 148 f.
Sandwatt 155
Saugkraft (Moos) 112
Schälspuren 104
Schafgarbe 88
Schalenwild 82
Schallblasen 131
Scharbockskraut 88, 102 f.
Schaumkraut 88
-, Wiesen- 90 f.
Scheibenblume 95
Schichtwolke 167
Schilf 89, 126 f., 136
Schill 163
Schlammschnecke 127
Schlechtwetterboten 167
Schlehe 86
Schleierwolke 167
Schleimhüllen 34
Schlickkrebs 148 f., 156 f.
Schlickwatt 155
Schloß 162
Schloßband 162
Schlupfwespe 93
Schmalbock 73
Schmelzwasser 182
Schmetterling 36 ff., 72
Schmiele, Rasen- 88
Schnecken 100, 113
Schneeflocke 28 f.
Schneehase 172
Schneehuhn 173
Schneemaus 172
Schneeschmelze 175
Schneetälchen 168, 180
Schnellkäfer, Roter 100
Schnirkelschnecke 60 f.
-, Hain- 61
Schnurfüßer 114
Schönwetterboten 167
Schotentang 161
Schränkung 81
Schraubenalge 128
Schüsselflechte, Grünliche 48
Schuttkegel 182
Schwalbe 177
Schwan 122
Schwarzspecht 105
Schwebesternchen 129
Schwebfliege 70 f.
Schwefelregen 170
Schwemmlinge, Alpen- 174 f.
Schwertlilie, Wasser- 126
Schwertmuschel 145, 163
Schwimmblattpflanze 126
Schwingel, Schaf- 88
-, Wiesen- 89
Sedimentbohrer 20
Seeampfer 161
Seeigel 145, 155
Seelilie 182
Seenelke 155
Seepocke 145 f., 154 f.
Seeringelwurm 148, 157
-, Grüner 141
Seerose, Weiße 126 f.
Seerosenzünsler 127
Seescheide 147
Seespinne 145
Seestern 154 f., 161
Seidenschwanz 26, 178 f.
Sellerie 33, 96
Siebenschläfer 64, 66 f.
Silberfischchen 43
Silbergras 159
Silofutterhaus 24 ff.
Singdrossel 105, 176
Sink- und Segeltest 84
Skizzenbuch 146 f.
Skorpion, Moos- 112
Sölle 183
Sohlengänger 80 f.
Soldanelle 174
Sonnenblume 52 f.
Sonnenbraut 73
Sonnenhut, Roter 72 f.
Sonnentier 128
Spalier 174
Spalierstrauch 169, 180 f.
Specht 27, 104 f.
Spechtschmiede 106 f.
Spektiv 16, 149
Spinndrüsen 30
Spinne 42, 113, 115
Spiraltang 154
Spirillen 35
Spitzmaus 86
-, Garten- 66 f.
-, Zwerg- 79
Spitzmausrüsselkäfer 158
Spitzschlammschnecke 136
Sporen 118 f.
Sporenbilder 118
Sporenkapsel 112
Springschwanz 100, 114
Springtide 143
Sprungweite 81
Spülsaum 144 ff.
Spuren 80 ff.
Stachelpilz 118
Stäubling 118
Star 12, 27
Staublaus 44 f.
Stechmücke, Larve 124 f.
-, Puppe 124 f.
Steinadler 177
Steinbock 172 f.
Steinbrech 174 f.
Steinfliegenlarve 137 ff.
Steinhuhn 176 f.
Steinläufer 115
Steinlawine 182
Steinpicker 161
Steinwälzer 148 f.
Stereolupe 16
Stieglitz 54
Stockente 123
Storchschnabel 88
-, Wiesen- 95
Strahlenkörbchen 146
Strandflieder 141, 158
Strandfloh 145, 147
Strandhafer 159
Strandkrabbe 141, 145, 154 f., 161
Strandroggen 159
Strandschnecke 155, 157
-, Flache 162 f.
-, Rauhe 160
Stratus 167
Strudelwurm 124
Stubenfliege 43, 44 f.
subalpine Stufe 168
Süßwasserpolyp 127
Symbiose 48 f., 119

Täubling 119
Tagfalter 39, 42
Tagpfauenauge 37, 44 f.
Taiga 165
Tang 152 f.
Tangfliege 145
Tanne 171
Tannenhäher 26, 170 f., 178 f.
Tannenmeise 177 ff.
Taschenkrebs 145
Taubenschwänzchen 71
Taubnessel 87
Taumelkäfer 125
Tausendblatt, Ähriges 126
Tausendfüßer 114 f.
Teich 136 f.
Teichmuschel 124, 137
Teichrose 126 f.
-, Gelbe 132
Tellmuschel 145, 157, 163
-, Baltische 163
Teppichmuschel 163
Thermik 167
Tide 142 f.
Tidenfall 143
Tidenhub 143
Tidenkalender 142
Tidenstieg 143
Tidentümpel 160 f.
Tigermotte, Weiße 66 f.
Tobel 182
Tordalk 150 f.
Toteisloch 183
Totengräber 115
Totenkopfschwärmer 36
Trespe, Taube 88
Trichterspinne 31
Trittsiegel 80 ff.
Trockenruhe 61
Trockenstarre 49
Trockental 183
Trogmuschel 145, 162
Trogtal 183
Trottellumme 150 f.
Tüllnetz 20
Tümpel 136 f.
Tulpe 77
Tundra 165, 181
Tunnelnetz 31
Turmfalke 86
Turmschnecke 145

Umweltindikator 48 f.
Unke 131
Unpaarhufer 82
Urinsekt 43

Vakuole 77
Verbreitung durch Tiere 68 f.
Vergletscherung 183
Vibrionen 35
Vogeltränke 55
Vollinsekt 37
Vordüne 159

Wachsrose 160 f.
Waffenfliege 90 f.
Waid, Färber- 40 f.
Waldameisen 110 f.
Waldgärtner, Großer 104
Waldmaus 104
Wallberg 183
Warzenbeißer 87
Wasserassel 138 f.
Wasserfall 182
Wasserfloh 124 f.
Wasserkäfer 125
Wasserläufer 124, 136
Wasserlinse 123
Wassermilbe 124 f.
Wasserpest 126 f.
Wasserschnecke 124
Wasserskorpion 136
Wasserspinne 31, 137 f.
Wasserwanze 124 f.
Watt 148 f., 153
Wattboden 156 f.
Wattenmeer 148 f.
Wattschnecke 147 ff., 156
Wattwanderung 149
Wattwurm 148, 156 f.
Watvögel 123
Wau, Gelber 40 f.
Weberknecht 115
Webspinne 30
Wegerich, Mittlerer 95
Wegschnecke, Rote 60
Wegwarte 71
Weichfutterfresser 27
Weichtiere 162 f.
Weichwatt 156 f.
Weide, Kraut- 181
-, Kriech- 159
-, Netz- 180 f.
-, Stumpfblättrige 180
Weiher 136 ff.
Weinbergschnecke 60 f.
Weinschwärmer, Mittlerer 66 f.
Weißdüne 159
Weißling, Senf- 39
Weißmoos 112 f.
Weizen 97
Wellhornschnecke 146, 163
Wespe 93
Wespennest 44 f.
Wespenspinne 31
Wetterbaum 169
Widderchen, Erdeichel- 39
-, Hornklee- 88
Wiesengräser 88 f.
Wiesenprimel 175
Wildbiene 64
Wildkräuter 96 f.
Wildschwein 81 f., 104
Wimperntier 128 f.
Windröschen, Busch- 102 f.
Windungssinn 61 f.
Windverbreitung 68 f., 84 f.
Winterknospen 74 f.
Witterungsablauf 166 f.
Witwenblume 73
Wolfsspinne 115
Wolken 166 f.
Wolkenmütze 166 f.
Wucherblume, Wiesen- 88 f.
Würmer 113
Wurzelfüßer 128
Wurzelgemüse 32

Zangenschnabel 27
Zapfen 170 f.
Zapfenschuppen 171
Zaunkönig 27, 86, 177
Zehengänger 80 f., 83
Zehenspitzengänger 80 f.
Zeisig 86
Zellsaftraum 77
Ziertabak 58
Zirbelnuß 170 f.
Zitronenfalter 23
Zitterspinne 44 f.
Zuckergast 43
Zuckerrübe 96
Zuckertang 154, 161
Zwergmaus 92
Zwergprimel 175
Zwergstrauch 169, 180
Zwergstrauchheide 181
Zwergweide 181
Zwiebel 102 f.
Zypressenmoos 112